Bewerberorientierte
Personalauswahl

Ein effektives Instrument
des Personalmarketing

D1672568

Europäische Hochschulschriften

Publications Universitaires Européennes
European University Studies

Reihe VI
Psychologie

Série VI   Series VI
Psychologie
Psychology

Bd./Vol. 663

PETER LANG

Frankfurt am Main · Berlin · Bern · Bruxelles · New York · Oxford · Wien

Andreas Curt Köchling

Bewerberorientierte Personalauswahl

Ein effektives Instrument
des Personalmarketing

PETER LANG
Europäischer Verlag der Wissenschaften

Die Deutsche Bibliothek - CIP-Einheitsaufnahme

Köchling, Andreas Curt:

Bewerberorientierte Personalauswahl : ein effektives
Instrument des Personalmarketing / Andreas Curt Köchling. -
Frankfurt am Main ; Berlin ; Bern ; Bruxelles ; New York ;
Oxford ; Wien : Lang, 2000
　　(Europäische Hochschulschriften : Reihe 6, Psychologie ;
　　Bd. 663)
　　Zugl.: Darmstadt, Techn. Univ., Diss., 2000
　　ISBN 3-631-36771-6

Gedruckt auf alterungsbeständigem,
säurefreiem Papier.

D 17
ISSN 0531-7347
ISBN 3-631-36771-6

© Peter Lang GmbH
Europäischer Verlag der Wissenschaften
Frankfurt am Main 2000
Alle Rechte vorbehalten.

Printed in Germany 1 2 3 4 5　7

Danksagung

Mein herzlicher Dank gilt Herrn Prof. Dr. Bruno Rüttinger und Herrn Prof. Dr. Reinhard Leichner, Technische Universität Darmstadt. Ihre vielfältigen Ratschläge und ihre konstruktive Kritik trugen erheblich zum Gelingen dieser Arbeit bei.

Weiterhin danke ich Herrn Dr. Hans-Günter Hofmann und Herrn Herbert E. Scholz, VfU-Unternehmens- und Personalberatung AG, Zürich, die sich für die Thematik der Arbeit begeisterten und die Ausdehnung der darin enthaltenen Feldstudie über die Grenzen Deutschlands hinaus ermöglichten. Die erfolgreiche Verwendung des von mir entwickelten Befragungsinstrumentes FEBA im Rahmen eines gemeinsam durchgeführten Beratungsprojektes spiegelt die hohe Praxisrelevanz der in dieser Arbeit dargestellten Überlegungen und Ergebnisse wider und beflügelte mich bei der Durchführung meines Promotionsprojektes.

Der Arthur Andersen GmbH, insbesondere Herrn Dr. Hermann A. Wagner und Frau Claudia Schmitz, danke ich für die Freistellung zur Vorbereitung der mündlichen Doktorprüfung und die großzügige Unterstützung der Drucklegung dieser Arbeit.

Meinen Dank möchte ich auch den Personalverantwortlichen und den Befragungshelfern in den an der Studie beteiligten Organisationen aussprechen, die eine Datenerhebung unter authentischen Bedingungen ermöglichten und dadurch ein Ausweichen auf experimentelle Simulationen überflüssig machten. Das überwältigende Interesse, auf das ich bei meiner Suche nach Kooperationspartnern stieß, übertraf meine kühnsten Erwartungen.

Letztlich wären jedoch alle Planungen und Vorbereitungen umsonst gewesen, wenn nicht eine Vielzahl von Bewerbern die Bereitschaft aufgebracht hätten, von ihren Erfahrungen im Rahmen von Personalauswahlsituationen zu berichten. Ihnen allen danke ich herzlich.

Darüber hinaus danke ich Frau Andrea Sagerer für das Korrekturlesen des Manuskriptes und die Übernahme mancher privater Verpflichtung während der Entstehung dieser Arbeit, die sich parallel zu einer Vollzeitbeschäftigung vollzog.

Schließlich danke ich meinen Eltern für ihre uneingeschränkte Unterstützung während meines Studiums und der Anfertigung meiner Dissertation.

Frankfurt am Main, im April 2000

Andreas Curt Köchling

Inhaltsverzeichnis

1   Einleitung und Fragestellung

Die Unternehmen stehen bezüglich der Rekrutierung qualifizierter Mitarbeiter in einem Wettbewerb, der sich in Abhängigkeit von der jeweiligen Personalzielgruppe und der Lage am Arbeitsmarkt mehr oder weniger scharf gestaltet. Dies zeigt sich besonders deutlich an den umfangreichen Anstrengungen, die viele Firmen unternehmen, um Top-Kandidaten für Fach- und Führungspositionen bereits im Studium frühzeitig zu erkennen und an sich zu binden. Den Hintergrund bilden hierbei immer höhere Anforderungen gerade an den akademischen Nachwuchs (vgl. Eschbach, 1995; Scholz, 1999). Denn bedingt durch Entwicklungen wie eine zunehmende Globalisierung und Komplexität der Märkte, Internationalisierung und Deregulierung sowie einen weitreichenden Strukturwandel in den Unternehmen wächst der Druck auf den einzelnen, dessen Aufgabenfeld sich erweitert und der entsprechend mehr leisten muß. Daneben müssen geeignete Nachwuchskräfte heute in hohem Maße die Fähigkeit besitzen, ständige Veränderungen in Arbeitstätigkeit und -umfeld zu tolerieren und die Bereitschaft mitbringen, sich durch kontinuierliche Weiterbildung an diese anzupassen (vgl. Groß-Heitfeld, 1995). Aus den genannten Gründen sind Hochschulabsolventen, die sowohl eine hohe fachliche Qualifikation als auch Kompetenz in menschlicher Hinsicht aufweisen, bei den Unternehmen enorm gefragt.

Entsprechend gewinnt ein gezieltes Personalmarketing für Organisationen zunehmend an Bedeutung (vgl. Eggers & Thiele, 1999; Scholz, 1999). Dies dokumentiert sich in dem wachsenden Interesse, das diesem Bereich in den letzten Jahren in Theorie und Praxis entgegengebracht wird (vgl. Moser, Stehle & Schuler, 1993; Thiele & Eggers, 1999). Während die Personalverantwortlichen in Unternehmen entsprechend eine Vielzahl von Anwerbungsinstrumenten diskutieren und einsetzen (z. B. Anbieten von Praktika, Werkstudenteneinsätze und Teilzeitarbeitsverhältnisse während des Studiums, Betreuung von Studien- und Diplomarbeiten, Veranstaltung von Projektseminaren und Workshops, Einrichtung von Studienkreisen, Firmenpräsentationen an Hochschulen und auf Messen, Schaltung von Such- und Imageanzeigen ...), ist einem wichtigen Aspekt bisher nur wenig Aufmerksamkeit geschenkt worden: *Der Rolle des Vorstellungstermins bei der Rekrutierung qualifizierter Mitarbeiter.*

Mit diesem Thema wollen wir uns im folgenden näher beschäftigen. Im Mittelpunkt steht hierbei die Frage, wie Bewerber die von Unternehmen betriebene Personalauswahl erleben. Der Erforschung dieses Bereiches ist in den vergangenen Jahren zunehmendes Interesse von seiten der Psychologie zuteil geworden. Leider findet der überwiegende Teil der wissenschaftlichen Diskussion hierzu jedoch auf einer recht abstrakten Ebene statt. Dies gilt vor allem für die deutschsprachige Literatur. Wirtschaftspsychologische Forschung als anwendungsorientierte Richtung innerhalb der Psychologie sollte hingegen stets eine hohe Praxisrelevanz aufweisen und einen möglichst leichten Transfer ihrer Ergebnisse in die organisationale Realität gewährleisten. Dieser Leitlinie folgt die vorliegende Arbeit. Sie stellt den fehlenden Praxisbezug her, indem sie das Erleben von Auswahlsituationen durch Bewerber in den Kontext des Personalmarketing einbettet.

Konkret werden drei Ziele verfolgt. Erstens soll ein konzeptioneller Rahmen zur Strukturierung des Forschungsgegenstandes geschaffen werden, der sich an vorhandenen Konzepten zum Erleben von Auswahlsituationen orientiert, jedoch der bisherigen, abstrakten Betrachtungsweise eine neue, handlungsrelevante gegenüberstellt. Zweitens soll die durch verschiedene Forschungsergebnisse nahegelegte Vermutung, daß das Erleben von Personalauswahl durch Bewerber Auswirkungen auf wichtige rekrutierungsrelevante Größen hat, empirisch untermauert werden. So interessieren insbesondere mögliche Effekte auf die wahrgenommene Attraktivität von Unternehmen und Tätigkeit sowie die Bereitschaft zur Annahme eines Stellenangebotes. Drittens sollen Faktoren identifiziert werden, die die Bewertung eines Auswahlverfahrens durch Kandidaten determinieren, um so Praktikern in der Personalarbeit Hinweise für eine im Sinne des Personalmarketing optimale Gestaltung ihrer Personalauswahl geben zu können. Entsprechend wird in der gesamten Arbeit auf Fragestellungen und Ergebnisse fokussiert, die für den Praktiker unmittelbar nutzbar sind. Zusätzlich werden Zusammenhänge untersucht, die in erster Linie für die Entwicklung und Absicherung eines Modells zum Erleben von Personalauswahl relevant sind. Hierbei geht es vor allem um die Rolle von Personenmerkmalen bei der Wahrnehmung von Auswahlsituationen durch Bewerber.

Im Verlauf der Arbeit wird sich zeigen, daß der Vorstellungstermin neben seiner primären Selektions- auch eine wichtige Rekrutierungsfunktion hat und ein geeignetes Instrument für Personalmarketing und Imagepflege darstellt. Es werden Argumente geliefert, warum Unternehmen ihn verstärkt in diesem Sinne nutzen sollten, und Empfehlungen gegeben, wie hierbei vorzugehen ist.

2 Personalauswahl aus der Sicht der Betroffenen

2.1 Merkmale von Personalauswahlsituationen

Ist ein Bewerber aufgrund seiner eingereichten Unterlagen in die engere Wahl gekommen, so durchläuft er im Rahmen des weiteren Auswahlprozesses eine oder mehrere *diagnostische Situationen*, deren Bezeichnung sich aus dem jeweils eingesetzten eignungsdiagnostischen Verfahren ergibt (z. B. Interview-, Test- oder Vortragssituation). In einer viel zitierten Abhandlung hat sich Spitznagel (1982) mit den Merkmalen diagnostischer Situationen auseinandergesetzt und dabei einige invariante Charakteristika dieser besonderen Klasse sozialer Situationen identifiziert. Hierzu gehören (bezogen auf Personalauswahlsituationen als Spezialfall diagnostischer Situationen):

• *Asymmetrische Selbstenthüllung.* Hiermit ist eine vom normalen sozialen Kommunikationsablauf abweichende, ungleichmäßige Regelung des Informationsaustauschs zwischen Unternehmensvertreter und Bewerber gemeint. So soll der Kandidat Informationen über sich selbst preisgeben (der „exhibitionistische" Aspekt der Probandenrolle), während der Unternehmensvertreter berechtigt ist, persönliche Fragen zu stellen (der „voyeuristische" Aspekt der Diagnostikerrolle).

• *Vertraulichkeit.* Um das mit der Selbstenthüllung verbundene einseitige Risiko für den Bewerber niedrig zu halten und eine kooperative Haltung des Kandidaten zu erreichen, wird diesem vom Unternehmensvertreter die vertrauliche Behandlung aller erhaltenen Informationen über die Personalauswahlsituation hinaus zugesichert. Eine rechtliche Absicherung erfährt dieser Sachverhalt durch § 203 des Strafgesetzbuches, aus dem sich die Schweigepflicht des Diagnostikers ergibt (vgl. Comelli, 1995).

• *Wissen, beobachtet zu werden.* Alle Kandidaten in Personalauswahlsituationen wissen, daß sie beobachtet werden. Dieses Wissen kann bekanntlich das Verhalten des Beobachteten ändern, indem es einen Verlust an Unbefangenheit und Spontanität bewirkt. Wissenschaftlich wird dieser Sachverhalt meist unter dem Begriff der *Reaktivität* behandelt, womit das Ausmaß gemeint ist, in dem der Meßvorgang selbst den Meßgegenstand verändert. Es handelt sich hierbei um ein Standardproblem der psychologischen Diagnostik, dem bei der Konzeption und Durchführung diagnostischer Verfahren meist besondere Aufmerksamkeit geschenkt wird.

Darüber hinaus sind Personalauswahlsituationen durch ein Machtverhältnis gekennzeichnet, das in gewissem Umfang die Unterordnung des Kandidaten unter die Autorität des Unternehmensvertreters gewährleistet und innerhalb dessen viele der üblichen Interaktionsnormen ungültig sind (vgl. Kompa, 1989; Schuler & Stehle, 1985; Spitznagel, 1982). Entsprechend kritisieren Fruhner, Schuler, Funke und Moser (1991) diagnostische Situationen als überwiegend undemokratisch und weisen auf das Fehlen von Transparenz, Kontrollmöglichkeiten sowie gleichgewichtiger Partizipation hin.

Als Folge des Machtgefälles kommt es zu einer Einschränkung von Autonomie und Verhaltensmöglichkeiten des Bewerbers, wodurch das Aufkommen von Streß und Bewertungsangst gefördert wird. Je nach Art des diagnostischen Verfahrens kommen Belastungen durch Aufgabenschwierigkeit und Zeitdruck hinzu. Das durch die asymmetrische Selbstenthüllung bewirkte

Ausbleiben des aus der Sozialpsychologie bekannten „dyadischen Effektes", d. h. des oft nachgewiesenen Sachverhaltes, daß in einer Paarbeziehung das Ausmaß der Selbstenthüllung eines Partners von der unmittelbar zuvor erfolgten Selbstenthüllung des anderen Partners abhängt (Jourard, 1971; Jourard & Jaffe, 1970), begünstigt ebenfalls das Auftreten von Angst- und Abwehrreaktionen auf seiten des Kandidaten wegen dessen einseitiger Abhängigkeit vom Unternehmensvertreter (Spitznagel, 1982). Insbesondere bei der Durchführung psychologischer Tests bewirkt darüber hinaus die Standardisierung der Situation eine künstliche, alltagsfremde Atmosphäre. Dadurch werden Unsicherheit, Prüfungsangst und Minderwertigkeitsgefühle erzeugt, was sowohl die Bemühungen des Betroffenen um positive Eindrucksmanipulation fördert als auch tatsächliches Versagen nach sich ziehen kann. Weiterhin sind Personalauswahlsituationen aus der Sicht des Bewerbers oft dadurch charakterisiert, daß diesem der Sinn von Fragen oder Übungen unklar ist, da deren Hintergrund verschwiegen wird, um vorsätzliche Täuschungsmanöver zu verhindern. Dadurch wird das Machtgefälle weiter erhöht, die Undurchsichtigkeit der Situation vermehrt und über die Frustration des Bedürfnisses nach „impression management" (Tedeschi, 1981; s. auch Edwards, 1957; Forsyth, 1987; Rosenberg, 1969), das in eignungsdiagnostischen Situationen besonders ausgeprägt ist (vgl. Schuler & Stehle, 1983, 1985), die Anspannung gesteigert. Auch werden bisweilen die im alltäglichen Leben üblichen Bestrebungen nach Erhaltung von Distanz und Schutz der Privatsphäre vereitelt und Unterschiede in der Öffnungsbereitschaft von Personen übersehen oder mißachtet (zu den angeführten Punkten s. auch Fruhner & Schuler, 1988; Grubitzsch & Rexilius, 1978; Hesse & Schrader, 1991; Kompa, 1989; Maier, 1987; Nevo & Jäger, 1993; Paczensky, 1976; Pulver, Lang & Schmid, 1978; Sarges, 1995; Schuler, 1990; Schuler & Stehle, 1983, 1985; Spitznagel, 1982; Triebe & Ulich, 1977).

Obwohl die Anwendung der neben der Lebenslauf- und Zeugnisanalyse verbreitetsten, bedeutendsten und meistakzeptierten Technik der Personalauswahl, des Auswahlinterviews (vgl. Kompa, 1989; Schuler, 1990; Schuler & Stehle, 1985; Triebe, 1976), wesentlich weniger Beeinträchtigungen für den Kandidaten mit sich bringt als etwa die Durchführung psychologischer Eignungstests und wohl daher auch kaum auf nennenswerte Kritik in der besprochenen Richtung stößt, sind auch hier einige Charakteristika zu nennen, die zumindest von einem Teil der betroffenen Personen als nachteilig erlebt werden können.

So wird das Verhalten der interviewten Person in starkem Ausmaß von den Anforderungen der Situation und der für sie geltenden Interaktionsnormen bestimmt und dadurch stark eingeengt (Kompa, 1989; Price & Bouffard, 1974). Der Bewerber soll z. B. dem Interviewer die Initiative überlassen oder Fragen erst stellen, wenn er dazu aufgefordert wird. Weiterhin wird er alles tun, um in einem positiven Licht zu erscheinen und jede Kritik an der Person des Interviewers unterlassen. Auch ist die Situation für den Bewerber, insbesondere wenn er noch keine Erfahrung mit Vorstellungsgesprächen hat, durch große Unsicherheit gekennzeichnet. So weiß er z. B. nicht genau, wie er sich verhalten muß, ob er seiner Rolle gerecht wird oder welchen Eindruck er auf den Interviewer macht. Die aus der asymmetrischen Informationspreisgabe resultierenden Probleme für den Kandidaten ergeben sich auch und gerade im Auswahlgespräch. Schließlich ist auf seiten des Bewerbers, dessen persönliche Zukunft durch den Ausgang des Interviews stark beeinflußt werden kann, mit einem hohen Streßerleben, kaum willentlich beeinflußbaren emotionalen Reaktionen wie z. B. Angst, einem hohen Maß an bewußter Kontrolle des eigenen Verhaltens, einem Zustand äußerster Sensibilisierung sowie einer Aktivierung von Abwehr- und Verteidigungsmechanismen zu rechnen (Jäger, 1995; Kompa, 1989; Price & Bouffard, 1974).

In den letzten Jahren gehen Personalverantwortliche bisweilen so weit, potentiellen Mitarbeitern Hausbesuche abzustatten (Manager Magazin, 1996b). Den Hintergrund bildet hierbei die Annahme, daß der gewonnene Eindruck vom privaten Umfeld eines Bewerbers Rückschlüsse auf dessen Eignung für die fragliche Position zuläßt. Abgesehen von der wissenschaftlichen Fragwürdigkeit dieser These müssen derartige Besuche aber aus Sicht des Kandidaten als bedenklich erscheinen. Denn zum einen erhöhen sie die Gefahr, daß dessen Privatsphäre im Rahmen des Auswahlprozesses verletzt wird. Zum anderen wird hierdurch das ohnehin stark ausgeprägte Informationsungleichgewicht zwischen Unternehmen und Bewerber zu Ungunsten des letzteren weiter verschärft.

Weniger problematisch erscheint in diesem Zusammenhang die von Unternehmen zunehmend angewendete Vorgehensweise, potentielle Mitarbeiter, die ihre Bewerbungsunterlagen eingereicht haben, zunächst zu Hause anzurufen. Hiervon verspricht man sich vor allen Dingen einen ersten Eindruck von Spontanität und Redegewandtheit eines Bewerbers. Dies kann dann als zusätzliches Entscheidungskriterium dienen, ob es zu einer Einladung kommt – also auch für den potentiellen Mitarbeiter von Nutzen sein. Als ausschlaggebend für eine Bewertung der Vorgehensweise erscheint hier vor allem der Zeitpunkt der Durchführung: Über die Angemessenheit eines halbstrukturierten Telefoninterviews am Sonntagmorgen um elf Uhr dürfte sich vortrefflich streiten lassen.

2.2   Determinanten des Erlebens von Personalauswahl

Bei aller berechtigten Kritik werden durchaus nicht alle Personalauswahlverfahren von Bewerbern als undurchsichtig oder unangemessen erlebt und entsprechend bewertet. So werden etwa Verfahren, die einen hohen augenscheinlichen Bezug zur Arbeitstätigkeit haben, von den Teilnehmern positiv beurteilt und akzeptiert. In den vergangenen Jahren wurden in der Literatur vermehrt Überlegungen dazu angestellt, welche Faktoren für das Erleben und die Bewertung von Personalauswahl bestimmend sein könnten. Dies führte zu ersten Modellentwürfen, von denen zwei im folgenden vorgestellt werden. Es handelt sich hierbei um das Konzept der sozialen Validität von Heinz Schuler (1990, 1993b) und das Modell der Bewerberreaktionen von Stephen W. Gilliland (1993). Nach einer Erläuterung und Diskussion dieser Ansätze wird eine dritte Konzeption vorgeschlagen, die verschiedene Komponenten beider Modelle beinhaltet. Anschließend werden Eigenschaften von Bewerbern behandelt, die für das Erleben von Personalauswahlsituationen relevant sind.

2.2.1   Situative Determinanten

2.2.1.1   Das Konzept der sozialen Validität von Heinz Schuler

Heinz Schuler und Willi Stehle (1983) vermuteten, daß Erkennen der Nützlichkeit der Vorgehensweise, Klarheit über die Rolle des Untersuchers, dessen Verhaltensstil und das ihm entgegengebrachte Vertrauen, Erwartungen des Kandidaten bezüglich der Konsequenzen sowie einige weitere Größen das Erleben von Auswahlsituationen modifizieren. Sie systematisierten diese Gedanken in ihrem *Konzept der sozialen Validität* (Einführung durch Schuler & Stehle, 1983, 1985; Weiterentwicklung durch Schuler, 1990, 1993b), das sich mit den situativen Determinanten des Erlebens eignungsdiagnostischer Situationen auseinandersetzt. Darin wird die

Auffassung vertreten, daß die *soziale Akzeptabilität* von Auswahlsituationen von vier Faktoren abhängt: (1) *Information* über Arbeitstätigkeit und Organisationsmerkmale, (2) *Partizipation* der Kandidaten an der Verfahrensentwicklung und -durchführung bzw. *Kontrollierbarkeit* der Situation, (3) *Transparenz* von Instrumenten, Urteilskriterien und diagnostischen Schlußfolgerungen und (4) Inhalt und Form der *Ergebniskommunikation.* Die Gesamtheit dieser vier Situationsmerkmale wird als *soziale Validität* bezeichnet, wobei Schuler (1990, 1993b; vgl. auch Fruhner & Schuler, 1988) auch den Ausdruck *„soziale Qualität"* zuläßt. Abbildung 1 faßt das Konzept der sozialen Validität zusammen.

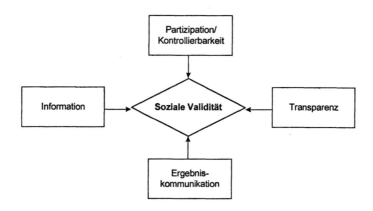

Abbildung 1: *Das Konzept der sozialen Validität*

Die vier Komponenten oder Parameter der sozialen Validität werden als *unabhängige Variablen* verstanden, die das Erleben von und die Reaktionen auf Beurteilungssituationen beeinflussen. Sie sind nach Auffassung von Schuler und Stehle (1983) prinzipiell voneinander differenzierbar und empirisch überprüfbar. Die einzelnen Komponenten lassen sich durch folgende Aspekte beschreiben (nach Schuler, 1990, 1993b):

1. Information

- über die Aufgabenbereiche der Tätigkeit,
- über erfolgskritische Anforderungen,
- über die wichtigsten Organisationsmerkmale und -ziele,
- über Organisationskultur und -stil (z. B. Interaktion, Führung, Klima),
- über Möglichkeiten persönlicher und beruflicher Entwicklung und weiterer Aspekte, die sich als bedeutsam für Leistung und Befinden erwiesen haben und Selbstselektion erleichtern.

2. Partizipation

- Partizipation im engeren Sinn bedeutet Beteiligung an der Gestaltung der Auswahlsituation oder -instrumente oder an der Entscheidung (in entweder direkter oder repräsentativer Form, z. B. mittels Arbeitnehmervertretung).

- Partizipation im weiteren Sinn bezeichnet die Möglichkeit, Kontrolle über die Situation auszuüben oder über das eigene Verhalten oder über das Verhalten oder die Entscheidung relevanter anderer, oder frei zu sein von der Machtausübung anderer.

3. Transparenz

Unter Transparenz wird das Ausmaß verstanden, in dem ein Bewerber die Zielsetzungen verschiedener Facetten einer Auswahlsituation klar erkennen oder ableiten kann. Es gibt vier Hauptfacetten:

- die *Auswahlsituation* inkl. der handelnden Personen, ihrer Rollen, Intentionen und Kompetenzen sowie der Verhaltenserwartungen an die Bewerber,
- die *Bedeutung* und den *Aufgabenbezug* der diagnostischen Instrumente (dieser Aspekt ist der Augenscheingültigkeit eng verwandt),
- den *Bewertungsprozeß* und die Bewertungsregeln (d. h. die Beurteilungskriterien, Standards, Prinzipien des diagnostischen Schlusses und der Aggregation von Daten sowie die Transformation der Daten in Urteile oder der Urteile in Entscheidungen),
- den *diagnostischen Prozeß* in einer Form, die Selbstbeurteilung begünstigt (und in deren Konsequenz Selbstselektion erleichtert wird, wie beispielsweise durch Arbeitsproben oder via sozialem Vergleich im Assessment-Center).

4. Ergebniskommunikation

Ergebniskommunikation (oder Feedback) bezeichnet das Ausmaß, in dem Bewerber Informationen über ihr Abschneiden in einer Auswahlsituation erhalten. Die zwei Hauptaspekte des Feedbacks, von denen eine sozial valide Kommunikation der Beurteilungsergebnisse abhängt, sind:

- *Inhalt:* Offen, ehrlich, wahrheitsgemäß, bezogen auf Chancen und Risiken für die zukünftige Entwicklung.
- *Form:* Verständlich (semantisch und pragmatisch), rücksichtsvoll, unterstützend; Selbsteinsicht, Integration in das Selbstkonzept und eine informierte Entscheidung der Kandidaten erleichternd.

Während die Parameter der sozialen Validität die unabhängigen Variablen darstellen, werden die *abhängigen Variablen* durch folgende Teilnehmerreaktionen repräsentiert (Schuler, 1990, S. 186): „Akzeptanz, Befinden, Kontrollmöglichkeit, Nichtdefensivität; das Gefühl, fair und respektvoll behandelt und nicht unangemessen dominiert oder zum Objekt gemacht zu werden; den Eindruck, über künftige Aufgaben, Anforderungen und Rollen, über Möglichkeiten und Schwierigkeiten informiert zu werden und Einsicht zu gewinnen in eigene Stärken und Defizite und dadurch eine informierte eigene Entscheidung treffen zu können."

Der Ausdruck „soziale Validität" erinnert an die *Validität* im testtheorctisch-methodischen Sinne. Diese ist eines der Haupttestgütekriterien und gibt die Genauigkeit an, mit der ein diagnostisches Instrument dasjenige Merkmal, das es erfassen soll, auch wirklich mißt (Leichner, 1979; Lienert, 1967). Dies macht deutlich, daß die soziale Validität über die Konzepte der Objektivität, Reliabilität und Validität der klassischen Testtheorie hinaus ein weiteres Gütekriterium eignungsdiagnostischer Verfahren darstellen kann. Da eine wissenschaftlich fundierte Entwicklung diagnostischer Instrumente stets möglichst hohe Ausprägungen bezüglich der Gütekriterien zum Ziel hat, würde hierdurch schon bei der Verfahrenserstellung berücksichtigt, daß sich Diagnostik in einem sozialen Kontext abspielt und daß psychologische Methoden daher auch auf die ihre Anwendung begleitenden sozialen Gegebenheiten ausgerichtet werden müssen (Haney, 1981; Schuler & Stehle, 1983, 1985; Trost, 1993).

Anzeichen dafür, daß die vier Situationsmerkmale sich auf das Erleben und die Reaktionen von in eignungsdiagnostischen Situationen befindlichen Personen auswirken, fanden sich in verschiedenen von Schuler (1990, 1993b) angeführten Untersuchungen. Gemeinsame Kennzeichen positiv bewerteter Verfahren sind danach ihr Informationsgehalt, Transparenz oder Validitätsvermutung und die subjektiv erlebte Möglichkeit zur Situationskontrolle. Weitere Hinweise auf die Angemessenheit des Modells lieferten Fruhner et al. (1991) sowie Schuler und Fruhner (1993). Deren Ergebnisse lassen vermuten, daß nicht etwa die subjektive Belastung der Bewerber das Erleben einer Auswahlsituation bestimmt, sondern – wie im Modell der sozialen Validität angenommen – Situationsparameter wie Informationsmöglichkeit, Kontrollierbarkeit, Transparenz und Augenscheingültigkeit, d. h. die Annahme, das verwendete Verfahren messe relevante Fähigkeiten.

Dabei scheinen manche *Auswahltechniken* per se höhere Ausprägungen auf den relevanten Größen mit sich zu bringen und von den Teilnehmern entsprechend positiver aufgenommen zu werden. So werden z. B. Auswahlinterviews im Vergleich zu psychologischen Eignungstests als informativer in bezug auf die Tätigkeitsanforderungen und als besser zur Erfassung der relevanten Merkmale geeignet angesehen (Fruhner & Schuler, 1988; Fruhner et al., 1991; Schuler, 1990). Außerdem wird für Interviews eine bessere Mitwirkungsmöglichkeit sowie eine höhere subjektive Situationskontrolle angegeben, und ihnen wird eher eine Vorhersage der beruflichen Leistung zugetraut (Köchling, 1993; Köchling & Körner, 1996; Schuler, 1990). Entsprechend wird das Auswahlgespräch deutlich positiver bewertet als psychologische Testverfahren (Fruhner & Schuler, 1988; Fruhner et al., 1991; Schuler & Fruhner, 1993). Außerdem gilt es als bestakzeptiertes Einzelauswahlverfahren (Schuler, 1990), während bei den Gruppenauswahlverfahren vor allem das Assessment-Center, nicht zuletzt wegen seiner hohen Transparenz und Augenscheingültigkeit, überaus positiv abschneidet (Harburger, 1992; Holling & Leippold, 1991; Schuler, 1990).

Die unterschiedliche Beliebtheit verschiedener Personalauswahlverfahren wurde anschaulich demonstriert in der bereits erwähnten Untersuchung von Fruhner et al. (1991). Diese fragten über sechshundert potentielle Bewerber (Studenten), mit welchen von acht vorgegebenen Verfahren sie bevorzugt ausgewählt werden wollen. Als Ergebnis erhielten sie die in Tabelle 1 dargestellte Reihenfolge.

Tabelle 1: *Rangfolge von Personalauswahlverfahren bezüglich der Präferenz, mit ihnen ausgewählt zu werden (nach Fruhner et al., 1991, S. 173)*

1. Vorstellungsgespräch
2. Arbeitsprobe
3. Praktikumsleistung
4. Zeugnisnoten
5. psychologischer Test
6. Lebenslauf
7. Handschrift
8. Losverfahren

Aber auch innerhalb der einzelnen Verfahrenskategorien gibt es Unterschiede. So stellte Schuler (1990) nach Sichtung verschiedener empirischer Befunde fest, daß die Akzeptanz von Fähigkeits- und Leistungstests höher ist als die von Persönlichkeits- und Interessentests. Dies ergab auch eine Untersuchung von Schuler und Fruhner (1993), in der Intelligenztests im Vergleich zu Persönlichkeitstests zwar als belastender, aber auch als beeinflußbarer und transparenter erlebt und insgesamt positiver beurteilt wurden. Auch kommen Auswahlinterviews bei Bewerbern besser an, wenn sie wenig strukturiert sind und einen hohen erkennbaren Bezug zur Arbeitstätigkeit aufweisen (Schuler, 1993a).

Neben den eignungsdiagnostischen Verfahren selbst spielt auch die Gestaltung des *situativen Umfeldes* eine Rolle, in das diese eingebettet sind (vgl. Jäger, 1995). So äußerten Dreesmann und Harburger (1988) die Auffassung, daß soziale Validität kein grundsätzliches Merkmal von Assessment-Centern ist, sondern u. a. erst aus der Stimmigkeit von Anforderungsprofil, Übungen sowie einer angemessenen Information der Teilnehmer über Ablauf und Zielsetzung des Verfahrens resultiert. In einer Studie von Lounsbury, Bobrow und Jensen (1989) äußerten Personen, denen im Rahmen ihrer Teilnahme an Eignungstests erläutert worden war, wie die Tests mit der Leistung in der angestrebten Tätigkeit zusammenhängen, positivere Einstellungen gegenüber einer Eignungstestung als Personen, die diese Informationen nicht erhalten hatten. Auch wurden positivere Einstellungen bei denjenigen Personen beobachtet, die ein Feedback bezüglich ihrer Testleistungen erhalten hatten. Köchling und Körner (1996) untersuchten, wie Bewerber ein eintägiges Gruppenauswahlverfahren eines Großunternehmens erleben und bewerten, das aus psychologischen Tests und einem Einzelinterview besteht. Hierbei wurden aus den Ergebnissen einer Bewerberbefragung Maßnahmen abgeleitet, die auf eine positivere Bewertung des Auswahlverfahrens durch die Kandidaten abzielten. So zog die Eignungsuntersuchung in repräsentativere Räumlichkeiten um. Es wurde ein „Warming up" zu Beginn des Tages eingeführt, bei dem über das Unternehmen, die Tätigkeit sowie Ablauf und Zweck der eignungsdiagnostischen Untersuchung informiert wurde. Weitere Schritte umfaßten das Anbieten von Erfrischungsgetränken, eine Verringerung der Anzahl der Testverfahren, häufigere Pausen, eine Betreuung der Bewerber durch Firmenangehörige während des Mittagessens, eine Führung durch den relevanten Unternehmensbereich bzw. ein Informationsgespräch, eine Verkürzung der Wartezeiten bis zum Interview sowie die Bereitstellung eines Warteraumes. Eine erneute Befragung nach Umsetzung der Maßnahmen ergab eine deutliche Verbesserung des Befindens der Bewerber während des Auswahlverfahrens. Weiterhin wurden die Zufriedenheit der Kandidaten mit den zu Beruf und Unternehmen erhaltenen Informationen, die von ihnen erlebte Mitwirkungsmöglichkeit bei der Gestaltung der Test- und Interviewsituationen sowie ihr Vertrauen in die Tauglichkeit des Einzelgespräches als Auswahlinstrument bedeutsam erhöht. Außerdem bewerteten die Kandidaten den Ablauf des Tages, die Betreuung der Bewerber und das im Unternehmen angetroffene Umfeld wesentlich positiver als zuvor. Der in der Situation enthaltene Leistungsdruck wurde kaum noch bemängelt. Diese Erfolge machen deutlich, daß das Erleben und die Bewertung von Auswahlsituationen nicht nur von den verwendeten diagnostischen Techniken an sich abhängen, sondern auch von dem ihre Durchführung begleitenden Umfeld (vgl. Kersting, 1998; Köchling, 1999; Schuler, 1996). Offenbar honorieren Bewerber gezielte Maßnahmen zur Verbesserung ihrer Situation mit einer deutlich positiveren Bewertung eines Personalauswahlverfahrens.

2.2.1.2 Das Modell der Bewerberreaktionen von Stephen W. Gilliland

Während Schuler (1990, 1993b) sich darauf beschränkte, mögliche Determinanten des Erlebens von Personalauswahl zu beschreiben, setzte sich Stephen W. Gilliland (1993) in seinem *Modell der Reaktionen von Bewerbern auf Personalauswahlsysteme* auch damit auseinander, *auf welche Weise* sich verschiedene Einflußgrößen auf die *Gesamtbewertung eines Auswahlverfahrens* durch die Teilnehmer auswirken. Darüber hinaus nannte er *Reaktionen*, die eine solche Bewertung auf seiten der Bewerber hervorrufen kann. Diese zusätzliche Betrachtungsebene stellt neben der differenzierten Modellierung des Prozesses der Bewertungsentstehung den entscheidenden Fortschritt gegenüber Schulers Konzeption dar. Abbildung 2 zeigt Gillilands Modell, das, auch aufgrund seiner fundierten theoretischen Einbettung, weit über ein vorläufiges Arbeitskonzept hinausgeht.

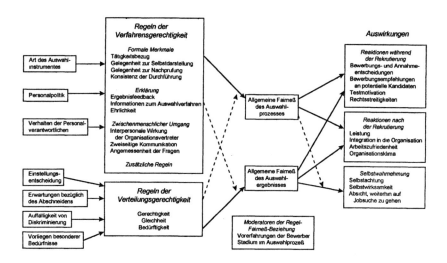

Abbildung 2: *Modell der Reaktionen von Bewerbern auf Personalauswahlsysteme (nach Gilliland, 1993, S. 700)*

In seinem Modell unterscheidet Gilliland (1993) zwischen der *Gerechtigkeit des Auswahlprozesses (Verfahrensgerechtigkeit)* und der *Gerechtigkeit des Auswahlergebnisses (Verteilungsgerechtigkeit)* aus der Sicht der Bewerber. Verfahrens- und Verteilungsgerechtigkeit werden jeweils als eine Gruppe von *Regeln* konzeptualisiert, die in Abhängigkeit von bestimmten Merkmalen einer Auswahlsituation eine mehr oder weniger große Rolle bei der Entstehung von *Fairneßempfindungen* spielen. Situative und personale Bedingungen beeinflussen das Ausmaß, in dem die Kandidaten jede der Regeln als eingehalten oder als verletzt ansehen. So hängen die Wahrnehmungen bezüglich der Verfahrensgerechtigkeit eines Auswahlsystems von der *Art des Auswahlinstrumentes*, der *Personalpolitik der Organisation* und dem *Verhalten der Personalverantwortlichen* ab. Die Eindrücke bezüglich der Verteilungsgerechtigkeit des Auswahlergebnisses (Eignungsbeurteilung bzw. Angebot/Absage) werden unter anderem von der *Einstellungsentscheidung* am Ende des Selektionsverfahrens und den *Erwartungen der Kandidaten hinsichtlich des eigenen Abschneidens* beeinflußt.

Die Wahrnehmungen der Bewerber bezüglich des Ausmaßes, in dem jede der Regeln eingehalten oder verletzt worden ist, werden jeweils zu einer *Gesamtbewertung der Fairneß ("overall fairness") des Auswahlprozesses und des Auswahlergebnisses* kombiniert. Über diese Haupteffekte hinaus wird die Beziehung zwischen Verteilungsgerechtigkeit und Fairneß des Ergebnisses von den Verfahrensregeln moderiert, während die Beziehung zwischen Verfahrensgerechtigkeit und Fairneß des Prozesses von den Verteilungsregeln moderiert wird. Weitere Moderatoren der Regel-Fairneß-Beziehung bilden die Erfahrungen, die Bewerber bereits mit Rekrutierungs- und Personalauswahlverfahren gemacht haben, sowie das Stadium des Auswahlprozesses, in dem sie sich befinden.

Die Fairneß des Auswahlprozesses bzw. des Auswahlergebnisses aus der Sicht der Bewerber hat nach Gilliland (1993) eine Reihe von *Auswirkungen* auf die einzelnen Kandidaten und die Organisation. Einige dieser Auswirkungen betreffen sowohl angenommene als auch abgelehnte Bewerber (Auswirkungen auf Bewerbungsentscheidungen, Testmotivation, Selbstachtung, Selbstwirksamkeit und Billigung der Produkte des Unternehmens), andere sind spezifisch für angenommene Kandidaten (Auswirkungen auf Annahmeentscheidungen, Arbeitszufriedenheit, Leistung, Integrationsverhalten und Organisationsklima), und ein Aspekt bezieht sich nur auf abgelehnte Kandidaten (Auswirkungen auf die Absicht, weiterhin auf Jobsuche zu gehen).

Die wahrgenommene Fairneß eines Auswahlprozesses hängt nach Gilliland (1993) von der Einhaltung oder Verletzung von insgesamt zehn Verfahrensregeln ab, die er drei Kategorien zuordnet. Die Kategorie *„formale Merkmale des Auswahlsystems"* umfaßt vier Regeln. Voraussetzungen für eine positive Beurteilung der Fairneß eines Selektionsverfahrens durch die Teilnehmer sind demnach (1.) ein starker *Tätigkeitsbezug* der eignungsdiagnostischen Instrumente, (2.) ausreichend *Gelegenheit zur Selbstdarstellung* (Kenntnisse, Fähigkeiten und Persönlichkeit), (3.) die *Möglichkeit zur Nachprüfung* des Beurteilungsprozesses (z. B. durch Einsichtnahme in die Auswertungsunterlagen) sowie (4.) *konsistente Entscheidungsabläufe* über verschiedene Personen und Zeitpunkte hinweg. Die drei Regeln der Kategorie *„Erläuterung des Verfahrens und der Entscheidungsfindung"* verweisen auf die Bedeutung der Informationen, die den Teilnehmern im Rahmen des Auswahlprozesses geliefert werden. Als förderlich für die erlebte Fairneß eines Selektionsverfahrens werden in diesem Zusammenhang angeführt: (5.) ein rechtzeitiges und aufschlußreiches *Ergebnisfeedback*, (6.) fundierte *Informationen zur Verfahrensweise* (insbesondere zu Validität, Ablauf, Auswertung, Entscheidungsfindung und -begründung) sowie (7.) *Ehrlichkeit* gegenüber den Kandidaten. Die Regeln der dritten Kategorie thematisieren den *zwischenmenschlichen Umgang* im Rahmen des Auswahlprozesses. Hierbei wird davon ausgegangen, daß (8.) eine positive *interpersonale Wirkung der Organisationsvertreter* (im Sinne der Schaffung einer angenehmen und herzlichen Atmosphäre), (9.) eine *zweiseitige Kommunikation* (d. h. ausreichend Gelegenheit für die Bewerber, ihre Meinung zu äußern und Fragen zu stellen) und (10.) *situationsangemessene Fragen* wichtige Voraussetzungen für eine positive Beurteilung der Fairneß eines Selektionsverfahrens durch die Teilnehmer darstellen. Darüber hinaus räumt Gilliland (1993) die Möglichkeit ein, das Modell durch die Aufnahme *weiterer Verfahrensregeln* auszubauen.

Nach Gillilands (1993) Auffassung läßt sich ein Großteil der Varianz in der wahrgenommenen Fairneß eines Auswahlsystems durch diese zehn Verfahrensregeln erklären. Wie in Abbildung 2 dargestellt, hängt das Ausmaß, in dem jede der Regeln eingehalten oder verletzt wird, von der Art des Auswahlinstrumentes, der Personalpolitik der Organisation und dem Auftreten der Personalverantwortlichen ab. Die allgemeine Fairneß des Auswahlprozesses aus der Perspektive der Kandidaten entspricht dem *gewichteten Durchschnitt der zehn Verfahrensregeln*, wobei die relative Bedeutsamkeit (Gewichtung) der einzelnen Regeln von folgenden Faktoren abhängt: (a) Art der verwendeten Selektionsverfahren, (b) Ausmaß, in dem eine Verfahrensregel verletzt wird, (c) Vorerfahrungen des Bewerbers mit Auswahlverfahren und (d) Zeitpunkt, zu dem die Fairneßreaktionen erhoben werden. Entsprechend kann es vorkommen, daß in bestimmten Auswahlsituationen nur ein Teil der Verfahrensregeln relevant ist, obwohl über verschiedene Situationen hinweg alle zehn Regeln eine Rolle bei der Fairneßwahrnehmung spielen.

Bei der Bewertung des Ergebnisses eines Personalauswahlverfahrens durch die Bewerber können nach Gilliland (1993) drei Verteilungsregeln eine Rolle spielen. Die wichtigste hiervon, die Regel der *Gerechtigkeit (,,equity")*, besagt in allgemeiner Form, daß Personen Ergebnisse erzielen sollten, die den relativen Beiträgen entsprechen, die sie in eine Verteilungssituation einbringen. Im Rahmen von Auswahlsituationen hängt die Höhe dieser Beiträge davon ab, wie die Kandidaten ihre eigenen Fähigkeiten oder Qualifikationen zur Ausübung der Tätigkeit einschätzen. Hieraus sowie aus früheren Erfahrungen in ähnlichen Personalauswahlsituationen resultiert eine mehr oder weniger hohe Erfolgserwartung bezüglich des eigenen Abschneidens im Selektionsverfahren. Nach Gilliland (1993) wird die Auswahlentscheidung dann als gerecht und fair wahrgenommen, wenn ihr Ergebnis den Erwartungen der Bewerber entspricht. Tabelle 2 verdeutlicht diesen Zusammenhang.

Tabelle 2: *Wahrgenommene Fairneß einer Auswahlentscheidung in Abhängigkeit von Ergebniserwartung und erzieltem Ergebnis*

	Angebot erhalten	kein Angebot erhalten
Angebot erwartet	(a) Wahrnehmung der Entscheidung als gerecht / fair	(b) Wahrnehmung der Entscheidung als ungerecht (,,underpayment") / unfair
kein Angebot erwartet	(c) Wahrnehmung der Entscheidung als ungerecht (,,overpayment") / unfair	(d) Wahrnehmung der Entscheidung als gerecht / fair

Die Regel der *Gleichheit (,,equality")* fordert hingegen, daß alle Teilnehmer eines Auswahlverfahrens die gleichen Chancen auf Erfolg haben, unabhängig von Unterscheidungsmerkmalen wie Wissen, Fähigkeiten oder Erfahrung. Diese Regel erstaunt zunächst, da sie eine Einstellung von Bewerbern nach dem Zufallsprinzip nahelegt. Eine Verletzung der Regel wirkt sich nach Gilliland (1993) allerdings nur dann (negativ) auf die Ergebnisbewertung aus, wenn die Auswahl aus der Sicht der Kandidaten aufgrund von Eigenschaften vorgenommen wurde, die nicht mit der Tätigkeit in Zusammenhang stehen. Eine Auswahl aufgrund tätigkeitsrelevanter Merkmale stellt zwar ebenfalls einen Regelverstoß dar, der jedoch in Gillilands Modell keinerlei Einfluß auf die Fairneßempfindungen hat.

Die Regel der *Bedürftigkeit (,,needs")* besagt schließlich, daß die Ergebnisverteilung nach individueller Bedürftigkeit erfolgen sollte. In einer Personalauswahlsituation könnte diese Regel z. B. dann relevant werden, wenn sich unter den Bewerbern geistig oder körperlich behinderte Personen befinden, die bei der Auswahlentscheidung bevorzugt berücksichtigt werden.

Das bisher Gesagte verdeutlicht Gillilands (1993) Vorstellung, daß Urteile bezüglich der Einhaltung oder Verletzung verschiedener Regeln kombiniert werden, um Wahrnehmungen hinsichtlich der allgemeinen Fairneß von Auswahlprozeß und -ergebnis zu bilden. Hierbei handelt es sich um direkte Auswirkungen der Regeln der Verfahrensgerechtigkeit auf die Fairneß des Prozesses und der Regeln der Verteilungsgerechtigkeit auf die Fairneß des Ergebnisses. Darüber hinaus vermutet Gilliland (1993), daß die Beziehung zwischen Verfahrensregeln und Prozeßbewertung durch die Verteilungsregeln moderiert wird, während die Verfahrensregeln die Beziehung zwischen Verteilungsregeln und Ergebnisbewertung moderieren. Im einzelnen wird vorhergesagt, daß die Verfahrensregeln in denjenigen Situationen den größten Einfluß auf die Fairneß des Auswahlprozesses haben, in denen Verteilungsregeln verletzt worden sind. Wenn Bewerber Stellenangebote erhalten, die ihnen ihrer Meinung nach zustehen, werden sie sich weniger Gedanken über die Fairneß des Auswahlprozesses machen, als wenn sie kein Angebot erhalten hätten. Ähnlich wird die Beziehung zwischen Verteilungsgerechtigkeit und Fairneß des Ergebnisses dann am stärksten ausgeprägt sein, wenn Verfahrensregeln verletzt worden sind. So werden Bewerber dann am unzufriedensten mit Auswahlentscheidungen sein, wenn die verwendeten Selektionsverfahren aus ihrer Sicht ungerecht waren.

In Gillilands (1993) Ansatz stellen die wahrgenommene Fairneß des Auswahlprozesses und die wahrgenommene Fairneß des Auswahlergebnisses die zentralen Größen dar. Das Modell endet jedoch nicht auf dieser Ebene, sondern beschreibt darüber hinaus wichtige Auswirkungen der Fairneßwahrnehmungen auf Individuum und Organisation. Hierbei kommt der Fairneß des Auswahlprozesses eine größere Bedeutung zu als der Fairneß des Auswahlergebnisses. Auswirkungen der Fairneßwahrnehmungen ergeben sich auf *die Einstellungen und das Verhalten der Bewerber während des Auswahl- und Rekrutierungsprozesses* (Bewerbungs- und Annahmeentscheidungen, Testmotivation, Bewerbungsempfehlungen und Rechtsstreitigkeiten), *deren Selbstwahrnehmung* (Selbstachtung, Selbstwirksamkeit und Einschätzung der eigenen Fähigkeiten) und *die Einstellungen und das Verhalten rekrutierter Kandidaten nach Eintritt in die Organisation* (Arbeitsleistung und Arbeitszufriedenheit, Bindung, Integrationsverhalten und Organisationsklima). Wie auch bei den übrigen Modellkomponenten stützt Gilliland (1993) seine Annahmen auf eine Reihe von empirischen Befunden und weist darauf hin, daß es nicht zuletzt diese Auswirkungen von Fairneßwahrnehmungen auf Individuum und Organisation sind, die die Erforschung des Erlebens von Personalauswahlsituationen auch unter Anwendungsgesichtspunkten zu einem äußerst wichtigen Thema machen.

2.2.1.3 Kritik, Integration und Weiterentwicklung der Ansätze

Betrachtet man die Veröffentlichungen, die sich explizit auf Schulers Konzept der sozialen Validität beziehen, so fällt zunächst die häufige Vermischung bzw. Gleichsetzung der einzelnen Modellkomponenten auf. Schuler (1990, 1993b) nahm an, daß sich die vier Parameter der sozialen Validität als unabhängige Variablen auf das Erleben – insbesondere die soziale Akzeptanz – von Personalauswahlsituationen durch Teilnehmer als abhängige Variable auswirken. In den meisten Studien wird jedoch nicht zwischen den beiden Variablengruppen unterschieden, und ihr Verhältnis zueinander bleibt ungeklärt (so z. B. bei Dreesmann & Harburger, 1988; Harburger, 1992; Holling & Leippold, 1991; Kersting, 1998; Sichler, 1989). Besonders augenfällig wird dies bei Kersting (1998), der in seiner Arbeit kurzerhand Komponenten der sozialen Validität (Partizipation und Transparenz) als Aspekte der Akzeptanz konzeptualisiert, einen mehrdimensionalen Akzeptanzbegriff fordert und die Bezeichnung soziale Validität durch soziale Akzeptanz ersetzt. Da aber Schulers (1990, 1993b) Ansatz bereits eine Wirkungsrichtung sowie eine Einteilung nach abhängigen und unabhängigen Variablen enthält, stellt eine solche Vorgehensweise einen konzeptionellen Rückschritt dar. Ein vielschichtiges Akzeptanzkonzept wirft alle vorhandenen Variablen in einen Topf und erklärt letztlich gar nichts. Zumindest bis zu einem umfassenderen Verständnis der psychischen Prozesse um das Erleben von Personalauswahl erscheint es sinnvoller, die Komponenten eines Arbeitsmodells möglichst einfach zu strukturieren und sauber voneinander abzugrenzen.

An der derzeitigen Konfusion in Forschung und Literatur ist der Urheber des Konzeptes der sozialen Validität nicht ganz unschuldig. Die anfängliche Übersichtlichkeit und Stringenz seiner Überlegungen („[...] vier Komponenten [...], die Auswahlsituationen zu sozial akzeptablen Situationen machen [...]"; Schuler, 1990, S. 185) geht schnell verloren, wenn er zur Darstellung der abhängigen Variablen übergeht. Diese sind nicht nur ziemlich diffus und heterogen – wie Schuler (1990, 1993b) zugibt –, sondern auch teilweise deckungsgleich mit den unabhängigen Variablen. Wenn soziale Validität also das ist, was Auswahlsituationen sozial akzeptabel macht (Schuler, a. a. O.; Schuler & Stehle, 1983, 1985), warum beschränkt man sich dann nicht auf die Erhebung der Akzeptanz eines Auswahlverfahrens als *einzige* abhängige Variable? Sicherlich bliebe dann noch die Frage, wie Akzeptanz zu konzeptualisieren und zu erfassen wäre. In jedem Fall müßten Konzeption und Operationalisierung einer abhängigen Variablen aber exakter und homogener ausfallen als bei Schuler (1990, 1993b). Auf diese Weise könnte eine Vermischung von unabhängigen und abhängigen Größen vermieden werden. Vor allem aber ließe sich die Verdichtung einzelner Teilnehmerwahrnehmungen zu einem Gesamteindruck beschreiben, wie es Gilliland (1993) in seinem Modell der Reaktionen von Bewerbern auf Personalauswahlsysteme vorgemacht hat.

Hierdurch würde der Transfer in die Praxis enorm erleichtert. Denn zum einen ist für den Praktiker im Personalmanagement die Herstellung eines hohen Maßes an Information, Transparenz etc. kein Selbstzweck, sondern zielt auf eine möglichst positive Bewertung des Auswahlverfahrens durch die Kandidaten ab. Zum anderen, und dies führt zurück zu den Wurzeln des Konzeptes, unterscheiden sich die vier Situationsmerkmale einerseits und die Bewertung bzw. Akzeptanz eines Verfahrens andererseits insbesondere dadurch, daß erstere durch geeignete Maßnahmen bei der Durchführung von Personalauswahl (z. B. den Einsatz bestimmter eignungsdiagnostischer Instrumente, die Art und Weise der Durchführung sowie die Gestaltung des situativen Umfeldes; vgl. Gilliland, 1993; Kersting, 1998; Köchling, 1993, 1999; Köchling & Körner, 1996; Schuler, 1996) gewissermaßen unmittelbar beeinflußt werden können, während sich eine hohe Akzeptanz stets indirekt als Folge solcher Schritte ergeben sollte. Eine Gesamtbewertung einer Auswahlsituation als einzige abhängige Variable im Sinne Gillilands (1993) würde also nicht nur die Konfusion innerhalb des Konzeptes der sozialen Validität eindämmen, sondern erscheint auch unter Anwendungsgesichtspunkten geeigneter.

Die größte Schwachstelle von Schulers (1990, 1993b) Ansatz aber ist, daß dem Wirkungsgefüge zwischen den thematisierten Variablen (z. B. relative Gewichte oder Wechselwirkungen verschiedener Modellkomponenten) kaum Aufmerksamkeit geschenkt wird. In seinen zentralen Veröffentlichungen zur Thematik beschäftigt sich Schuler (1990, 1993b) fast ausschließlich mit der Operationalisierung der vier Parameter der sozialen Validität. Die Rolle dieser Komponenten als situative Einflußgrößen wird zwar erwähnt, jedoch nicht weiter ausgeführt. Auch in den meisten Studien zum Modell werden lediglich Einschätzungen einzelner Aspekte der sozialen Validität von Auswahlverfahren auf Itemebene (Mittelwerte) berichtet, wobei die Akzeptanz der Verfahren als ein Aspekt unter vielen behandelt wird (so z. B. bei Dreesmann & Harburger, 1988; Harburger, 1992; Holling & Leippold, 1991; Sichler, 1989). Mögliche Beziehungen zwischen unabhängigen und abhängigen Variablen werden selten untersucht (eine Ausnahme bildet die Studie von Fruhner et al., 1991). Hinzu kommt, daß kaum Untersuchungen existieren, die sämtliche Modellkomponenten einbeziehen. Damit gibt es wenig empirische Evidenz für die vermutete Relevanz der vier Parameter der sozialen Validität. So handelt es sich bei Schulers Konzept letztlich um eine reine Auflistung einiger möglicher Determinanten der Bewertung bzw. Akzeptanz von Auswahlsituationen (vgl. Gilliland, 1993). Die eigentliche Bewertung durch die Teilnehmer wird ebensowenig behandelt wie deren Reaktionen (im Sinne von Einstellungs- oder Verhaltensänderungen). Hierdurch wird die Verwendbarkeit des Ansatzes als Arbeitsmodell und Forschungsrahmen stark eingeschränkt.

Hinzu kommt, daß die Bezeichnung „soziale Validität" mißverständlich ist, da dem Ausdruck „Validität" außerhalb von Schulers Konzept eine gänzlich andere Bedeutung zukommt (vgl. 2.2.1.1; Kersting, 1998). Die Gründe für die Wahl gerade dieser Bezeichnung scheinen vor allem darin zu liegen, daß Schuler und Stehle (1983) die Einführung eines vierten Hauptgütekriteriums eignungsdiagnostischer Verfahren im Sinn hatten, das das Ausmaß der Erfüllung sozialer Anforderungen an Auswahl- oder Beurteilungsverfahren angibt. Diese Überlegungen wurden von Trost (1993) fortgesetzt, der vorschlug, die Akzeptanz von Tests bei den Teilnehmern mit einem einheitlichen Fragebogen zu erfassen und als zusätzliches Standardkriterium in Testmanuale und Nachschlagewerke aufzunehmen. Eine derartige Entwicklung wäre durchaus wünschenswert. In der vorliegenden Arbeit wird die Bezeichnung „soziale Validität" jedoch nur deshalb beibehalten, weil sie sich inzwischen etabliert hat und weiteren Mißverständnissen vorgebeugt werden soll.

Mit seinem Konzept der sozialen Validität formulierte Schuler (1990, 1993b) einen übersichtlichen Katalog möglicher Determinanten der Bewertung von Personalauswahlsituationen. Gilliland (1993) integrierte die vier Komponenten der sozialen Validität in sein Modell der Reaktionen von Bewerbern auf Personalauswahlsysteme und stellte darüber hinaus den Bezug zu weiteren relevanten Ansätzen (Arvey & Sackett, 1993; Iles & Robertson, 1989) her. Neben dieser Integrationsleistung kommt Gilliland das Verdienst zu, seine Konzeption auf ein solides theoretisches Fundament gestellt zu haben. Dies ermöglichte es ihm, den gesamten Prozeß vom Vorliegen verschiedener Einflußfaktoren über die Bildung von Fairneßurteilen bis hin zu deren Auswirkungen auf Bewerber und Organisation in Modellform abzubilden. Im Zuge seiner Überlegungen geht Gilliland (1993) auch auf das Problem der relativen Gewichtung möglicher Determinanten der Verfahrensbewertung ein. Dies unterstreicht den Modellcharakter seiner Konzeption, auch wenn er – aufgrund eines Mangels an entsprechender Forschung – genaue Angaben zur Gewichtung der von ihm vorgeschlagenen Einflußgrößen letztlich schuldig bleibt. Aus seinem Modell leitet Gilliland (1993) eine Vielzahl von Hypothesen ab, an denen sich die weitere Forschung zur Thematik orientieren kann.

Interessanterweise ist es gerade die außerordentliche Komplexität von Gillilands (1993) Modell, die seine Verwendbarkeit als allgemeinen Forschungsrahmen einschränkt. Gut durchdacht und theoretisch fundiert, wirft das Modell an vielen Punkten mehr Fragen auf, als es Antworten liefert. Eine solide Absicherung durch empirische Forschung wird daher noch beträchtliche Zeit in Anspruch nehmen. Hinzu kommt, daß das Konzept für den Praktiker im Personalmanagement, der eine Orientierungshilfe bei der Gestaltung seiner Personalauswahl sucht, kaum überschaubar ist. Hier wäre eine Arbeitskonzeption geeigneter, die vom Komplexitätsgrad her zwischen den Vorschlägen Schulers (1990, 1993b) und Gillilands (1993) liegt und dennoch alle wesentlichen Größen beinhaltet.

Fassen wir also zusammen. Ein *praxistaugliches Arbeitsmodell* zum Erleben von Personalauswahl durch Bewerber sollte *mindestens drei Ebenen* einschließen: (1) die Ebene der *Einflußgrößen*, auf der situative und personale Determinanten der Bewertung von Auswahlverfahren angesiedelt sind, (2) die Ebene des *Erlebens*, auf der die Kombination und die Gewichtung der verschiedenen Einflußgrößen zu einer Gesamtbewertung behandelt werden und (3) die Ebene der *Auswirkungen*, auf der die Konsequenzen thematisiert werden, die das Erlebte und dessen Bewertung für die Kandidaten einerseits und die rekrutierende Organisation andererseits haben. Die *postulierte Wirkungsrichtung* verliefe von Ebene 1 nach Ebene 3 und wäre bei der Verwendung des Modells im Rahmen von Forschungsarbeiten zu beachten. Eine *sorgfältige Trennung der einzelnen Variablengruppen* sollte eingehalten werden. Schließlich müßte das Modell *so einfach und übersichtlich wie möglich* gehalten werden, damit es flexibel an den jeweiligen Forschungsstand angepaßt werden kann und auch für den Praktiker in der Personalarbeit leicht verständlich ist. Aus den vorangegangenen Überlegungen resultiert der in Abbildung 3 dargestellte Modellentwurf.

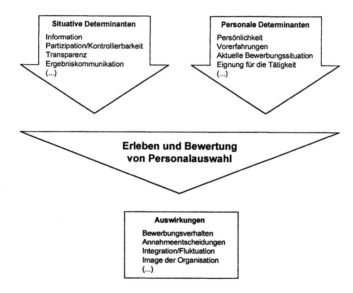

Abbildung 3: *Determinanten und Auswirkungen des Erlebens und der Bewertung von Personalauswahl*

Das vorgeschlagene Modell, eine Integration der Konzepte Gillilands (1993) und Schulers (1990, 1993b), stellt die Minimalversion eines praktisch verwertbaren Arbeitsansatzes dar. Es impliziert, daß über die Gestaltung von Auswahlsituationen eine positivere Bewertung von Personalauswahl durch die Betroffenen erreicht werden kann *(situative Determinanten)*. Möglichkeiten der Einflußnahme liegen im Einsatz bestimmter Auswahlinstrumente, in der Art und Weise der Durchführung sowie in der Gestaltung des situativen Umfeldes der Verfahren (Gilliland, 1993; Kersting, 1998; Köchling, 1993, 1999; Köchling & Körner, 1996; Schuler, 1996). Zusätzlich berücksichtigt der Ansatz die Möglichkeit, daß je nach Personalzielgruppe verschiedene Aspekte von Beurteilungssituationen besonders wichtig sind und daher besondere Aufmerksamkeit verdienen *(personale Determinanten –* diese können auch als *Moderatoren* der Beziehung zwischen situativen Determinanten und Bewertung aufgefaßt werden). Bei der Durchführung von Personalauswahl können verschiedene Situationsmerkmale durch geeignete Maßnahmen beeinflußt werden (direkter Einfluß) und determinieren dann das Erleben der Vorgehensweise durch die Teilnehmer (indirekter Einfluß). Auf diese Weise erfährt ein bewerberorientiertes (Köchling, 1999; Köchling & Körner, 1996) oder sozial valides Verfahren (Schuler, 1990, 1993b) eine positive *Bewertung.* Die Bewertung eines Auswahlverfahrens durch Bewerber hat wiederum *Auswirkungen* auf deren Einstellungen und Verhaltensweisen gegenüber der rekrutierenden Organisation (Gilliland, 1993; Kersting, 1998). Sie ist damit für deren Personalmarketing von Bedeutung (Köchling, 1999). Hiermit werden wir uns in Kapitel 3 beschäftigen.

2.2.2 Personale Determinanten

Neben situativen Einflußgrößen, zu denen auch wahrgenommene Eigenschaften und Verhaltensweisen der jeweiligen Organisationsvertreter zählen, spielen auch Merkmale der Kandidaten eine Rolle für Erleben, Bewertung und Akzeptanz von Personalauswahlverfahren. Verschiedene Studien erbrachten bereits Hinweise auf die Relevanz von Personenmerkmalen.

So fanden Köchling und Körner (1996) eine Abhängigkeit des Erlebens und der Beurteilung eines kombinierten Selektionsverfahrens (psychologische Tests und Vorstellungsgespräch) von der allgemeinen Intelligenz der Kandidaten, wobei intelligentere Personen eine bessere Befindlichkeit aufwiesen und positivere Urteile abgaben als weniger intelligente Personen. Kersting (1998) berichtet eine positivere Einschätzung der Meßqualität von Intelligenztests durch Teilnehmer mit einer höheren Intelligenzausprägung. Hingegen konnte Harburger (1992) keinerlei Unterschiede im Erleben eines Assessment-Centers in Abhängigkeit von der Intelligenz nachweisen. Dieses abweichende Ergebnis könnte allerdings auf die Homogenität der untersuchten Stichprobe bezüglich des Merkmals Intelligenz zurückzuführen sein, wofür der relativ hohe Gruppenmittelwert ($M = 114$, IST 70) und die Zielsetzung des Verfahrens (Auswahl von Vertriebsassistenten) sprechen (vgl. Kersting, 1998; Köchling, 1993).

Neben Befunden zur allgemeinen Intelligenz gibt es Hinweise darauf, daß zentrale Persönlichkeitseigenschaften mit dem Erleben von Beurteilungssituationen in Zusammenhang stehen. Holling und Leippold (1991) berichten positive Korrelationen zwischen der Ausprägung verschiedener Personenmerkmale (z. B. Selbstsicherheit, soziale Kompetenz) und der Beurteilung von Objektivität und Angemessenheit eines Assessment-Centers zur Personalentwicklung durch die Teilnehmer. In einer Studie von Köchling und Körner (1996) war die Befindlichkeit der Kandidaten während der Personalauswahl um so positiver, je extravertierter oder gewissenhafter sie waren oder je stärker sie mit Erfolg rechneten. Je neurotischer die Bewerber hingegen waren, um so schlechter fühlten sie sich. Passend hierzu ermittelte Borchers (1986; zit. n. Schuler, 1990, 1993b) eine negative Korrelation zwischen der Akzeptanz eines Persönlichkeitstests durch die Teilnehmer und deren Neurotizismusausprägung, während für die Eigenschaft Diplomatie ein positiver Zusammenhang festgestellt wurde. Ausreißer ist wiederum die Studie von Harburger (1992), in der sich keinerlei Hinweise auf eine Beziehung zwischen dem Erleben eines Assessment-Centers einerseits und den Teilnehmermerkmalen Leistungsstreben, Ausdauer und allgemeine Interessiertheit andererseits ergaben.

Einer der meistbestätigten Sachverhalte in diesem Zusammenhang ist, daß Personen, die in einem Beurteilungsverfahren gut abschneiden, dieses positiver beurteilen als weniger erfolgreiche Teilnehmer (Dreesmann & Harburger, 1988; Fruhner & Schuler, 1991; Harburger, 1992; Holling & Leippold, 1991; Kersting, 1998; Köchling, 1993; Köchling & Körner, 1996; Lounsbury, Bobrow & Jensen, 1989; Noe & Steffy, 1987). Zur Erklärung dieses Befundes werden überwiegend konsistenztheoretische Überlegungen herangezogen (Fruhner & Schuler, 1991; Holling & Leippold, 1991; Kersting, 1998). So wird vermutet, daß erfolgreiche Teilnehmer durch eine eher positive Bewertung eines Verfahrens ihr vorhandenes Selbstbild bestätigen oder verstärken, da sie ihr gutes Abschneiden auf einen internen Faktor (die eigenen Fähigkeiten) attribuieren können. Erfolglose Personen hingegen verringern die kognitive Dissonanz (Festinger, 1957) zwischen Abschneiden und Selbstbild durch eine Abwertung des Verfahrens. Auf diese Weise können sie ihre schlechten Leistungen auf einen externen Faktor (das „unfaire" Beurteilungsverfahren) attribuieren und ein positives Selbstbild aufrechterhalten.

Eine solche Erklärung ist allerdings nicht unproblematisch, setzt sie doch voraus, daß den Kandidaten zum Zeitpunkt ihrer Befragung ihr Ergebnis bekannt ist. Hiervon kann in den einschlägigen Studien jedoch nicht durchgängig ausgegangen werden, da die Befragungen zum Erleben der Beurteilungsverfahren meist vor dem Feedback erfolgten (Ausnahmen: Holling & Leippold, 1991; Lounsbury, Bobrow & Jensen, 1989; Noe & Steffy, 1987). Eine Möglichkeit zur Rettung des Erklärungsansatzes wäre, daß die Teilnehmer ihre eigenen Leistungen ähnlich wie ihre Beurteiler einschätzen (so z. B. bei Dreesmann & Harburger, 1988). In einer Studie von Köchling und Körner (1996) waren die Kandidaten aber zu einer adäquaten Selbsteinschätzung nachweislich nicht in der Lage – dennoch trat der beschriebene Effekt auf.

So bleiben zwei Alternativerklärungen, die durchaus im Zusammenhang gesehen werden können. Zum einen könnten den Äußerungen von Teilnehmern zu einem Verfahren Merkmale zugrunde liegen, die auch in ihre Leistungsbeurteilung einfließen (z. B. Aufgeschlossenheit, vgl. Fruhner & Schuler, 1991, oder Intelligenz, vgl. Köchling & Körner, 1996). Zum anderen könnten erfolgreiche Teilnehmer über Kompetenzen (z. B. eine höhere soziale Intelligenz) verfügen, die es ihnen ermöglichen, sich besser in einer Beurteilungssituation zurechtzufinden, die gestellten Anforderungen leichter zu erkennen und daher angemessener zu reagieren (Bungard, 1987; Dreesmann & Harburger, 1988; Fruhner & Schuler, 1991; Harburger, 1992). Die positivere Einschätzung von Transparenzaspekten durch erfolgreiche Kandidaten in den zuvor angeführten Untersuchungen spricht für diese Interpretation.

Neben Ergebnismustern, die erste Trends aufzeigen, gibt es eine Reihe relevanter Einzelbefunde und Hypothesen, deren Konsistenz bzw. Angemessenheit über verschiedene Studien hinweg sich erst noch erweisen muß. So berichtet z. B. Kersting (1998), daß ältere Teilnehmer die Meßqualität von Intelligenztests niedriger einschätzen als jüngere Personen. Auch in einer Untersuchung von Köchling (1993) urteilten die Teilnehmer mit zunehmendem Alter kritischer über verschiedene Aspekte der sozialen Validität eines Bewerbertages. Entsprechend ermittelten Lounsbury, Bobrow und Jensen (1989) bei älteren Personen negative Einstellungen gegenüber einer Eignungstestung als bei jüngeren. (Allerdings trat ein Effekt des Alters nur in einer ihrer beiden Teilstudien auf.) Nevo und Sfez (1985, 1986), die umfangreiche Analysen zur Konstruktion eines Feedbackfragebogens für Testteilnehmer (*„EFeQ – Examinees' Feedback Questionnaire"*) durchführten, stellten hingegen keine Unterschiede in den Antworten von Kandidaten in Abhängigkeit vom Alter fest.

Dafür fanden sie Effekte der Testerfahrung (Nevo & Sfez, 1985). So beurteilten Kandidaten eine aus verschiedenen Tests bestehende Aufnahmeprüfung für die Zulassung an Universitäten im Vorfeld der Teilnahme in einer Reihe von Aspekten positiver als danach (z. B. hinsichtlich Augenscheinvalidität oder Attraktivität der Testverfahren). Ähnlich stellte Borchers (1986, zit. n. Schuler, 1990, 1993b) fest, daß Personen, die über Erfahrungen mit Persönlichkeitstests verfügen, dieses Verfahren stärker ablehnen als unerfahrene Testteilnehmer. Hingegen fanden Fruhner et al. (1991), daß Personen mit Vorerfahrung mit psychologischen Tests bzw. Interviews das jeweilige Verfahren positiver beurteilen und es als weniger belastend und transparenter einschätzen. Köchling und Körner (1996) wiederum konnten keinerlei systematische Unterschiede im Erleben eignungsdiagnostischer Situationen in Abhängigkeit von der Vorerfahrung mit Einstellungstests nachweisen. Auch in der Untersuchung von Lounsbury, Bobrow und Jensen (1989) erwiesen sich die Einstellungen der befragten Personen gegenüber Eignungstests als unabhängig von deren einschlägigen Erfahrungen. Doch auch Jäger (1993) verweist auf die Bedeutung früherer Erfahrungen mit diagnostischen Verfahren für das Erleben aktueller Beurteilungssituationen, ohne allerdings eine Wirkungsrichtung aufzuzeigen.

Schuler (1990, 1993b) schließlich vermutet aufgrund verschiedener Untersuchungsergebnisse, daß Personenmerkmale wie Geschlecht, Erfahrung und Selbsteinschätzung die Wirkung des Ergebnisfeedbacks beeinflussen. Allerdings konnten Lounsbury, Bobrow und Jensen (1989) keinerlei Unterschiede in der Einstellung gegenüber Eignungstests in Abhängigkeit vom Geschlecht der Befragten feststellen. Auch Fiske (1967) sowie Nevo und Sfez (1985) fanden keine Hinweise darauf, daß das Geschlecht der Teilnehmer eine Rolle bei der Beurteilung von Testverfahren bzw. -situationen spielt.

Die hier berichteten Ergebnisse geben einen ersten Einblick in die Forschung zur Bedeutung von Personenmerkmalen für das Erleben von Beurteilungssituationen. Wichtig für die in dieser Arbeit behandelte Thematik ist hierbei, daß neue Erkenntnisse in diesem Bereich nicht nur unser Verständnis der psychischen Prozesse um das Erleben von Personalauswahl erweitern werden. Sie werden es auch in zunehmendem Maße ermöglichen, Auswahlsituationen auf die spezifischen Bedürfnisse und Erwartungen der jeweiligen Zielgruppe abzustimmen und damit bewerbergerecht zu gestalten.

3 Der Vorstellungstermin als Instrument des Personalmarketing

Im vorangegangenen Kapitel haben wir uns zunächst damit beschäftigt, auf welche Art von Situation ein zu einem Vorstellungstermin eingeladener Bewerber trifft und welche Reaktionen dadurch bei ihm ausgelöst oder zumindest begünstigt werden. Danach haben wir Möglichkeiten betrachtet, die Situation für den Bewerber attraktiver zu gestalten und so eine positivere Bewertung der betriebenen Personalauswahl zu erzielen. Warum aber sollte für Unternehmen und Personalverantwortliche eine Betrachtung ihrer Personalauswahl aus der Bewerberperspektive interessant sein? Ist es denn nicht so, daß es bei der Personalauswahl nur um eine möglichst effiziente Auswahl der Besten aus einem vorhandenen Bewerberpool geht? Und sollten die Personalmarketing- und Rekrutierungsaktivitäten eines Unternehmens sich nicht darauf beschränken, der Personalauswahl einen möglichst großen und qualitativ hochwertigen Bewerberpool zu verschaffen? Die folgenden Überlegungen werden zeigen, daß die letztgenannten Sichtweisen zu kurz greifen.

3.1 Personalmarketing, Personalauswahl und Bewerberaufkommen

Ein großer Bewerberpool ist für ein Unternehmen nur dann von Vorteil, wenn es über ein zuverlässiges Personalauswahlverfahren verfügt, das ihm die Nutzung des darin enthaltenen Potentials ermöglicht. Grundlage hierfür ist vor allem ein exaktes Anforderungsprofil, aus dem sich eindeutige Kriterien ableiten lassen, die allein eine systematische Selektion anhand der eingegangenen Bewerbungsunterlagen und der Ergebnisse der nachgeschalteten eignungsdiagnostischen Verfahren (z. B. Auswahlinterviews, Assessment-Center, Intelligenz-, Leistungs- und Persönlichkeitstests) ermöglichen.

Problematisch ist hierbei, daß viele Unternehmen an dieser grundlegenden Forderung scheitern. So bemängelt etwa Neuberger (zit. n. Manager Magazin, 1996a, S. 222), daß die meisten Personalchefs bei der Papierauswahl auf die Anwendung angemessener Auswahlkriterien verzichten, „weil sie noch immer dem Irrglauben nachhängen, viele Kandidaten sicherten viel Potential". Sarges (a. a. O.) spricht in diesem Zusammenhang von einer verwässerten Eingangsstichprobe bei den Unternehmen, aus der sich keiner noch so guten Auswahltechnik mehr verläßliche Schlüsse ziehen ließen. Hierdurch würden ungeeignete Kandidaten eingestellt und all jene aussortiert, die genausogut oder besser gewesen wären.

Festzuhalten bleibt, daß ein auf die Erzeugung eines hohen Bewerberaufkommens abzielendes Personalmarketing nur dann Sinn macht, wenn es mit einem ausgeklügelten Personalauswahlverfahren gekoppelt ist. Ist dies nicht der Fall, wirken sich die umfangreichen Anwerbungsaktivitäten und der enorme Aufwand, den viele Unternehmen schon bei der Sichtung der eingegangenen Bewerbungen treiben, höchstens als unnötige Kostenfaktoren aus.

3.2 Bewerberorientierte Personalauswahl

Analog dazu macht ein zuverlässiges Selektionsverfahren für ein Unternehmen nur dann wirklich Sinn, wenn ein Großteil der mühsam ausgewählten Kandidaten nach der Unterbreitung eines Stellenangebotes auch tatsächlich zusagt. Je öfter dies nicht der Fall ist, um so häufiger müssen die Personalverantwortlichen sich mit der zweiten Wahl begnügen oder den Auswahlprozeß erneut in Gang setzen. Beides verringert die Effektivität von Rekrutierung und Selektion und verursacht dadurch Kosten und Produktivitätsverluste (vgl. Boudreau & Rynes, 1985; Murphy, 1986). So führt eine Senkung der Anforderungen an neue Mitarbeiter längerfristig zu einem Rückgang der Qualität des Personals. Und eine häufigere Personalauswahl führt zu einem ungünstigeren Verhältnis von Aufwand und Ertrag. Dies gilt insbesondere für die zur Auswahl von Fach- und Führungskräften häufig eingesetzte Assessment-Center-Methode, die zwar wegen ihrer relativ guten Vorhersagegenauigkeit sehr beliebt, aber in ihrer Durchführung enorm aufwendig ist (vgl. Sarges, 1996).

In diesem Zusammenhang ist es für ein Unternehmen äußerst interessant zu wissen, wie Bewerber die von ihm betriebene Personalauswahl erleben. Denn angesichts der Tatsache, daß Stellensuchende sich im allgemeinen bei mehreren Firmen vorstellen, wobei insbesondere die begehrten Top-Leute auch in Zeiten hohen Bewerberaufkommens häufig mehrere Angebote erhalten, sollten die Personalmarketingaktivitäten eines Unternehmens nicht nur darauf ausgerichtet sein, potentielle Mitarbeiter zu einer Bewerbung zu bewegen. Auch *nach* bereits erfolgter Bewerbung möglicher Nachwuchskräfte haben Unternehmen noch Gelegenheit darauf hinzuwirken, daß sie von diesen im Vergleich mit anderen in Frage kommenden Arbeitgebern möglichst positiv wahrgenommen werden, um so im Falle mehrerer Angebote vom Bewerber bevorzugt zu werden. Die Gestaltung der von Kandidaten vorgefundenen Auswahlsituation bietet hier einen interessanten Ansatzpunkt. Denn da der Vorstellungstermin im allgemeinen den ersten unmittelbaren Kontakt eines Bewerbers mit einem potentiellen Arbeitgeber darstellt, sollten die hierbei gemachten Erfahrungen wichtige Elemente zu dessen Gesamteindruck vom Unternehmen und von der zu besetzenden Position beisteuern. Aus dieser Perspektive wird also der Blick von der Beurteilung des Bewerbers durch das Unternehmen auf einen weiteren wichtigen Aspekt des Vorstellungstermins gelenkt: *Die Beurteilung des Unternehmens durch den Bewerber.*

Das Zusammentreffen im Rahmen der Personalauswahl empfiehlt sich hierbei insbesondere zur lebensnahen Demonstration sozialer Sachverhalte, wie z. B. Selbstverständnis, Unternehmenskultur, Arbeitsatmosphäre oder Führungsstil. Dies ist besonders interessant vor dem Hintergrund, daß diese sogenannten *weichen Faktoren* im Zuge des *Wertewandels* eine immer grössere Rolle für Arbeitsplatzwahl und -zufriedenheit spielen (vgl. Blick durch die Wirtschaft, 1998; Schwaab, 1993; Sichau, 1998; Zulliger, 1996), sich aber im Gegensatz zu den *harten Faktoren*, wie z. B. Gehalt, Fringe Benefits, Unternehmensstruktur oder Karrierepfade, nur schwer über Firmenanzeigen oder Informationsbroschüren glaubwürdig veranschaulichen lassen. Diese Überlegungen knüpfen an den bereits angesprochenen Sachverhalt an, daß sich die Eindrücke eines Bewerbers beim Vorstellungstermin nicht nur aus den durchgeführten eignungsdiagnostischen Verfahren, sondern auch aus den Vorgängen in deren Umfeld ergeben.

Die Bedeutung weicher Faktoren bei der Wahl eines Arbeitgebers wurde anschaulich demonstriert in einer Studie der MC Personalmanagement GmbH, Bad Homburg (Blick durch die Wirtschaft, 1998; Sichau, 1998). Das Beratungsunternehmen befragte 485 Marketing- und

Vertriebsverantwortliche aus der Markenartikelindustrie zu ihren Einstellungen und Motivationen bezüglich ihrer beruflichen Situation bzw. ihrer geplanten Weiterentwicklung. Die Ergebnisse zeigen, daß die wahrgenommene Attraktivität eines Stellenangebotes zunehmend von qualitativen, das Individuum in den Mittelpunkt stellenden Faktoren bestimmt wird, während sachliche Kriterien wie die Größe des Unternehmens oder seine Wachstumskraft an Bedeutung verlieren. Als besonders wichtig erachtet werden in diesem Zusammenhang ein offenes Arbeitsklima, Entscheidungsfreiräume für den Einzelnen, gezielte Personalentwicklung oder flache Hierarchien. Frühere Hauptkriterien wie Titel oder finanzielle Anreize spielen zwar nach wie vor eine wichtige Rolle bei der Arbeitsplatzwahl, reichen aber für sich genommen kaum noch aus, um Top-Leute für eine Mitarbeit im Unternehmen zu interessieren. Auch die jeweilige Branche, das Wachstum des Marktes, in dem das Unternehmen operiert, sowie das Image oder die Corporate Identity der Organisation spielen eine geringere Rolle als weiche Faktoren, insbesondere die Unternehmenskultur. Abbildung 4 faßt die Ergebnisse der Studie zusammen.

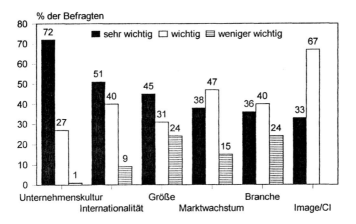

Abbildung 4: *Die Kriterien von Marketing- und Vertriebsführungskräften bei der Wahl eines neuen Arbeitgebers (Quellen: Blick durch die Wirtschaft, 1998; Sichau, 1998)*

Wenn man also den Vorstellungstermin nicht allein unter dem technisch-funktionalen Aspekt der Personalauswahl sieht, wie es der traditionellen Betrachtungsweise entspricht, sondern bei seiner Gestaltung zusätzlich die Perspektive des Bewerbers berücksichtigt, so spricht man von *bewerberorientierter Personalauswahl* (Köchling, 1999; Köchling & Körner, 1996). Eine solche strategische Ausrichtung der Situation im Rahmen der Personalauswahl zielt wie das klassische Personalmarketing darauf ab, die Einstellung potentieller Mitarbeiter gegenüber dem Unternehmen und einer dortigen Arbeitstätigkeit zu verbessern und ihren Willen zum Eintritt in die Organisation zu verstärken. Allerdings bietet die diesbezügliche Nutzung des Vorstellungstermins gegenüber anderen Rekrutierungsinstrumenten eine Reihe von Vorteilen, die sich aus den Besonderheiten der Situation ergeben. Eine bewerberorientierte Personalauswahl ist ein ideales Instrument für Personalmarketing und Imagepflege, denn

- sie kann die Bereitschaft eines Bewerbers zur Annahme eines etwaigen Stellenangebotes erhöhen,

- sie berücksichtigt den Sachverhalt, daß Bewerber von ihren Erfahrungen im Rahmen der Personalauswahl auf das Gesamtunternehmen rückschließen,

- sie macht sich zunutze, daß Bewerber ihre im Rahmen der Personalauswahl gebildeten Eindrücke an ihr soziales Umfeld weitergeben und so vervielfachen,

- sie wirkt äußerst gezielt und ist sehr effizient, da es sich bei den eingeladenen Bewerbern um einen repräsentativen Ausschnitt aus der Personalzielgruppe des Unternehmens handelt,

- sie trägt dazu bei, kostenintensive und imageschädliche Fluktuation aufgrund enttäuschter Erwartungen zu vermeiden.

Im folgenden werden wir die angeführten Punkte näher betrachten.

3.2.1 Erhöhung der Annahmebereitschaft

Die Ergebnisse verschiedener Untersuchungen legen nahe, daß die im Rahmen der Personalauswahl gemachten Erfahrungen bei der Wahl eines Arbeitgebers eine wichtige Rolle spielen. Besonders gut dokumentiert ist der Einfluß der Firmenvertreter auf die Eindrucksbildung und das nachfolgende Verhalten von Bewerbern (eine Zusammenfassung relevanter Ergebnisse liefern Rynes, Heneman & Schwab, 1980). So zeigten Liden und Parsons (1986) sowie Harris und Fink (1987), daß Merkmale des Interviewers, vor allem erlebte Angenehmheit und Kompetenz, sich auf die Wahrnehmung von Stellenmerkmalen, die Wertschätzung für Stelle und Unternehmen und die Bereitschaft zur Annahme eines Stellenangebotes durch Kandidaten auswirken. Ähnlich stellten Schmitt und Coyle (1976) fest, daß die Absicht von Bewerbern, ein Stellenangebot zu akzeptieren sowie ihre Einstellungen bezüglich der anwerbenden Organisation mit ihrer Wahrnehmung des Interviewers und seines Verhaltens zusammenhängen. Als hierbei bedeutsame Variablen wurden die wahrgenommene Persönlichkeit des Interviewers, die Art und Weise der Gesprächsführung und seine Kenntnisse über die zu besetzende Stelle identifiziert. Auch in der Studie von Alderfer und McCord (1970) erwies sich die Informiertheit des Firmenvertreters bezüglich der relevanten Position als eine kritische Größe.

Aufgrund ihrer Erkenntnis, daß das Vorstellungsgespräch sowohl eine Auswahl- als auch eine Anwerbungsfunktion hat, regten Schmitt und Coyle (1976) an, daß Interviewer neben der Gewinnung und Bewertung von Daten über den Kandidaten Informationen liefern und ihre Organisation möglichst vorteilhaft darstellen sollten, um so die Wahrscheinlichkeit zu maximieren, daß der Bewerber ein etwaiges Stellenangebot annimmt. Mit dieser Ansicht stehen sie nicht allein. Eine Reihe weiterer Autoren sind der Auffassung, daß das Interview neben der Personalauswahl auch der Darstellung von Unternehmen und Arbeitsplatz, der Beantwortung von Bewerberfragen sowie der Öffentlichkeitsarbeit dient (z. B. Schuler, 1989; Schuler & Moser, 1993).

Die vorhandenen Ergebnisse verweisen darauf, daß Mitarbeiter, die im Rahmen der Personalauswahl potentiellen Nachwuchskräften gegenübertreten, unbedingt optimal auf diesen Kontakt vorbereitet sein sollten. Die Nichtbeachtung dieses Grundsatzes in der Praxis kann die Rekrutierungsbemühungen eines Unternehmens im letzten Moment zunichte machen. Neben eignungsdiagnostischen Grundkenntnissen sollten die entsprechenden Personen daher stets über genaue Kenntnisse der Bewerbungsunterlagen einerseits und der Merkmale des Unternehmens und der zu besetzenden Position andererseits verfügen. Darüber hinaus können Interviewer einen angemessenen Umgang mit den Bewerbern inklusive der Schaffung eines warmen und freundlichen Klimas in entsprechenden Seminaren trainieren, die bei verschiedenen Firmen bereits durchgeführt werden.

3.2.2 Rückschluß auf das Gesamtunternehmen

Rynes et al. (1980; vgl. auch Rynes, 1993; Rynes, Bretz & Gerhart, 1991) verweisen auf die Schwierigkeiten eines Bewerbers, im Vorfeld eines Arbeitsverhältnisses genaue Informationen über bestimmte Eigenschaften des Unternehmens und der angestrebten Stelle zu erhalten und führen die Möglichkeit an, daß dieser daher von seinen Erfahrungen im Rahmen des Rekrutierungsprozesses auf wichtige unbekannte Größen schließt. Auf diese Weise könnten z. B. Informiertheit oder Freundlichkeit des Interviewers als typisch für das Qualifikationsniveau der Beschäftigten oder das allgemeine Betriebsklima angesehen werden. Eine solche Generalisierung einzelner Wahrnehmungen auf das Gesamtunternehmen dürfte vor allem bei einem besonders positiven oder negativen Einzeleindruck des Bewerbers auftreten, was man auch als *Halo-Effekt* (Überstrahlung) bezeichnet (vgl. Bertelsmann, 1981; Dorsch, Häcker & Stapf, 1987; Forsyth, 1987; Herkner, 1987).

Dies hat natürlich Auswirkungen auf die Imagebildung bezüglich des Unternehmens, insbesondere vor dem Hintergrund, daß im allgemeinen der überwiegende Teil der bei einer Organisation vorstellig gewordenen Bewerber eine Absage erhält. Dieser Personenkreis hat über den Kontakt im Rahmen der Personalauswahl hinaus kaum noch Gelegenheit, einen einmal gewonnenen und möglicherweise nicht repräsentativen Eindruck vom Unternehmen zu revidieren.

Schuler und Fruhner (1993, S. 109) fassen diese Überlegungen zusammen: „(...) assessment situations serve as preview for the organization (Premack & Wanous, 1985; Robertson & Smith, 1989). Selection instruments can therefore be deliberately used as instruments of personnel marketing. The use of certain selection methods (e.g., personality tests, ability tests, interviews, or assessment centers) arouses applicants' presumptions concerning the company's culture."

3.2.3 Multiplikation der Eindrücke

Wie immer wieder betont wird, ist es für ein Unternehmen von großer Wichtigkeit, im sozialen Umfeld und am Arbeitsmarkt eine positive Meinung über seinen Umgang mit seinem Personal zu erzielen. Das *Personalimage*, das in Wechselwirkung mit dem jeweiligen Branchen-, Firmen- und Produktimage steht, beeinflußt in starkem Maße die Chancen einer Organisation, ihren ermittelten Personalbedarf termingerecht zu decken (Bertelsmann, 1981). „Gerade im Wettbewerb um High-Potentials stellt (...) ein unverwechselbares Personalimage des Unternehmens mit klar akzentuierten Attraktivitätsmerkmalen einen deutlichen Vorteil dar" (Flüshöh, 1999, S. 64). Bewerber, die sich persönlich bei einem Unternehmen vorgestellt haben, tragen zur Bildung des Personalimages bei, indem sie Informationen über die Personalauswahlpraxis, das Verhalten der Personalverantwortlichen und Fachvertreter sowie das Betriebsklima nach außen tragen, wo sie ihre Wirkung auf potentielle Nachwuchskräfte kaum verfehlen werden (vgl. Flüshöh, 1999; Fruhner & Schuler, 1991; Martin & Nagao, 1989; Rynes, 1993; Seifert, 1982). Entsprechend stellt Deters (1999, S. 86) fest: „Personalauswahlverfahren sind nicht nur unter dem Aspekt der effektiven und effizienten Personalauswahl zu betrachten, sie stellen auch nicht zu unterschätzende Image-Parameter und daher wichtige Personalmarketinginstrumente dar. Konkret bedeutet dies, daß sich Unternehmen bei der Implementierung neuer Auswahlverfahren fragen müssen, welche image-beeinflussende Wirkung die Auswahlmethode auf potentielle Bewerber/innen hat, welche Akquisitionsfolgen von ihr ausgehen und wie sie die Attraktivität des Unternehmens auf dem Arbeitsmarkt für Hochschulabsolventen beeinflußt." In dieser Hinsicht bedeutet die Durchführung einer bewerberorientierten Personalauswahl ein Handeln im Sinne der *Public Relations* (PR), die Moser (1990, S. 46) wie folgt definiert: „Tue Gutes und sorge dafür, daß darüber gesprochen wird".

In diesem Zusammenhang ist vor allem der Sachverhalt von Bedeutung, daß Erlebnisse aus dem Berufsleben auch im privaten Bereich zu den häufigsten Gesprächsinhalten zählen. Signifikante Ereignisse wie Einstellungen, Beförderungen, Kündigungen oder eben Vorstellungstermine dürften hierbei eine herausragende Rolle spielen. Dabei hat ein Bewerber gute Chancen, die von ihm gewonnene Einstellung zum Unternehmen auf sein soziales Umfeld zu übertragen. Denn im Verhältnis zu diesem weist er als Sender einer Botschaft eine Reihe von Eigenschaften auf, die in den klassischen Studien zur Erklärung kommunikativer Einflußnahme als wichtig für die Bewirkung eines Einstellungswandels beim Empfänger identifiziert wurden. Hier sind vor allem Glaubwürdigkeit, Ähnlichkeit und Attraktivität zu nennen (vgl. Bochner & Insko, 1966; Brock, 1965; Chaiken, 1979; Eagly & Chaiken, 1975; Horai, Naccari & Fatoullah, 1974; Hovland, Janis & Kelley, 1953; Hovland & Weiss, 1951; Kelman, 1961; Kelman & Hovland, 1953). Menschen tendieren dazu, Beziehungen mit Personen zu unterhalten, die ihnen ähnlich sind und die sie für attraktiv halten. Und wer könnte für den Empfänger einer Nachricht glaubwürdiger sein, als ein guter Freund, der sich bei einem Unternehmen vorgestellt hat und seine diesbezüglichen Eindrücke wiedergibt (vgl. Fisher, Ilgen & Hoyer, 1979)? Die vorhandenen wissenschaftlichen Erkenntnisse legen nahe, daß eine einzige deutlich wertende Aussage einer solchen Person beim Empfänger der Botschaft mehr bewirkt, als die ausgeklügeltste Imageanzeige. Nicht von ungefähr herrscht auch im Alltagsleben die Auffassung, daß es kaum eine bessere Werbung gibt, als das Weitererzählen von Mund zu Mund.

3.2.4 Repräsentativer Zielgruppenausschnitt

Vor dem Hintergrund allgemein hoher Ausgaben für weniger spezifisch wirkende Anwerbungs- und PR-Maßnahmen ist zu bedenken, daß die vielen zu einem Vorstellungstermin eingeladenen Bewerber in einer ansonsten nur selten erreichten Weise repräsentativ für die jeweilige Personalzielgruppe eines Unternehmens sind. Hinzu kommt, daß sich im Freundes- und Bekanntenkreis eines Bewerbers üblicherweise eine Reihe von Personen befinden, die ihm in Alter, Bildungsniveau und Interessenlage stark ähneln (die sogenannte *Peer-Gruppe*) und daher ebenfalls als potentielle Nachwuchskräfte in Betracht kommen können. Bei der im Rahmen dieser Arbeit besonders interessierenden Gruppe der Jungakademiker ergeben sich derartige Beziehungen fast zwangsläufig aufgrund des gemeinsamen Studiums. Aus den angeführten Gründen ist sichergestellt, daß im Rahmen der Personalauswahl übermittelte Botschaften auch wirklich die *richtigen* Empfänger erreichen.

Zusätzlich stellt eine bewerberorientierte Gestaltung von Auswahlsituationen eine kostengünstige und wenig aufwendige Möglichkeit zur Übermittlung von z. B. Stil und Kultur eines Unternehmens an den relevanten Personenkreis dar, da der Kontakt mit der Nachwuchszielgruppe im Rahmen der Personalauswahl ohnehin erfolgt, und zwar regelmäßig und häufig in grossem Umfang.

Schließlich sollte in diesem Zusammenhang auch berücksichtigt werden, daß Bewerber und Teile von deren Bekanntenkreis nicht nur die Personalzielgruppe repräsentieren, sondern auch (potentielle) Kunden des Unternehmens sind. Rynes (1993, S. 37) bringt dies auf den Punkt, wenn sie feststellt, „(...) that even rejected applicants can have an impact on the company through their roles as future consumers, and as „storytellers" to other applicants and consumers."

Die angestellten Überlegungen lassen es auch unter Effizienz- und Kostengesichtspunkten sinnvoll erscheinen, den Personalmarketing- und Imagepflegeaspekt von Auswahlveranstaltungen angemessen zu würdigen.

3.2.5 Vermeidung unnötiger Fluktuation

Wie wir gesehen haben, gibt es für ein Unternehmen eine Reihe guter Gründe, auf eine optimale Selbstpräsentation im Rahmen der Personalauswahl zu achten. Hierbei ist allerdings zu berücksichtigen, daß das beim Bewerber erzeugte Bild immer noch den vorhandenen Realitäten entsprechen sollte. Denn die Vermittlung authentischer Informationen über die Tätigkeit und das Unternehmen mit seinen Anforderungen, Erwartungen und Möglichkeiten erleichtert es dem Kandidaten, die Realisierungschancen der eigenen Ziele einzuschätzen und so im Falle mehrerer Job-Alternativen die für ihn richtige Wahl zu treffen. Ein anschauliches Beispiel: Ein Mensch, der sich sein berufliches Leben vor allem im dunklen Anzug und in den klassischen Karriereschritten vorstellt, hat sich bei einem Unternehmen mit unkonventionellem Stil und geringen Aufstiegsmöglichkeiten beworben. Er sollte diese Unstimmigkeit bereits beim ersten Kontakt erkennen können, damit er vernünftigerweise seine Bewerbung zurückzieht. Die im Anschluß an eine solche Selbstselektion verbliebenen neuen Mitarbeiter gehen ihre Tätigkeit vermutlich mit realistischeren Erwartungen an. Auf diese Weise wird späteren Kündigungen vorgebeugt, die ja oft eine als falsch erkannte Entscheidung korrigieren sollen und die für die Organisation mit Kosten und Imageschäden verbunden sind (vgl. Groß-Heitfeld, 1995; Porter & Steers, 1973; Schuler & Funke, 1993; Wanous, 1973, 1992). Scholz (1999, S. 28) überträgt diese Überlegungen auf das gesamte Personalmarketing eines Unternehmens: „Langfristig erfolgversprechendes Personalmarketing verbietet unternehmensbezogene Schönfärberei ebenso wie Vorgaukeln einer heilen Unternehmenswelt. Noch schneller als beim Produktmarketing erkennt der „Konsument", wo Anspruch der Werbung und Realität des betrieblichen Alltags auseinanderklaffen." Die übergeordnete Zielsetzung einer möglichst hohen Annahmequote bei Stellenangeboten an ausgewählte Kandidaten muß folglich präzisiert werden. Im Brennpunkt des Interesses sollten häufige Zusagen fachlich und menschlich geeigneter Bewerber stehen, die auch von ihrem Anspruchsniveau und ihren Erwartungen her zum Unternehmen passen (vgl. Groß-Heitfeld, 1995).

Da für die erfolgreiche Sozialisation eines neu in das Unternehmen eingetretenen Mitarbeiters neben der allgemeinen Organisationskultur insbesondere dessen spezifische Arbeitsgruppe von Bedeutung ist (vgl. Kieser, Nagel, Krüger & Hippler, 1985; Merkens, 1989), empfiehlt es sich, im Rahmen der Personalauswahl informelle Kontakte zwischen Kandidaten und potentiellen Kollegen zu ermöglichen. Diese sollten aus Gründen der Anschaulichkeit am besten direkt am

Arbeitsplatz stattfinden und thematisch deutlich von der eigentlichen Personalauswahl abgegrenzt sein.

Ein Unternehmen sollte also einerseits beim Vorstellungstermin nicht mehr versprechen, als im nachhinein auch eingelöst werden kann. Andererseits sollte es alle seine guten Seiten deutlich herausstellen, selbst wenn diese Punkte auch beim Wettbewerb erfüllt sind. Dies ist eine klassische und bewährte Vorgehensweise in der Werbung, die ihren Erfolg vor allem dem Irrtum vieler Werbungtreibender verdankt, daß allein die Unterschiede zwischen verschiedenen Anbietern, Produkten oder Dienstleistungen effektive Werbeinhalte seien. Tatsächlich ist aber häufig diejenige Werbung am wirksamsten, die einfach am umfassendsten über Tatsachen informiert (vgl. Ogilvy, 1963/1991).

3.3 Grenzen der bewerbergerechten Durchführung von Personalauswahl

Die Grenzen einer bewerbergerechten Gestaltung von Auswahlsituationen liegen in erster Linie dort, wo entsprechende Maßnahmen dem Hauptzweck der Veranstaltung, der Bewerberselektion, zuwiderlaufen. So kann z. B. die Transparenz vieler eignungsdiagnostischer Vorgehensweisen nicht beliebig erhöht werden. Eine Reihe von Auswahlmethoden würde sogar vollends ihren Sinn verfehlen, wenn die Auswertungskriterien den Bewerbern während ihrer Durchführung komplett bekannt wären. Allerdings kann in diesen Fällen immerhin noch im nachhinein Transparenz hergestellt werden, etwa im Rahmen eines Feedbackgespräches, das auch telefonisch erfolgen kann, oder in einer abschließenden Informationsrunde bei Gruppenauswahlverfahren.

In diesem Zusammenhang ist auch das von Schuler (1993a; vgl. auch Fruhner & Schuler, 1988; Fruhner et al., 1991) beschriebene „Dilemma" zwischen technischer Validität und Akzeptanz eines Personalauswahlverfahrens von Interesse. Hierbei geht es um den Sachverhalt, daß z. B. hochstrukturierte Interviews, die nur aus situativen Fragen mit starkem Bezug zur Arbeitstätigkeit bestehen, einerseits eine deutlich höhere Vorhersageleistung haben als das klassische, unstrukturierte Interview (Latham, Saari, Pursell & Campion, 1980). Andererseits scheinen sie aber bei den interviewten Personen relativ unbeliebt zu sein, während das traditionelle Interview eine hohe Akzeptanz bei den Betroffenen aufweist (Latham & Finnegan, 1993; Schuler, 1990, 1993b). Zur Lösung dieses Konfliktes schlägt Schuler (1993a; vgl. auch Schuler & Moser, 1995) die Verwendung eines *multimodalen Interviews* vor, bei dem sich hochstandardisierte Komponenten mit offenen und unstrukturierten Teilen abwechseln. Auf diese Weise sollen gute Prognoseeigenschaften und hohe Akzeptanz in einem Auswahlverfahren vereint werden.

Schließlich können sich Einschränkungen auch aus den rein praktischen Erfordernissen bei der Durchführung von Personalauswahl ergeben. So kann z. B. ein Mangel an geeigneten Mitarbeitern, Zeit oder Räumlichkeiten verhindern, daß Bewerber optimal informiert und betreut werden und ein umfassendes Ergebnisfeedback erhalten (vgl. Comelli, 1995). Letztendlich ist dies aber auch eine Frage dessen, welche Priorität ein Unternehmen der Durchführung einer bewerbergerechten und daher positiv bewerteten Personalauswahl einräumt.

Die angeführten Beispiele sollen demonstrieren, daß es bei genauerer Betrachtung und dem entsprechenden Willen in den meisten Fällen möglich ist, die Bedürfnisse der Betroffenen in Auswahlsituationen zu berücksichtigen, ohne die Ziele der Personalauswahl zu gefährden.

4   Feldstudie

Im Anschluß an die Strukturierung des Forschungsgegenstandes wurde eine umfangreiche Bewerberbefragung durchgeführt, um die angestellten Überlegungen einer empirischen Prüfung
unterziehen zu können.

4.1   Zielsetzung

Ziel dieser Untersuchung war es in erster Linie, den vermuteten Effekt des Erlebens von Auswahlsituationen auf wichtige rekrutierungsrelevante Größen in einer umfassenden Basisstudie
aufzuzeigen. Ausgehend von den Modellen Gillilands (1993; vgl. 2.2.1.2) und Köchlings (vgl.
2.2.1.3), lauteten die zentralen Annahmen hierbei: *Der Prozeß des Erlebens von Personalauswahl durch Bewerber endet nicht mit einer isolierten Bewertung des Auswahlverfahrens. Die
Erfahrungen im Rahmen der Personalauswahl wirken sich darüber hinaus auch auf die
wahrgenommene Attraktivität von Unternehmen und Tätigkeit sowie die Bereitschaft zur Annahme eines Stellenangebotes aus. Hierbei wird die Bewertung eines Auswahlverfahrens im
Sinne eines Halo-Effektes auf Organisation und Tätigkeit generalisiert, so daß sie sich in der
wahrgenommenen Attraktivität und in der Annahmebereitschaft der Kandidaten nieder-
schlägt.*

Daneben zielte die Studie auf die Identifikation von Faktoren, die die Bewertung bzw. Akzeptanz von Auswahlverfahren durch Bewerber determinieren (vgl. 2.2). Dies diente zum einen
der Ausdifferenzierung und Absicherung des vorgeschlagenen Modells (vgl. 2.2.1.3). Zum anderen sollten aus den Ergebnissen Vorschläge für eine bewerbergerechte Gestaltung von Auswahlsituationen abgeleitet werden, die den Anforderungen eines modernen und professionellen
Personalmarketing gerecht wird.

4.2   Instrumente

4.2.1   Fragebogen zum Erleben und Bewerten von Auswahlsituationen (FEBA)

Zur Erfassung der relevanten Größen wurde der *Fragebogen zum Erleben und Bewerten von
Auswahlsituationen (FEBA)* konstruiert. Hierbei wurden Items verwendet, bei denen aufgrund
theoretischer Überlegungen sowie von Ergebnissen empirischer Untersuchungen zu vermuten
war, daß die abgefragten Aspekte mit der Bewertung bzw. Akzeptanz von Auswahlsituationen
in Zusammenhang stehen. Die Fragen sollten also eine Differenzierung in positiv und negativ
bewertete Personalauswahl ermöglichen – vorausgesetzt, die zugrundeliegenden Modellannah-
men treffen zu. Während ein Teil der Items komplett neu entwickelt wurde, wurden andere
aus der Literatur zum Erleben von Auswahlsituationen übernommen bzw. abgeleitet (Fruhner
& Schuler, 1988; Fruhner et al., 1991; Harburger, 1992; Harris & Fink, 1987; Köchling, 1993,
1995; Köchling & Körner, 1996; Moser, 1995; Schuler, 1990, 1993b; Schuler & Fruhner,
1993), um eine gewisse Vergleichbarkeit mit vorhandenen Studien sicherzustellen.

Die verschiedenen eingesetzten Versionen des FEBA (s. 8.1) bauen alle auf demselben Grundgerüst auf, das an das jeweils untersuchte Auswahlverfahren angepaßt wurde. Es besteht aus drei Modulen: Einem *Hauptteil*, einem *semantischen Differential* und einer *Meßwiederholungseinheit*. Die drei Module setzen sich wiederum aus verschiedenen *Skalen* (s. 8.3) zusammen, die aus inhaltlich ähnlichen Einzelitems konstruiert wurden. Die Zusammenstellung der Skalen zur Abbildung des Konzeptes der sozialen Validität orientierte sich dabei vor allem an den Vorschlägen Schulers (1990, 1993b). Die einzige Ausnahme bildete die Ausgliederung der Augenscheinvalidität, die Schuler (a. a. O.) der Transparenz zurechnet, in eine eigene Skala. Dahinter stand die Überlegung, daß „face validity" eher eine Folge von Transparenz darstellt, als diese direkt zu repräsentieren.

Die Verwendung von Skalen anstelle einzelner Items, wie sie z. B. von Kersting (1998) gefordert wurde, hat den Vorteil, daß nicht nur spezifische Teilaspekte der relevanten Größen erfaßt werden, sondern ein umfassendes Bild vom Einfluß verschiedener Faktoren auf das Erleben und die Bewertung von Personalauswahl gezeichnet werden kann. Darüber hinaus fördert diese Vorgehensweise die Meßqualität und dient damit letztlich der Aussagekraft der Studie. Voraussetzung hierfür ist die Beachtung einiger Regeln bei der Skalenkonstruktion. Zum einen müssen die verwendeten Skalen ein Mindestmaß an Homogenität aufweisen, um interpretierbar und konzeptionell integrierbar zu bleiben. Zum anderen muß eine Vermischung von abhängigen und unabhängigen Größen vermieden werden, da das Konzept der sozialen Validität sonst seine praktische Verwertbarkeit weitgehend einbüßt (vgl. 2.2.1.3). An diesen beiden Vorgaben orientierte sich die Konstruktion der Skalen des FEBA.

Die Skalenbildung wurde unterstützt durch Faktorenanalysen (Hauptkomponentenmethode mit anschließender Varimax-Rotation, s. 8.2), deren Ergebnisse wichtige Hinweise auf die Dimensionalität der Module lieferten. Bei der Umsetzung dieser Ergebnisse wurden bisweilen Kompromisse eingegangen, die der Vergleichbarkeit der fünf durchgeführten Teiluntersuchungen dienten. So galt der Grundsatz, daß dasselbe Item innerhalb der Gesamtstudie nicht in verschiedenen Skalen verwendet werden durfte, selbst wenn faktorenanalytische Resultate hierfür sprachen. Auch aufgrund der Vielschichtigkeit der Komponenten der sozialen Validität, die besonders bei Schuler (1990, 1993b; vgl. 2.2.1.1) deutlich wird, wurden teilweise Skalen gebildet, deren Items auf unterschiedlichen Faktoren hoch laden. Zur Optimierung der inneren Konsistenz wurden daher zusätzlich Reliabilitäts- und Item-Analysen durchgeführt, wobei vor allem Cronbachs Alpha und die mittlere Inter-Item-Korrelation pro Skala bestimmt wurden. Auf der Grundlage der hierbei erzielten Ergebnisse wurde ein Teil der Items nachträglich wieder aus den Skalen entfernt, so daß letztlich nicht alle mit dem FEBA erhobenen Daten in die Endauswertung eingingen.

Nach Abschluß der Skalenkonstruktion gingen die *Skalenwerte* (Mittelwert aller Items einer Skala pro Person) als Endprodukte des FEBA in die Datenanalyse ein. Durch entsprechende Wertetransformationen auf Itemebene (Spiegelung am Skalenmittelpunkt) wurde hierbei sichergestellt, daß ein hoher Skalenwert stets eine positive Einschätzung durch die befragte Person repräsentierte.

Im folgenden werden die einzelnen Module und ihre Skalen genauer beschrieben.

4.2.1.1 Hauptteil

Der Hauptteil (enthalten in FEBA, Teil 2 und 3; die Numerierung der Teile entspricht der Reihenfolge ihrer Bearbeitung) wurde unmittelbar nach der Teilnahme an einem Personalauswahlverfahren von den Kandidaten ausgefüllt. Er setzte sich aus 36 bis 73 Aussagen (je nach FEBA-Version) zusammen, die sich auf verschiedene Aspekte der erlebten Auswahlsituation(en) bezogen. Die Befragungsteilnehmer gaben auf einer fünfstufigen Skala an, inwieweit sie der jeweiligen Aussage zustimmten. Hierbei bedeutete bei 65 bis 75 % der Items (je nach Version) ein hoher Wert eine positive Ausprägung. Bei den übrigen Aussagen verhielt es sich umgekehrt, da sie invers formuliert worden waren, um Verfälschungen durch Antworttendenzen (Leichner, 1979) oder Aufmerksamkeitsverringerung vorzubeugen.

Während der größte Teil der Items eine unmittelbare Beurteilung der erlebten Auswahlsituationen bezüglich der behandelten Aspekte erforderte (z. B. „Im Vorstellungsgespräch bin ich gut über die Tätigkeit informiert worden."), waren auch Aussagen enthalten, die eher Schlußfolgerungen oder Konsequenzen aus dem Erlebten beschrieben (z. B. „Alles in allem hat mir die Teilnahme am Interview etwas gebracht, auch falls ich kein Stellenangebot erhalte.").

Tabelle 3 enthält die psychometrischen Kennwerte der Skalen des Hauptteils (die vollständigen Skalen sind unter 8.3 aufgeführt).

Tabelle 3: *Psychometrische Kennwerte der Skalen des Hauptteils*

Skala	Industrie-unternehmen (N = 309)	Industrie-unternehmen (N = 18)	Musik-hochschule (N = 288)	Schweizer Großbank (N = 312)	Software- und Systemhaus (N = 99)
A Information	9 Items M = 3.15 s = .75 α = .85[1)] ⊘ r = .39[2)]	4 Items M = 3.69 s = .64 α = .67 ⊘ r = .38	3 Items M = 2.56 s = .94 α = .70 ⊘ r = .46	4 Items M = 3.90 s = .69 α = .75 ⊘ r = .44	6 Items M = 3.68 s = .66 α = .71 ⊘ r = .31
B Partizipation/Kontrol.	8 Items M = 3.40 s = .54 α = .67 ⊘ r = .21	2 Items M = 3.75 s = .68 α = .37 ⊘ r = .23	6 Items M = 3.36 s = .70 α = .70 ⊘ r = .29	3 Items M = 4.00 s = .52 α = .32 ⊘ r = .14	3 Items M = 4.10 s = .57 α = .79 ⊘ r = .57
C Transparenz	8 Items M = 3.28 s = .57 α = .68 ⊘ r = .22	2 Items M = 3.41 s = .76 α = .29 ⊘ r = .17	8 Items M = 3.24 s = .66 α = .72 ⊘ r = .25	2 Items M = 3.47 s = .83 α = .48 ⊘ r = .32	2 Items M = 3.71 s = .70 α = .16 ⊘ r = .09
D Ergebniskommunik.	4 Items s = .95 α = .82 ⊘ r = .55	2 Items M = 2.69 s = .98 α = .86 ⊘ r = .77	4 Items M = 3.21 s = 1.00 α = .82 ⊘ r = .53	Skala wurde nicht verwendet	3 Items M = 2.81 s = 1.16 α = .90 ⊘ r = .74
E Atmosphäre	Skala wurde nicht verwendet	4 Items M = 4.23 s = .49 α = .75 ⊘ r = .47	Skala wurde nicht verwendet	4 Items M = 4.51 s = .46 α = .73 ⊘ r = .41	1 Item M = 4.40 s = .80 — —

Tabelle 3 (Fortsetzung)

Skala	Industrie-unternehmen (N = 309)	Industrie-unternehmen (N = 18)	Musik-hochschule (N = 288)	Schweizer Großbank (N = 312)	Software- und Systemhaus (N = 99)
F Augenscheinvalidität	2 Items M = 3.19 s = .85 α = .66 $\varnothing$ r = .50	1 Item M = 3.63 s = .96 — —	2 Items M = 3.13 s = .98 α = .67 $\varnothing$ r = .50	1 Item M = 3.97 s = .77 — —	1 Item M = 4.03 s = .88 — —
G Belastung	2 Items M = 3.11 s = 1.07 α = .79 $\varnothing$ r = .65	2 Items M = 3.50 s = .98 α = .59 $\varnothing$ r = .43	2 Items M = 2.72 s = 1.12 α = .75 $\varnothing$ r = .60	2 Items M = 4.06 s = .91 α = .78 $\varnothing$ r = .64	2 Items M = 3.86 s = .95 α = .74 $\varnothing$ r = .59
H Beurteilerkompetenz	Skala wurde nicht verwendet	2 Items M = 3.97 s = 1.10 α = .76 $\varnothing$ r = .62	Skala wurde nicht verwendet	1 Item M = 4.49 s = .62 — —	1 Item M = 3.29 s = 1.11 — —
I Bewerbernutzen	6 Items M = 3.42 s = .66 α = .71 $\varnothing$ r = .29	1 Item M = 4.13 s = .96 — —	5 Items M = 3.19 s = .80 α = .71 $\varnothing$ r = .35	2 Items M = 3.78 s = .75 α = .42 $\varnothing$ r = .27	2 Items M = 3.90 s = .77 α = .25 $\varnothing$ r = .14
J formaler Rahmen	Skala wurde nicht verwendet	5 Items M = 4.35 s = .49 α = .50 $\varnothing$ r = .22	Skala wurde nicht verwendet	7 Items M = 4.43 s = .41 α = .60 $\varnothing$ r = .20	4 Items M = 3.75 s = .69 α = .45 $\varnothing$ r = .17
K Interesse	4 Items M = 3.62 s = .82 α = .80 $\varnothing$ r = .50	2 Items M = 4.50 s = .63 α = .76 $\varnothing$ r = .64	2 Items M = 3.51 s = .98 α = .68 $\varnothing$ r = .51	2 Items M = 4.31 s = .74 α = .79 $\varnothing$ r = .66	2 Items M = 3.92 s = .83 α = .70 $\varnothing$ r = .54
L Selbsteinschätzung	3 Items M = 2.89 s = .77 α = .62 $\varnothing$ r = .35	1 Item M = 3.13 s = 1.20 — —	2 Items M = 2.57 s = .98 α = .68 $\varnothing$ r = .52	1 Item M = 3.76 s = 1.02 — —	1 Item M = 3.62 s = .82 — —

Anmerkungen: [1] Cronbachs Alpha, [2] mittlere Inter-Item-Korrelation.

Daneben enthielt der Hauptteil eine Auflistung von acht möglichen Anforderungen an ein Personalauswahlverfahren aus Bewerbersicht, die paarweise einer der vier Komponenten der sozialen Validität zugeordnet waren. Die Untersuchungsteilnehmer waren aufgefordert, die Aspekte gemäß ihrer Wichtigkeit bei einem Vorstellungstermin in eine Rangfolge zu bringen. Die Ergebnisse sollten Aufschluß darüber geben, wie Betroffene in Auswahlsituationen die Bedeutung der vier Aspekte der sozialen Validität in Relation zueinander einschätzen. Tabelle 4 gibt die verwendeten Items wieder, die lediglich in Teilstudie 3 (Musikhochschule) leicht modifiziert wurden (sämtliche Items sind in den verschiedenen FEBA-Versionen unter 8.1 enthalten).

Tabelle 4: *Anforderungen an ein Personalauswahlverfahren – Items zur Rangreihenbildung*

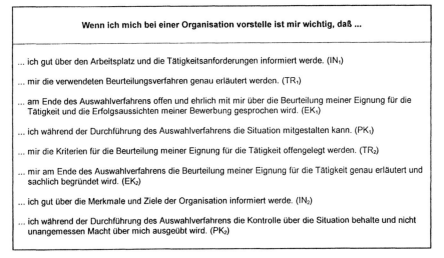

Wenn ich mich bei einer Organisation vorstelle ist mir wichtig, daß ...
... ich gut über den Arbeitsplatz und die Tätigkeitsanforderungen informiert werde. (IN_1)
... mir die verwendeten Beurteilungsverfahren genau erläutert werden. (TR_1)
... am Ende des Auswahlverfahrens offen und ehrlich mit mir über die Beurteilung meiner Eignung für die Tätigkeit und die Erfolgsaussichten meiner Bewerbung gesprochen wird. (EK_1)
... ich während der Durchführung des Auswahlverfahrens die Situation mitgestalten kann. (PK_1)
... mir die Kriterien für die Beurteilung meiner Eignung für die Tätigkeit offengelegt werden. (TR_2)
... mir am Ende des Auswahlverfahrens die Beurteilung meiner Eignung für die Tätigkeit genau erläutert und sachlich begründet wird. (EK_2)
... ich gut über die Merkmale und Ziele der Organisation informiert werde. (IN_2)
... ich während der Durchführung des Auswahlverfahrens die Kontrolle über die Situation behalte und nicht unangemessen Macht über mich ausgeübt wird. (PK_2)

Anmerkungen: EK = Ergebniskommunikation, IN = Information, PK = Partizipation/Kontrollierbarkeit, TR = Transparenz.

4.2.1.2 Semantisches Differential

Das semantische Differential (enthalten in FEBA, Teil 2), das zuvor bereits in Untersuchungen von Fruhner et al. (1991; vgl. auch Fruhner & Schuler, 1988) und Schuler und Fruhner (1993) zum Einsatz gekommen war, wurde zusammen mit dem Hauptteil bearbeitet und diente wie dieser der Beurteilung des jeweiligen Auswahlverfahrens aus Bewerbersicht. Es bestand aus 20 gegensätzlichen Adjektivpaaren (z. B. „unangenehm – angenehm"), die jeweils durch eine siebenfach abgestufte Rating-Skala verbunden waren. Durch Ankreuzen eines Wertes auf jeder der Skalen drückten die Teilnehmer aus, wie sie eine bestimmte Auswahlsituation erlebt hatten. Um die Fehlervarianz aufgrund von Antworttendenzen geringzuhalten, waren die Adjektivpaare so angeordnet worden, daß sich der positive Pol je zur Hälfte der Fälle am linken und am rechten Skalenende befand.

Während der Hauptteil des FEBA der Beurteilung verschiedener Einzelaspekte eines Auswahlverfahrens diente, zielte das semantische Differential auf die affektive Qualität oder Wirkung eines spezifischen Auswahlinstrumentes als Ganzes ab (vgl. Hörmann, 1977). Vereinfachend würde man sagen: Der Hauptteil erfaßte eher „Kopfurteile", das semantische Differential eher „Bauchurteile". Von den insgesamt vier Skalen des Differentials, deren Bildung durch die Ergebnisse der durchgeführten Faktorenanalysen nahegelegt worden war, gingen die Werte der Skalen „generelle Bewertung" und „Akzeptanz" als zentrale Indikatoren für das Erleben einer Auswahlsituation in die anschließende Analyse ein.

Tabelle 5 zeigt die psychometrischen Kennwerte der Skalen des semantischen Differentials (die vollständigen Skalen sind unter 8.3 aufgeführt).

Tabelle 5: *Psychometrische Kennwerte der Skalen des semantischen Differentials*

Skala	Industrie-unternehmen (N = 309)	Industrie-unternehmen (N = 18)	Musik-hochschule (N = 288)	Schweizer Großbank (N = 312)	Software- und Systemhaus (N = 99)
A generelle Bewertung	8 Items M = 5.04 s = 1.02 α = .82[1] ⊘ r = .37[2]	8 Items M = 5.84 s = .72 α = .83 ⊘ r = .42	8 Items M = 4.89 s = 1.07 α = .82 ⊘ r = .38	8 Items M = 6.18 s = .65 α = .85 ⊘ r = .42	8 Items M = 5.55 s = .94 α = .90 ⊘ r = .54
B Belastung	5 Items M = 4.18 s = 1.19 α = .74 ⊘ r = .37	5 Items M = 3.94 s = .95 α = .72 ⊘ r = .34	5 Items M = 2.72 s = 1.02 α = .71 ⊘ r = .34	5 Items M = 4.88 s = .97 α = .72 ⊘ r = .35	5 Items M = 4.62 s = 1.05 α = .78 ⊘ r = .42
C Akzeptanz	5 Items M = 5.18 s = 1.05 α = .80 ⊘ r = .45	5 Items M = 5.93 s = .61 α = .58 ⊘ r = .26	5 Items M = 4.88 s = 1.30 α = .86 ⊘ r = .56	5 Items M = 6.17 s = .75 α = .73 ⊘ r = .40	5 Items M = 5.50 s = .96 α = .81 ⊘ r = .47
D Transparenz	2 Items M = 4.97 s = 1.33 α = .57 ⊘ r = .40	2 Items M = 4.56 s = 1.34 α = .64 ⊘ r = .48	2 Items M = 4.37 s = 1.48 α = .67 ⊘ r = .50	2 Items M = 5.52 s = 1.17 α = .66 ⊘ r = .50	2 Items M = 5.12 s = 1.40 α = .67 ⊘ r = .51

Anmerkungen: [1] Cronbachs Alpha, [2] mittlere Inter-Item-Korrelation.

4.2.1.3 Meßwiederholungseinheit

Die Meßwiederholungseinheit des FEBA bestand größtenteils aus zwei identischen Itemgruppen. Jede enthielt sechs bis acht Fragen zu den Bereichen (1) wahrgenommene *Attraktivität* von Organisation und Tätigkeit, (2) *Erfolgserwartung* bezüglich des Abschneidens im Auswahlverfahren und (3) *Bereitschaft zur Annahme* eines Stellenangebotes (Annahmebereitschaft). Die erste Itemgruppe (enthalten in FEBA, Teil 1) wurde den Befragten gleich nach deren Ankunft, unmittelbar vor der Teilnahme an einem Personalauswahlverfahren, zur Beantwortung vorgelegt. Die zweite Gruppe (enthalten in FEBA, Teil 2 bzw. 3) wurde von denselben Personen direkt nach Abschluß des Auswahlverfahrens zusammen mit dem Hauptteil und dem semantischen Differential bearbeitet. Sämtliche Fragen der Meßwiederholungseinheit wurden auf siebenfach abgestuften, bipolaren Skalen beantwortet, wobei in der Mehrzahl der Fälle ein hoher Wert eine positive Ausprägung bedeutete. 17 bzw. 25 % der Items (je nach FEBA-Version) waren invers formuliert worden, wodurch sich die Bedeutung der Skalenwerte umkehrte.

Neben der absoluten Höhe der abgegebenen Ratings interessierten bei der Auswertung vor allem mögliche Unterschiede zwischen den Ergebnissen zu den beiden Meßzeitpunkten („objektive Veränderung"), die – sieht man von Meßfehlern ab – zwangsläufig mit dem Erleben der Personalauswahl zusammenhängen mußten.

Zusätzlich schätzten die Befragten im Anschluß an ein Auswahlverfahren auf zwei ebenfalls siebenstufigen, bipolaren Skalen ein, inwieweit sich ihr Bild von der Organisation und vom Arbeitsplatz nach ihren Erfahrungen vor Ort verändert hatte („subjektive Veränderung"). Hier waren den Skalenpunkten Zahlen von −3 bis +3 zugeordnet, wobei ein hoher positiver Wert eine starke Imageverbesserung repräsentierte.

Tabelle 6 gibt die psychometrischen Kennwerte der Skalen der Meßwiederholungseinheit wieder (die vollständigen Skalen sind unter 8.3 aufgeführt).

Tabelle 6: *Psychometrische Kennwerte der Skalen der Meßwiederholungseinheit*

Meßzeitpunkt/ Skala	Industrie-unternehmen (N = 309)	Industrie-unternehmen (N = 18)	Musik-hochschule (N = 288)	Schweizer Großbank (N = 312)	Software- und Systemhaus (N = 99)
t₁ – vor der Teilnahme					
A₁ Attraktivität	2 Items M = 5.72 s = 1.16 α = .71[1] ⊘ r = .55[2]	4 Items M = 6.04 s = .54 α = .13 ⊘ r = .14	2 Items M = 5.48 s = 1.11 α = .53 ⊘ r = .37	4 Items M = 5.66 s = .72 α = .56 ⊘ r = .28	4 Items M = 5.66 s = .73 α = .72 ⊘ r = .41
B₁ Erfolgserwartung	2 Items M = 4.32 s = 1.11 α = .66 ⊘ r = .49	2 Items M = 4.33 s = 1.08 α = .68 ⊘ r = .51	2 Items M = 3.92 s = 1.31 α = .70 ⊘ r = .54	2 Items M = 5.12 s = .90 α = .49 ⊘ r = .33	2 Items M = 4.67 s = .94 α = .71 ⊘ r = .55
C₁ Annahmebereitschaft	2 Items M = 6.15 s = 1.37 α = .85 ⊘ r = .75	2 Items M = 5.61 s = 1.18 α = .41 ⊘ r = .38	2 Items M = 6.00 s = 1.52 α = .81 ⊘ r = .73	2 Items M = 5.49 s = 1.36 α = .66 ⊘ r = .54	2 Items M = 5.14 s = 1.39 α = .71 ⊘ r = .70
t₂ – nach der Teilnahme					
A₂ Attraktivität	2 Items M = 5.53 s = 1.41 α = .79 ⊘ r = .65	4 Items M = 6.03 s = .72 α = .40 ⊘ r = .27	2 Items M = 5.34 s = 1.48 α = .74 ⊘ r = .59	4 Items M = 5.75 s = .81 α = .65 ⊘ r = .38	4 Items M = 5.38 s = .93 α = .72 ⊘ r = .42
B₂ Erfolgserwartung	2 Items M = 3.85 s = 1.26 α = .51 ⊘ r = .35	2 Items M = 4.22 s = 1.44 α = .75 ⊘ r = .60	Skala wurde nicht verwendet	2 Items M = 5.13 s = 1.09 α = .63 ⊘ r = .46	2 Items M = 4.27 s = 1.41 α = .76 ⊘ r = .61
C₂ Annahmebereitschaft	2 Items M = 5.78 s = 1.57 α = .78 ⊘ r = .65	2 Items M = 5.31 s = 1.40 α = .56 ⊘ r = .58	2 Items M = 5.66 s = 1.73 α = .88 ⊘ r = .81	2 Items M = 5.45 s = 1.49 α = .74 ⊘ r = .66	2 Items M = 4.77 s = 1.56 α = .66 ⊘ r = .55
D subjektive Veränderung	2 Items M = 1.11 s = 1.33 α = .83 ⊘ r = .71	2 Items M = 1.30 s = .87 α = .69 ⊘ r = .54	2 Items M = .43 s = 1.29 α = .78 ⊘ r = .65	2 Items M = 1.42 s = .96 α = .71 ⊘ r = .57	2 Items M = .94 s = 1.04 α = .63 ⊘ r = .46

Anmerkungen: [1] Cronbachs Alpha, [2] mittlere Inter-Item-Korrelation.

4.2.2 Standardtests

Ein Ziel der durchgeführten Studie war es, den Einfluß persönlicher Merkmale auf das Erleben von Beurteilungssituationen zu untersuchen. Aus diesem Grund wurden mit dem FEBA verschiedene demographische Variablen wie Alter, Geschlecht oder Bildungsstand erhoben. Um diese Informationsbasis durch weitere zentrale Eigenschaften zu verbreitern, wurden in einigen Teilstudien zusätzlich Standardtests durchgeführt oder deren Scores miterfaßt, soweit diese Bestandteil des untersuchten Personalauswahlverfahrens waren. Letzteres war in Teilstudie 1 (Industrieunternehmen) der Fall, wo den erhobenen Datensätzen jeweils der Gesamtstandardwert des Intelligenztests IST 70 (Amthauer, 1970) zugeordnet wurde, der aus dem eignungsdiagnostischen Prozeß resultierte.

Ein wichtiges Kriterium für die Auswahl eines Standardtests aus einer bestimmten Verfahrenskategorie war die durchschnittlich benötigte Bearbeitungszeit. Um die befragten Bewerber nicht unnötig zu strapazieren, wurden ausschließlich Kurztests verwendet, die größtenteils im Anschluß an ein Auswahlverfahren vorgelegt wurden.

Im folgenden werden die eingesetzten Standardtests kurz erläutert.

4.2.2.1 Befindlichkeits-Skala (Bf-S)

Bei der Befindlichkeits-Skala (Bf-S; v. Zerssen, 1975) handelt es sich um eine Eigenschaftswörterliste, die zur Erfassung der momentanen Befindlichkeit konstruiert wurde. Der Proband beschreibt seinen momentanen Zustand mit Hilfe von 28 vorgegebenen Testitems. Der resultierende Testwert gibt den aktuellen subjektiven Befindenszustand in einem globalen Sinne wieder, was mit der Bezeichnung „Befindlichkeit" ausgedrückt wird. Im zeitlichen Querschnitt gibt er die Position eines Probanden zwischen den Polen ausgesprochenen Wohlbefindens (Minimalwert) und hochgradigen Mißbefindens (Maximalwert) an; im zeitlichen Längsschnitt dagegen repräsentiert er das Ausmaß der Positionsänderung zwischen diesen Extremen und – bei mehrfach wiederholter Testung in relativ kurzen und regelmäßigen Abständen – auch Verlaufscharakteristika der Befindlichkeit (v. Zerssen, 1975).

Tabelle 7 enthält die psychometrischen Kennwerte der in der vorliegenden Arbeit verwendeten Parallelform Bf-S[l] (v. Zerssen, 1975).

Tabelle 7: *Psychometrische Kennwerte der Bf-S[l]*

Parameter	Ausprägung
Mittelwert	12.46[1)]
Standardabweichung	9.62
Paralleltestkorrelation	.86
Reliabilitäten nach	
Spearman-Brown	.91
Hoyt (innere Konsistenz)	.90
Hoyt (korrigiert für p_i)	.92

Tabelle 7 (Fortsetzung)

Parameter	Ausprägung
Reliabilitäten nach	
Guttman (α aus Testhälften)	.91
Guttman (α aus Testitems)	.92

Anmerkungen: Ergebnisse der Eichstichprobe (N = 1761); [1] Skala von 0 („euphorisch") bis 56 („ausgesprochen und extrem depressiv").

Ein wesentlicher Grund für die Wahl der Bf-S war, daß v. Zerssen (1975, S. 8) sie ausdrücklich zur Erforschung von „Streßwirkungen (durch physische wie durch psychische Belastungen)" empfiehlt. Anders als bei den übrigen eingesetzten Standardverfahren ging es hier also nicht um die Erfassung eines überdauernden Personenmerkmals, sondern um die Gewinnung eines zusätzlichen Kennwertes zum Erleben von Auswahlsituationen. Dennoch ist die Betrachtung der Befindlichkeit im Zusammenhang mit der Untersuchung personaler Determinanten des Erlebens von Personalauswahl interessant, da sie sich gerade im Rahmen von Auswahlsituationen als ein wichtiges Korrelat zentraler Persönlichkeitseigenschaften wie Intelligenz, Neurotizismus oder Extraversion erwiesen hat (Köchling, 1993; Köchling & Körner, 1996).

Die Parallelform Bf-S[l] wurde in den Teilstudien 1 (Industrieunternehmen), 3 (Musikhochschule) und 5 (Software- und Systemhaus) verwendet. Aufgrund ihrer extrem kurzen Bearbeitungsdauer (v. Zerssen [1975] ermittelte eine Testzeit von einer bis drei Minuten) war es möglich, sie den Kandidaten jeweils vor und nach der Teilnahme an einem Auswahlverfahren zur Bearbeitung vorzulegen.

4.2.2.2 Mehrfachwahl-Wortschatz-Intelligenztest (MWT-B)

Der Mehrfachwahl-Wortschatz-Intelligenztest (MWT-B; Lehrl, 1993) ist ein bewährtes Instrument zur Messung des allgemeinen Intelligenzniveaus. Die Konstruktion des Verfahrens erfolgte nach einem einfachen Schema: Aus einem umgangs-, bildungs- oder wissenschaftssprachlich bekannten Wort und vier sinnlosen Wörtern wird eine Wortzeile gebildet. Mehrere, zunehmend schwierige Wortzeilen bilden den Gesamttest. Aufgabe der Probanden ist es, die „richtigen" Wörter herauszufinden. Der MWT-B umfaßt 37 Zeilen.

Zur Ermittlung eines Intelligenzkennwertes im Rahmen der vorliegenden Studie war der MWT-B aus zwei Gründen besonders geeignet. Zum einen wurde bei seiner Entwicklung besonderer Wert darauf gelegt, daß situative Belastungen und Störeinflüsse innerhalb bestimmter Grenzen das Testergebnis nicht beeinflussen. Zum anderen läßt sich das Verfahren mit äußerst geringem Aufwand in nur ca. fünf Minuten durchführen. Hierbei weist der MWT-B beachtliche Ausprägungen bezüglich der Standardgütekriterien auf. Die durchschnittliche Korrelation mit anderen globalen Intelligenztests wie CFT 3, HAWIE oder LPS beträgt r = .71 (Lehrl, 1993). Im Rahmen dieser Arbeit wurde an einer Stichprobe von 309 Personen (Teilstudie 1, Industrieunternehmen) eine Korrelation von r = .52 mit dem Gesamtstandardwert des IST 70 ermittelt.

Der MWT-B wurde in den Teilstudien 1 (Industrieunternehmen) und 3 (Musikhochschule) eingesetzt. Die Bearbeitung durch die befragten Bewerber erfolgte jeweils nach Abschluß des Selektionsverfahrens.

4.2.2.3 NEO-Fünf-Faktoren Inventar (NEO-FFI)

Das NEO-Fünf-Faktoren Inventar (NEO-FFI; Borkenau & Ostendorf, 1991, 1993) stellt die deutsche Übersetzung des von Costa und McCrae (1989, 1992) entwickelten NEO Five-Factor Inventory dar. Es erfaßt die Dimensionen des Fünf-Faktoren Modells der Persönlichkeit („Big Five"), das sich in den vergangenen Jahren als konzeptioneller Rahmen einer Taxonomie von Personality Traits etabliert hat (einen guten Überblick geben die Arbeiten von Borkenau & Ostendorf, 1989; Digman, 1990; Digman & Inouye, 1986; Goldberg, 1990, 1992; John, Angleitner & Ostendorf, 1988; Körner, 1996; McCrae & Costa, 1987, 1989; McCrae & John, 1992). Faktorenanalytisch konstruiert, setzt sich das NEO-FFI aus 60 Items zusammen, wobei jeweils zwölf Items für die Erfassung der fünf Merkmalsbereiche Neurotizismus, Extraversion, Offenheit für Erfahrungen, Verträglichkeit und Gewissenhaftigkeit zuständig sind. Die Probanden geben auf einer fünfstufigen Skala an, inwieweit das jeweilige Item auf sie zutrifft. Durch die Beschränkung auf die Messung der fünf robustesten und varianzstärksten Dimensionen individueller Unterschiede liefert das Verfahren bei geringem Aufwand ein Maximum an Information über die Persönlichkeit der Befragten. Die Bearbeitungsdauer beträgt etwa zehn Minuten.

Borkenau und Ostendorf (1993, S. 5) beschreiben die durch das NEO-FFI erfaßten Merkmalsbereiche folgendermaßen:

- „Probanden mit hohen Werten in *Neurotizismus* neigen dazu, nervös, ängstlich, traurig, unsicher und verlegen zu sein und sich Sorgen um ihre Gesundheit zu machen. Sie neigen zu unrealistischen Ideen und sind weniger in der Lage, ihre Bedürfnisse zu kontrollieren und auf Streßsituationen angemessen zu reagieren.

- Probanden mit hohen Werten in *Extraversion* sind gesellig, aktiv, gesprächig, Personenorientiert, herzlich, optimistisch und heiter. Sie mögen Anregungen und Aufregungen.

- Probanden mit hohen Werten bezüglich *Offenheit für Erfahrung* zeichnen sich durch eine hohe Wertschätzung für neue Erfahrungen aus, bevorzugen Abwechslung, sind wißbegierig, kreativ, phantasievoll und unabhängig in ihrem Urteil. Sie haben vielfältige kulturelle Interessen und interessieren sich für öffentliche Ereignisse.

- Probanden mit hohen Werten in der Skala *Verträglichkeit (Agreeableness)* sind altruistisch, mitfühlend, verständnisvoll und wohlwollend. Sie neigen zu zwischenmenschlichem Vertrauen, zur Kooperativität, zur Nachgiebigkeit, und sie haben ein starkes Harmoniebedürfnis.

- Die Skala *Gewissenhaftigkeit* schließlich unterscheidet ordentliche, zuverlässige, hart arbeitende, disziplinierte, pünktliche, penible, ehrgeizige und systematische von nachlässigen und gleichgültigen Personen."

Tabelle 8 zeigt die von Borkenau und Ostendorf (1993) berichteten statistischen Kennwerte der Skalen des NEO-FFI.

Tabelle 8: *Psychometrische Kennwerte der Skalen des NEO-FFI*

Skala	Mittelwert	Standard-abweichung	Cronbachs Alpha
Neurotizismus	1.84[1]	.70	.85
Extraversion	2.36	.57	.80
Offenheit für Erfahrung	2.71	.52	.71
Verträglichkeit	2.44	.49	.71
Gewissenhaftigkeit	2.53	.63	.85

Anmerkungen: An einer Stichprobe von N = 2112 Personen ermittelte Testkennwerte; [1] Skala von 0 („völlig unzutreffend") bis 4 („völlig zutreffend").

Das NEO-FFI wurde in den Teilstudien 1 (Industrieunternehmen) und 3 (Musikhochschule) verwendet und jeweils nach Abschluß des Auswahlverfahrens von den befragten Kandidaten bearbeitet.

4.3 Durchführung

Im Rahmen der vorliegenden Studie wurden mehr als tausend Bewerber unter Verwendung der zuvor beschriebenen Instrumente befragt. Die Datenerhebung wurde über einen Zeitraum von zwei Jahren in vier Unternehmen und an einer staatlichen Hochschule in Deutschland und der Schweiz durchgeführt.

4.3.1 Grundprinzip der Bewerberbefragung

Um einen optimalen Praxisbezug zu gewährleisten, wurden ausschließlich Bewerber befragt, die den „Ernstfall Personalauswahl" gerade am eigenen Leib erfuhren. Durch die Befragung von Kandidaten direkt vor Ort konnte zum einen sichergestellt werden, daß diese auch tatsächlich über Erfahrungen mit den relevanten Auswahlverfahren verfügten. Zum anderen erfolgte die Datenerhebung hierdurch unter authentischen Motivationsbedingungen, deren Einfluß auf die Situationswahrnehmung und -beurteilung außer Frage steht. So kann diese Arbeit auch als Antwort auf kritische Autoren wie z. B. Kersting (1998) verstanden werden, der die fehlende Erfüllung dieser Voraussetzungen valider Ergebnisse in vielen Untersuchungen zur vorliegenden Thematik zu Recht bemängelte und für zukünftige Studien deren Berücksichtigung forderte.

Darüber hinaus sicherte die Befragung der Bewerber durch den Autor bzw. die Befragungshelfer unmittelbar vor Ort eine hohe Rücklaufquote (vgl. Borg, 1995). An der vorliegenden Studie nahmen weit über 90 % der angesprochenen Personen teil, während bei der Versendung von Fragebögen eine Rücklaufquote von über 50 % schon als großer Erfolg gilt. Aufgrund dieser Tatsache kann eine Ergebnisverfälschung durch Stichprobeneffekte weitgehend ausgeschlossen werden. Diese können auftreten, wenn die Zusammenstellung von Stichproben nicht zufällig erfolgt, sondern auf einem systematischen Faktor beruht, der mit der abhängigen Variablen zusammenhängt. So weisen Holling und Leippold (1991) auf die Möglichkeit hin, daß in bisherigen Untersuchungen zum Erleben von Assessment-Centern hauptsächlich Teilnehmer befragt wurden, die im Verfahren gut abgeschnitten hatten. Diese scheinen aber eher positive Beurteilungen abzugeben (vgl. 2.2.2).

Die Befragung lief in allen fünf Teilstudien nach demselben Grundmuster ab. Unmittelbar nach der Begrüßung der Bewerber durch einen Vertreter der jeweiligen Organisation wurde diesen der Hintergrund und die Zielsetzung der Studie erläutert und der erste Teil der Meßwiederholungseinheit (FEBA, Teil 1) vorgelegt. Anschließend durchliefen die Teilnehmer das jeweilige Auswahlverfahren. Nach dessen Beendigung, unmittelbar bevor die Kandidaten den Heimweg antraten, erfolgte eine erneute Befragung. Hierbei füllten die Teilnehmer den zweiten Teil der Meßwiederholungseinheit, den Hauptteil und das semantische Differential (FEBA, Teil 2 und 3) aus. In den Untersuchungen 1 (Industrieunternehmen), 3 (Musikhochschule) und 5 (Software- und Systemhaus) wurden zusätzlich die unter 4.2.2 beschriebenen Kurzverfahren zur Erfassung von Befindlichkeit, Intelligenz und Persönlichkeit eingesetzt.

Die Befragung der Bewerber erfolgte in den Teilstudien 1, 3 und 5 durch den Autor, während in den Untersuchungen 2 (Industrieunternehmen) und 4 (Schweizer Großbank) Mitarbeiter der Personalabteilung bzw. die jeweiligen Interviewpartner hierfür zuständig waren. In Untersuchung 3 (Musikhochschule) wurde der Autor zusätzlich von einem Team studentischer Hilfskräfte unterstützt, was erforderlich war, da sich die verschiedenen Aufnahmeprüfungen weitläufig über die Gebäude der Hochschule verteilten und teilweise zeitlich überschnitten.

Sämtliche Modalitäten der Befragungsdurchführung wurden auf die Erreichung eines übergeordneten Zieles hin ausgerichtet: *Mit dem FEBA sollten möglichst authentische Eindrücke der befragten Bewerber ermittelt werden.* Der naheliegenden Gefahr einer Beschönigung von Antworten aufgrund von Bewertungsangst oder Selbstdarstellungstendenzen (Edwards, 1957; Forsyth, 1987; Kompa, 1989; Rosenberg, 1969; Schuler & Stehle, 1983, 1985; Tedeschi, 1981) wurde mit einer Reihe von Maßnahmen begegnet, die darauf angelegt waren, den Teilnehmern eine strikte Trennung zwischen der eigentlichen Personalauswahl und der Befragung mit Hilfe des FEBA zu demonstrieren.

So wurde stets darauf hingewiesen, daß die Teilnahme an der Untersuchung freiwillig ist und eine Nichtteilnahme für einen Bewerber keinerlei Konsequenzen hat.

Die Befragung wurde anonym durchgeführt. Die Teilnehmer beschrifteten ihre Fragebögen lediglich mit einem selbstgewählten Kennwort, das die Zuordnung der verschiedenen Fragebögen einer Person zueinander ermöglichte.

In der Mehrzahl der Fälle erfolgte die Befragung in einem eigens hierfür bereitgestellten Raum durch eine organisationsexterne Person, worauf die Teilnehmer auch hingewiesen wurden. Wo dies nicht möglich war, wurden die Verantwortlichen in den Unternehmen – zum Teil in Workshops – in den Hintergrund und die Durchführung der Befragung eingewiesen (Teilstudien 2 und 4). Um auch in diesen Fällen Ergebnisverfälschungen vorzubeugen und eine möglichst hohe Standardisierung des Ablaufs zu erreichen, wurde ein Leitfaden erstellt, der nachfolgend im Originaltext wiedergegeben ist (Version aus Untersuchung 4).

4.3.1.1 Leitfaden zur praktischen Umsetzung

Projekt
„Personalauswahl und Bewerbererleben"
Tips für die praktische Durchführung

Für die an der Befragung mitwirkenden Interviewer fassen wir nachfolgend die wichtigsten Punkte bezüglich der praktischen Umsetzung zusammen.

Eine Befragungseinheit besteht aus drei Teilen

1. *Teil 1 des FEBA* (Fragebogen zum *E*rleben und *B*ewerten von *A*uswahlsituationen; Bearbeitungsdauer etwa vier Minuten) wird unmittelbar nach Ankunft der Stellenbewerber und noch vor Beginn der Auswahlinterviews vorgelegt. Er erfaßt einige demographische Merkmale der Bewerber, ihre Einstellungen zu Unternehmen und Stelle sowie ihre Erfolgserwartung bezüglich der Personalauswahl.

2. *Teil 2 des FEBA* (Bearbeitungsdauer etwa zwölf Minuten) wird unmittelbar nach Beendigung der Auswahlinterviews vorgelegt. Mit ihm werden Kennwerte zum Erleben und zur Bewertung der geführten Gespräche erhoben. Außerdem werden nochmals die Einstellungen der Bewerber zu Unternehmen und Stelle sowie ihre Erfolgserwartung abgefragt, um Veränderungen nachweisen zu können, die im Rahmen der Vorstellungsgespräche möglicherweise diesbezüglich stattgefunden haben.

3. *Interviewerbogen zum FEBA* (Bearbeitungsdauer etwa eine Minute). Der Interviewer füllt direkt im Anschluß an ein Auswahlgespräch einen kurzen Fragebogen aus, in dem er Auskunft über die Intervieweranzahl, die Gesprächsdauer und die Eignung des Bewerbers gibt. Außerdem werden einige demographische Merkmale des Bewerbers erhoben, um den Interviewerbogen dessen FEBA zuordnen zu können.

Ablauf der Befragung

Der Interviewer holt den Bewerber beim Portier ab und erläutert ihm bereits auf dem Weg zum Interviewraum Hintergrund und Zweck der Befragung. Teil 1 des FEBA wird vor Beginn des Auswahlgespräches im Interviewraum ausgefüllt. Hierzu läßt der Interviewer den Bewerber einige Minuten allein, nachdem er sich vergewissert hat, daß keine Fragen mehr bestehen. Vor dem Verlassen des Raumes bietet der Interviewer dem Bewerber einen Kaffee oder ein Wasser an. Er serviert das Getränk bei seiner Rückkehr.

Für das Ausfüllen von Teil 2 des FEBA wird ein Befragungsraum bereitgestellt, der von allen Interviewräumen aus gut erreichbar ist. Hierhin führt der Interviewer den Bewerber unmittelbar nach Abschluß des Auswahlgespräches, weist ihn in den Fragebogen ein und zieht sich dann zurück, um seinen Interviewerbogen auszufüllen. Bevor er geht, erkundigt er sich beim Bewerber, ob noch Fragen bestehen, und weist ihn an, seine ausgefüllten Fragebögen in die im Befragungsraum bereitstehende Box mit der Aufschrift „Bewerberbefragung" zu werfen. In diese wirft der Interviewer später auch seinen bearbeiteten Interviewerbogen. Eine zweite Box steht beim Portier und wird benutzt, wenn der Befragungsraum einmal nicht zur Verfügung steht oder überfüllt ist. In diesem Fall füllt der Bewerber auch Teil 2 im Interviewraum aus, wobei der Interviewer wieder den Raum verläßt. *Alle Fragebögen werden grundsätzlich im Hause (...) ausgefüllt. Auf keinen Fall sollen Fragebögen den Bewerbern zur Beantwortung mit nach Hause gegeben werden.*

Im Befragungsraum steht ein Telefon bereit. Wenn der Bewerber mit dem Ausfüllen von Teil 2 fertig ist, ruft er im Bereich an und wird dann von seinem Interviewer abgeholt und zum Portier begleitet. Dabei erhält er von diesem ein Werbegeschenk. Falls der Interviewer nicht mehr verfügbar ist, wird diese Aufgabe von einer Person übernommen, die jeder Bereich dafür abstellt.

Anonymität der Teilnehmer

Damit die Bewerber ihre Antworten nicht aufgrund von Bewertungsangst beschönigen, erfolgt die gesamte Befragung anonym. Hierbei sind vor allem drei Punkte zu beachten:

1. *Kennwort.* Um die jeweils zwei Fragebögen eines Bewerbers (FEBA, Teil 1 und 2) trotz Anonymität einander zuordnen zu können, verwendet jeder Befragungsteilnehmer ein von ihm selbst gewähltes beliebiges Kennwort als Namensersatz, das er in der Kopfzeile jedes Bogens vermerkt. *Dieser Punkt ist für die Auswertung besonders wichtig. Bitte fragen Sie daher bei der Vorlage von Teil 1 stets nach, ob dies klargeworden ist!* Um ein Vergessen des Kennwortes bis zum Ausfüllen von Teil 2 zu verhindern, sollten die Bewerber dazu angehalten werden, sich ihr Kennwort gut einzuprägen oder zu notieren.

2. *Unbeobachtete Beantwortung.* Während des Ausfüllens der Fragebögen darf sich niemand so nahe bei den Bewerbern befinden, daß er ihre Antworten erkennen könnte (bzw. die Bewerber dies vermuten könnten). *In jedem Fall ist der Interviewraum zu verlassen, während ein Bewerber dort einen Fragebogen ausfüllt.*

3. *Umschläge.* Jeder der beiden Teile des FEBA wird den Befragungsteilnehmern zusammen mit einem selbstklebenden Umschlag ausgehändigt. Bitte weisen Sie die Bewerber an, die bearbeiteten Bögen unmittelbar nach dem Ausfüllen in die Umschläge zu stecken und diese zu verschließen. Dies soll auch verhindern, daß die Bewerber beim Ausfüllen von Teil 2 ihre Antworten in Teil 1 einsehen können. Der bearbeitete Interviewerbogen kommt ebenfalls in einen Umschlag. Bewerber und Interviewer werfen ihre Umschläge anschließend in eine der bereitstehenden Boxen.

Freiwilligkeit der Teilnahme

Bitte weisen Sie darauf hin, daß die Fragebögen kein Bestandteil der Personalauswahl sind und daß ihre Beantwortung zwar erwünscht, aber freiwillig ist. Erfahrungsgemäß nehmen alle der hierum gebetenen Personen an der Befragung teil.

Termine und Fragebogenanzahl

Das Projekt startet am 1. Juni 1996. Jeder der fünf Personaldienste erhält 150 Fragebögen, von denen mindestens 120 bis spätestens 31. Juli 1996 bei der VfU-Unternehmens- und Personalberatung AG eingegangen sein sollen, die die Auswertung übernimmt.

Falls Sie noch Fragen haben, wenden Sie sich bitte an Herrn (...) in Ihrem Hause, mit dem wir in ständigem Kontakt stehen. Wir freuen uns auf eine gute Zusammenarbeit und einen erfolgreichen Abschluß der Studie und verbleiben mit freundlichen Grüßen

Ihre VfU-Unternehmens- und Personalberatung AG

4.3.2 Beteiligte Organisationen

Die an dem Forschungsprojekt beteiligten Organisationen wurden so ausgewählt, daß die Gesamtstudie möglichst viele Facetten hinsichtlich der zu besetzenden Positionen und der durchgeführten Auswahlverfahren abdeckte.

Im folgenden werden die fünf untersuchten Selektionsverfahren erläutert.

4.3.2.1 Großunternehmen der chemischen Industrie

Untersuchung 1 wurde in einem Großunternehmen der chemischen Industrie durchgeführt, das Lehrlinge für die konzerneigenen Ausbildungsplätze (kaufmännische, naturwissenschaftliche und technische Richtung) auswählte. Hierbei wurde zunächst eine Vorauswahl anhand der eingegangenen Bewerbungsunterlagen getroffen. Daran schloß sich ein eintägiges Selektionsverfahren an, das sich aus schriftlichen Intelligenz- und Leistungstests am Vormittag und einem Auswahlgespräch mit ein bis zwei Fachvertretern der jeweiligen Ausbildungsrichtung am Nachmittag zusammensetzte. Gelegentlich nahm an den Interviews auch ein Mitarbeiter der Eignungsuntersuchung teil. Weitere Bestandteile eines solchen Bewerbertages, an dem jeweils etwa zehn Kandidaten teilnahmen, waren ein gemeinsames Mittagessen der Teilnehmer in der Kantine der Aus- und Weiterbildung unter Betreuung eines Auszubildenden sowie ein berufsbezogenes Informationsgespräch (kaufmännische Bewerber) bzw. eine Führung durch den relevanten Ausbildungsbereich (naturwissenschaftliche und technische Bewerber) am Nachmittag. Während der Interviews erhielten viele der Bewerber ein Feedback bezüglich ihrer Testergebnisse, die endgültige Auswahlentscheidung wurde ihnen jedoch erst einige Tage später schriftlich mitgeteilt.

4.3.2.2 Großunternehmen des Maschinen- und Anlagenbaus

Untersuchung 2 fand in einem Großunternehmen des Maschinen- und Anlagenbaus statt. Hier ging es um die Besetzung offener Positionen (Controller und Projektingenieure) mit Hochschulabsolventen, die zum Teil bereits eine Vorauswahl durch ein Personalberatungsunternehmen durchlaufen hatten. Das interne Auswahlverfahren bestand aus der Analyse der Bewerbungsunterlagen sowie einem oder mehreren Interviews mit Vertretern der Personal- und Fachabteilungen im Hauptsitz des Unternehmens. Das Ergebnis der Personalauswahl wurde den Bewerbern schriftlich mitgeteilt. Die durchgeführte Befragung bezog sich ausschließlich auf das Erleben des internen Auswahlverfahrens.

4.3.2.3 Hochschule für Musik und Darstellende Kunst

Gegenstand von Untersuchung 3 war das Erleben der Aufnahmeprüfungen an einer staatlichen Hochschule für Musik und Darstellende Kunst durch Bewerber. Hierbei ging es um die Auswahl geeigneter Kandidaten für die Studiengänge der beiden Ausbildungsbereiche Musik (künstlerische und pädagogische Fachrichtungen) und Darstellende Kunst (Operngesang und Schauspiel). Da nur ein Teil der Bewerber ein mehrstufiges Selektionsverfahren durchlief (z. B. Hauptfachprüfung mit mündlichen oder schriftlichen Zusatzprüfungen, etwa in Musiktheorie oder Gehörbildung, bzw. mehrere Auswahlrunden für bestimmte Studiengänge), beschränkte sich die Befragung auf das Erleben der Hauptfachprüfung bzw. der ersten Auswahlrunde. Diese bestand für Studiengänge des Bereichs Musik aus dem Vortrag verschiedener Stücke auf dem Hauptinstrument vor mehreren Hochschullehrern. Bewerber für den Bereich Darstellende Kunst sangen vor (Operngesang) oder präsentierten verschiedene Rollen vor einer Prüfungskommission aus Schauspiellehrern (Schauspiel). Je nach Studiengang und Qualität der Darbietung konnte ein Bewerber entweder sein gesamtes Material vortragen oder die Prüfung wurde vorzeitig abgebrochen. Bezüglich der Feedbackerteilung existierten verschiedene Modi. Bewerber für den Bereich Musik erfuhren ihr Ergebnis entweder unmittelbar nach der Prüfung durch einen ihrer Beurteiler, oder es wurde ihnen etwas später vom Leiter des Studentensekretariates mitgeteilt. Opernsänger erfuhren ihr Resultat nach Abschluß aller Prüfungen eines Tages durch einen Aushang, während Schauspieler direkt nach der Prüfung ein differenziertes Feedback durch ein Mitglied der Prüfungskommission erhielten. Darüber hinaus teilte das Studentensekretariat allen Bewerbern ihr Ergebnis schriftlich mit.

4.3.2.4 Schweizer Großbank

Untersuchung 4 wurde als Beratungsprojekt für den Personaldienst einer Schweizer Großbank durchgeführt. Entsprechend wurde auf das Erleben der vom Personaldienst geführten Interviews fokussiert, während das gesamte Auswahlverfahren auch Gespräche mit Vertretern der verschiedenen Fachabteilungen und natürlich eine vorgeschaltete Papierauswahl umfaßte. Für bestimmte Positionen wurden zusätzlich Assessment-Center veranstaltet oder es erfolgte eine Vorauswahl durch Personalberater, was aber beides kein Gegenstand der durchgeführten Untersuchung war. Befragt wurden Bewerber unterschiedlichster Qualifikation für die verschiedenen Unternehmensbereiche, die sich in der Gliederung des Personaldienstes (Sparte Schweiz, Anlagen/Handel, Stäbe, Informatik und Produktion/Dienste) niederschlugen. Da die Kandidaten in den Interviews keinerlei Feedback erhielten, wurden in dieser Teilstudie hierzu keine Fragen gestellt.

4.3.2.5 Software- und Systemhaus

In Untersuchung 5 wurden Bewerber eines Software- und Systemhauses zum Erleben des dort durchgeführten Personalauswahlverfahrens befragt. Die hochqualifizierten Kandidaten, die sich durchweg für die Position eines SAP-Juniorberaters beworben hatten, durchliefen im Anschluß an die Papierauswahl ein eintägiges Assessment-Center-ähnliches Verfahren. Dieses setzte sich aus einer Vorstellung des Unternehmens und der Tätigkeit durch den Personalleiter, einer Selbstpräsentation der Bewerber vor Mitbewerbern und Führungskräften des Hauses, einer führerlosen Gruppendiskussion sowie ein bis vier Auswahlinterviews mit Vertretern der Personal- und Fachabteilungen zusammen. Zwischendurch gab es Kaffeepausen und ein gemeinsames Mittagessen der Kandidaten in den Räumen des Unternehmens. Einige der jeweils etwa 20 Teilnehmer eines solchen Bewerbertages erhielten in den Interviews bereits ein Feedback bezüglich ihrer Erfolgschancen. Die abschließende Auswahlentscheidung wurde jedoch erst am Ende eines Tages in einer Beurteilerkonferenz getroffen und den Bewerbern schriftlich mitgeteilt. Kandidaten, die in diesem Verfahren gut abgeschnitten hatten, wurden zu einer zweiten Auswahlrunde eingeladen, bei der vertiefte Interviews mit den interessierten Fachabteilungen geführt wurden. Gegenstand der Befragung war allein der Bewerbertag.

4.4   Stichprobe

Insgesamt wurden 1026 Bewerber unmittelbar vor und nach ihrer Teilnahme an Personalauswahlverfahren befragt. Hiervon entfielen 30,1 % auf Untersuchung 1 (Industrieunternehmen), 1,8 % auf Untersuchung 2 (Industrieunternehmen), 28,1 % auf Untersuchung 3 (Musikhochschule), 30,4 % auf Untersuchung 4 (Schweizer Großbank) und 9,6 % auf Untersuchung 5 (Software- und Systemhaus). Von den Befragten waren 55,9 % männlichen und 44,1 % weiblichen Geschlechts. Das Durchschnittsalter betrug 23,5 Jahre und variierte zwischen 13 und 53. 41,6 % der Untersuchungsteilnehmer hatten keine formelle Berufsausbildung, 13,6 % eine abgeschlossene Lehre, 7,6 % besaßen einen Fachschulabschluß bzw. eine Lehre mit Zusatzausbildung und 37,2 % einen Hochschulabschluß (Personen, die kurz vor Beendigung einer Ausbildung standen, wurden der jeweiligen Kategorie hinzugerechnet). Zum Zeitpunkt der Befragung waren 25,9 % der Personen berufstätig und 22,6 % arbeitslos bzw. auf Jobsuche. Weitere 23,8 % gingen zur Schule, 22,6 % befanden sich im Studium und 5,1 % absolvierten sonstige Formen der Aus- oder Weiterbildung (z. B. Lehre, Lehrgang, Praktikum, Zusatzbildung, Wehr- oder Zivildienst). Eine Aufschlüsselung der Gesamtstichprobe nach den einzelnen Teilstudien enthält Tabelle 9.

Tabelle 9: Aufschlüsselung der Stichprobe

Stichproben-merkmal	Industrie-unternehmen	Industrie-unternehmen	Musik-hochschule	Schweizer Großbank	Software- und Systemhaus	Gesamt-stichprobe
N	309	18	288	312	99	1026
Alter						
Mittelwert	18,1[4]	27,9	21,8	29,0	27,4	23,5
Streuung	2,8	3,0	2,8	7,1	2,7	6,4
Minimum	13	25	15	18	22	13
Maximum	37	37	31	53	36	53
Geschlecht						
männlich	61,8[5]	66,7	39,2	58,3	76,8	55,9
weiblich	38,2	33,3	60,8	41,7	23,2	44,1
Berufsausbildung						
keine	95,1[5]	0,0	43,1	2,9	0,0	41,6
Lehre	3,2	0,0	6,6	35,2	0,0	13,6
Fachschule	0,7	0,0	1,0	23,1[6]	1,0	7,6
Hochschule	1,0	100,0	49,3	38,8	99,0	37,2
Tätigkeit[1]						
berufstätig	6,5[5]	27,8	10,1	62,2	18,2	25,9
arbeitslos[2]	12,6	50,0	33,7	18,6	29,3	22,6
Schule	70,5	0,0	6,3	2,6	0,0	23,8
Studium	5,2	16,7	45,1	13,1	42,4	22,6
sonstige[3]	5,2	5,5	4,8	3,5	10,1	5,1

Anmerkungen: [1] Tätigkeit zum Zeitpunkt der Befragung, [2] bzw. auf Jobsuche, [3] sonstige Formen der Aus- oder Weiterbildung, [4] Jahre, [5] Anteile in Prozent, [6] Lehre mit Zusatzausbildung.

5 Ergebnisse

Die Auswertung der erhobenen Daten wird im folgenden sowohl getrennt nach den fünf Teilstudien als auch metaanalytisch vorgenommen. Die Zusammenfassung der Stichproben aus den verschiedenen Organisationen zu einer Gesamtstichprobe im Zuge der Metaanalyse zielt auf die Erfassung einer hohen Varianz bei den äußeren Einflußgrößen und den gemessenen Personenmerkmalen ab. Auf diese Weise können mögliche Effekte identifiziert werden, die in bisherigen, weniger umfangreichen Studien verborgen geblieben sind. Hierbei ist allerdings zu berücksichtigen, daß in den verschiedenen Teilstudien bzw. Organisationen unterschiedliche Auswahlverfahren durchgeführt wurden und daß die Zuordnung der befragten Bewerber zu diesen nicht zufällig erfolgte. Zur Vermeidung von Fehlinterpretationen aufgrund statistischer Artefakte müssen die Ergebnisse in der Gesamtstichprobe daher stets auf ihre Konsistenz mit den Resultaten der Teilstudien hin überprüft werden.

Trotz dieser Einschränkungen in der Interpretierbarkeit der Ergebnisse, wie sie typischerweise bei Feldstudien auftreten, ist die Untersuchung verschiedener Stichproben anhand desselben Verfahrens ein großer Vorteil der vorliegenden Studie. Denn sie eröffnet die Möglichkeit, die Robustheit der Analysebefunde über verschiedene Untersuchungen hinweg zu demonstrieren.

Neben der generellen Bewertung bzw. Akzeptanz der Personalauswahl durch die Bewerber stehen bei der Ergebnisanalyse zwei weitere Größen im Mittelpunkt des Interesses, denen aus der Perspektive des Praktikers in Rekrutierung und Personalmarketing große Bedeutung zukommt. Es handelt sich hierbei um die Attraktivität von Organisation und Tätigkeit aus Bewerbersicht sowie die Bereitschaft der Kandidaten zur Annahme eines etwaigen Stellenangebotes. Besondere Aufmerksamkeit wird auch den Erwartungen der Bewerber bezüglich ihres persönlichen Abschneidens im Selektionsverfahren geschenkt, zumal diese möglicherweise eine wichtige Determinante der Verfahrensbewertung darstellen (vgl. 2.2.1.2).

Da von Unternehmen durchgeführte Selektionsverfahren in der Regel mindestens ein Interview beinhalten, bilden in der vorliegenden Studie die Bewertung und die Akzeptanz der Vorstellungsgespräche durchgängig die Indikatoren für die Bewertung bzw. Akzeptanz des Gesamtverfahrens (Ausnahme: Aufnahmeprüfungen der Musikhochschule).

5.1 Determinanten des Erlebens von Personalauswahl

5.1.1 Situative Determinanten

Zunächst wollen wir der Frage nachgehen, welche wahrgenommenen Merkmale einer Auswahlsituation in besonderem Maße dazu geeignet sind, die zentralen Größen (generelle Bewertung, Akzeptanz, erlebte Attraktivität, Erfolgserwartung und Annahmebereitschaft nach der Teilnahme) vorherzusagen. Dies dient unter anderem der Identifikation möglicher Maßnahmen, mit denen sich eine positive Bewertung von Personalauswahl aus Bewerbersicht sowie hohe Ausprägungen bei wahrgenommener Attraktivität und Annahmebereitschaft erreichen lassen.

Zu diesem Zweck werden multiple Regressionsanalysen durchgeführt, wobei jeweils eine der fünf Kernvariablen aufgrund möglicher situativer Determinanten vorhergesagt wird. Während die Kriteriumsvariablen dem semantischen Differential bzw. der Meßwiederholungseinheit des FEBA entstammen, werden sämtliche Prädiktoren aus Skalen des FEBA-Hauptteils gebildet. Im einzelnen werden folgende Variablen zur Prognose eingesetzt: (1.) Information, (2.) Partizipation/Kontrollierbarkeit, (3.) Transparenz, (4.) Ergebniskommunikation, (5.) Atmosphäre, (6.) Augenscheinvalidität, (7.) Belastung, (8.) Beurteilerkompetenz, (9.) Bewerbernutzen und (10.) formaler Rahmen.[1]

Wie leicht zu erkennen ist, repräsentieren die ersten vier Prädiktoren die Aspekte der sozialen Validität. Um Schulers Konzept im engeren Sinne einer empirischen Prüfung unterziehen zu können, wird jede der fünf Kriteriumsvariablen zunächst allein aufgrund dieser vier Größen vorhergesagt. Im Anschluß hieran wird jeweils eine Analyse unter Aufnahme der übrigen sechs Prädiktorvariablen in die multiple Regressionsgleichung durchgeführt. Hieraus resultieren insgesamt zehn Gruppen multipler Regressionsanalysen, deren Ergebnisse in den Tabellen 10 bis 19 dargestellt sind.

Zunächst betrachten wir die Ergebnisse der Regressionsanalysen, in denen jeweils eine der fünf Kriteriumsvariablen aufgrund der vier Komponenten der sozialen Validität vorhergesagt wird (Tabellen 10, 12, 14, 16 und 18).

Bezüglich der generellen Bewertung und der Akzeptanz der Auswahlverfahren durch die Bewerber ergeben sich weitgehend übereinstimmende Resultate. Über sämtliche Teilstudien hinweg zeigen sich hochsignifikante und substantielle multiple Korrelationen zwischen R = .39 und R = .80. Im Vergleich der einzelnen Prädiktoren erweisen sich vor allem die Aspekte Information und Partizipation/Kontrollierbarkeit als bedeutsam für die Vorhersage der Kriteriumsvariablen, während der Prognosewert der Variablen Transparenz und Ergebniskommunikation deutlich geringer ausfällt.

Auch zur Vorhersage der wahrgenommenen Attraktivität einer Stelle sowie der Erfolgserwartung[2] im Anschluß an ein Auswahlverfahren leisten die vier Aspekte der sozialen Validität signifikante Beiträge. Verglichen mit den Prognosen der generellen Bewertung und der Akzeptanz von Personalauswahl ergeben sich allerdings deutlich geringere multiple Korrelationen in den einzelnen Teilstudien (R = .27 bis R = .76), die jedoch meist hochsignifikant sind.

Am schwierigsten gestaltet sich die Vorhersage der Annahmebereitschaft von Bewerbern nach der Teilnahme an einem Selektionsverfahren. Signifikante multiple Korrelationen von geringer bis mäßiger Höhe ergeben sich hier nur in zwei der fünf Teilstudien (Chemieunternehmen, R = .33, p < .001; Schweizer Großbank, R = .22, p < .01).

In allen besprochenen Fällen fallen die Vorzeichen signifikanter Beta-Gewichte positiv aus, so daß höhere Ausprägungen der Prädiktorvariablen mit höheren vorhergesagten Werten auf der Kriteriumsvariablen einhergehen.

---

[1] Bei der Berechnung multipler Korrelationen in der Gesamtstichprobe werden die fehlenden Werte der Variablen, die nicht in allen fünf Teilstudien erhoben wurden, jeweils durch den entsprechenden Mittelwert ersetzt. Auf diese Weise können alle Analysen an der vollen Stichprobe (N = 1026 bzw. N = 738) vorgenommen werden.

[2] An der Musikhochschule wurde die Erfolgserwartung *nach* der Aufnahmeprüfung nicht erhoben, da einem großen Teil der Bewerber zu diesem Zeitpunkt bereits ihr definitives Ergebnis bekannt war.

Tabelle 10: *Die Parameter der sozialen Validität als Determinanten der Bewertung von Auswahlinterviews durch Bewerber*

Prädiktoren	Industrie-unternehmen (N = 309)	Industrie-unternehmen (N = 18)	Musik-hochschule (N = 288)[2]	Schweizer Großbank (N = 312)	Software- und Systemhaus (N = 99)	Gesamt-stichprobe (N = 1026)[3]
Information	.35***[1]	.65**	.12*	.34***	.22*	.33***
Partizipation/Kontrol.	.28***	.14	.34***	.24***	.36***	.37***
Transparenz	.10	.19	.26***	.11*	.14	.10***
Ergebniskommunik.	.08	.09	.06	—	.21*	.08**
Gesamtergebnis						
multiples R	.58	.80	.57	.52	.68	.66
multiples R²	.33	.63	.32	.27	.46	.43
F-Wert	38.27***	5.63**	33.83***	38.18***	20.30***	193.93***

Anmerkungen: Ergebnisse multipler Regressionsanalysen unter Verwendung der Skala „generelle Bewertung" des semantischen Differentials (Kriteriumsvariable) sowie der Skalen „Information", „Partizipation/Kontrollierbarkeit", „Transparenz" und „Ergebniskommunikation" des Hauptteils (Prädiktorvariablen); [1] Standardpartialregressionskoeffizient, [2] Aufnahmeprüfungen im Hauptfach, [3] Fehlende Werte wurden durch den entsprechenden Mittelwert ersetzt (vgl. 5.1.1); * p < .05, ** p < .01, *** p < .001.

Tabelle 11: *Situative Determinanten der Bewertung von Auswahlinterviews durch Bewerber*

Prädiktoren	Industrie-unternehmen (N = 309)	Industrie-unternehmen (N = 18)	Musik-hochschule (N = 288)[2]	Schweizer Großbank (N = 312)	Software- und Systemhaus (N = 99)	Gesamt-stichprobe (N = 1026)[3]
Information	.26***[1]	.44	.04	.10*	.15	.18***
Partizipation/Kontrol.	.23***	.53	.26***	.07	.29**	.27***
Transparenz	.03	−.00	.16**	.06	.03	.02
Ergebniskommunik.	.05	−.14	−.03	—	.15	.04
Atmosphäre	—	.35	—	.40***	.05	.04
Augenscheinvalidität	.12*	.33	.15**	.10*	.27**	.18***
Belastung	−.06	.16	−.10*	−.01	.05	−.09***
Beurteilerkompetenz	—	.25	—	.20***	.06	.10***
Bewerbernutzen	.18**	.45	.36***	.15***	.04	.21***
formaler Rahmen	—	−.39	—	.01	.11	.05
Gesamtergebnis						
multiples R	.61	.96	.68	.75	.76	.73
multiples R²	.38	.92	.47	.56	.58	.54
F-Wert	25.83***	7.03**	34.79***	43.14***	11.94***	117.01***

Anmerkungen: Ergebnisse multipler Regressionsanalysen unter Verwendung der Skala „generelle Bewertung" des semantischen Differentials (Kriteriumsvariable) sowie verschiedener Skalen des Hauptteils (Prädiktorvariablen); [1] Standardpartialregressionskoeffizient, [2] Aufnahmeprüfungen im Hauptfach, [3] Fehlende Werte wurden durch den entsprechenden Mittelwert ersetzt (vgl. 5.1.1); * p < .05, ** p < .01, *** p < .001.

Tabelle 12: *Die Parameter der sozialen Validität als Determinanten der Akzeptanz von Auswahlinterviews durch Bewerber*

Prädiktoren	Industrieunternehmen (N = 309)	Industrieunternehmen (N = 18)	Musikhochschule (N = 288)[2]	Schweizer Großbank (N = 312)	Software- und Systemhaus (N = 99)	Gesamtstichprobe (N = 1026)[3]
Information	.24***[1]	.44	.05	.13*	.12	.23***
Partizipation/Kontrol.	.25***	−.23	.34***	.26***	.35***	.37***
Transparenz	.18**	.87**	.25***	.13*	.04	.12***
Ergebniskommunik.	.11	−.27	.10	—	.38***	.12***
Gesamtergebnis						
multiples R	.54	.80	.55	.39	.66	.60
multiples R²	.29	.64	.30	.15	.44	.36
F-Wert	31.77***	5.83**	30.71***	18.38***	18.61***	144.82***

Anmerkungen: Ergebnisse multipler Regressionsanalysen unter Verwendung der Skala „Akzeptanz" des semantischen Differentials (Kriteriumsvariable) sowie der Skalen „Information", „Partizipation/Kontrollierbarkeit", „Transparenz" und „Ergebniskommunikation" des Hauptteils (Prädiktorvariablen); [1] Standardpartialregressionskoeffizient, [2] Aufnahmeprüfungen im Hauptfach, [3] Fehlende Werte wurden durch den entsprechenden Mittelwert ersetzt (vgl. 5.1.1); * $p < .05$, ** $p < .01$, *** $p < .001$.

Tabelle 13: *Situative Determinanten der Akzeptanz von Auswahlinterviews durch Bewerber*

Prädiktoren	Industrieunternehmen (N = 309)	Industrieunternehmen (N = 18)	Musikhochschule (N = 288)[2]	Schweizer Großbank (N = 312)	Software- und Systemhaus (N = 99)	Gesamtstichprobe (N = 1026)[3]
Information	.17**[1]	.17	−.01	−.03	.00	.12***
Partizipation/Kontrol.	.21***	−.04	.31***	.13*	.22*	.30***
Transparenz	.13*	.69**	.14*	.09	−.06	.06*
Ergebniskommunik.	.08	−.46	.04	—	.24**	.08**
Atmosphäre	—	.50*	—	.23***	.14	−.01
Augenscheinvalidität	.05	.30	.23***	.02	−.06	.15***
Belastung	−.04	.16	.00	−.02	−.08	−.06*
Beurteilerkompetenz	—	.22	—	.08	.24*	.06*
Bewerbernutzen	.17**	.26	.21***	.14**	−.06	.15***
formaler Rahmen	—	−.29	—	.16**	.30**	.08**
Gesamtergebnis						
multiples R	.56	.98	.62	.56	.73	.65
multiples R²	.32	.96	.38	.31	.54	.42
F-Wert	19.96***	16.17***	24.87***	15.12***	10.13***	75.02***

Anmerkungen: Ergebnisse multipler Regressionsanalysen unter Verwendung der Skala „Akzeptanz" des semantischen Differentials (Kriteriumsvariable) sowie verschiedener Skalen des Hauptteils (Prädiktorvariablen); [1] Standardpartialregressionskoeffizient, [2] Aufnahmeprüfungen im Hauptfach, [3] Fehlende Werte wurden durch den entsprechenden Mittelwert ersetzt (vgl. 5.1.1); * $p < .05$, ** $p < .01$, *** $p < .001$.

Tabelle 14: *Die Parameter der sozialen Validität als Determinanten der wahrgenommenen Attraktivität einer Stelle nach einem Personalauswahlverfahren*

Prädiktoren	Industrie-unternehmen (N = 309)	Industrie-unternehmen (N = 18)	Musik-hochschule (N = 288)[2]	Schweizer Großbank (N = 312)	Software- und Systemhaus (N = 99)	Gesamt-stichprobe (N = 1026)[3]
Information	.18**[1]	.22	−.01	.31***	.11	.11***
Partizipation/Kontrol.	.20***	.15	.19**	.04	.23*	.17***
Transparenz	.15*	.64*	.10	.01	.04	.08*
Ergebniskommunik.	−.05	−.22	.05	—	.25*	.06*
Gesamtergebnis multiples R multiples R² F-Wert	.36 .13 11.10***	.76 .58 4.43*	.27 .07 5.39***	.32 .10 12.02***	.46 .21 6.35***	.30 .09 24.61***

Anmerkungen: Ergebnisse multipler Regressionsanalysen unter Verwendung der Skala „Attraktivität nachher" der Meßwiederholungseinheit (Kriteriumsvariable) sowie der Skalen „Information", „Partizipation/Kontrollierbarkeit", „Transparenz" und „Ergebniskommunikation" des Hauptteils (Prädiktorvariablen); [1] Standardpartialregressionskoeffizient, [2] Aufnahmeprüfungen im Hauptfach, [3] Fehlende Werte wurden durch den entsprechenden Mittelwert ersetzt (vgl. 5.1.1); * p < .05, ** p < .01, *** p < .001.

Tabelle 15: *Situative Determinanten der wahrgenommenen Attraktivität einer Stelle nach einem Personalauswahlverfahren*

Prädiktoren	Industrie-unternehmen (N = 309)	Industrie-unternehmen (N = 18)	Musik-hochschule (N = 288)[2]	Schweizer Großbank (N = 312)	Software- und Systemhaus (N = 99)	Gesamt-stichprobe (N = 1026)[3]
Information	.14*[1]	−.08	−.06	.19**	.11	.05
Partizipation/Kontrol.	.21***	.11	.17**	.03	.32*	.17***
Transparenz	.11	.47	.06	.04	.04	.07
Ergebniskommunik.	−.07	−.29	−.01	—	.24*	.03
Atmosphäre	—	.31	—	.14*	−.15	−.01
Augenscheinvalidität	.12	.51	.08	.09	.03	.08*
Belastung	.04	.18	.08	.15*	.01	.09**
Beurteilerkompetenz	—	.02	—	.12	.02	.07*
Bewerbernutzen	.02	.04	.23***	−.02	.11	.11**
formaler Rahmen	—	−.14	—	.01	−.05	.03
Gesamtergebnis multiples R multiples R² F-Wert	.38 .14 7.05***	.92 .85 4.12*	.36 .13 5.79***	.41 .17 6.92***	.49 .24 2.77**	.34 .12 13.68***

Anmerkungen: Ergebnisse multipler Regressionsanalysen unter Verwendung der Skala „Attraktivität nachher" der Meßwiederholungseinheit (Kriteriumsvariable) sowie verschiedener Skalen des Hauptteils (Prädiktorvariablen); [1] Standardpartialregressionskoeffizient, [2] Aufnahmeprüfungen im Hauptfach, [3] Fehlende Werte wurden durch den entsprechenden Mittelwert ersetzt (vgl. 5.1.1); * p < .05, ** p < .01, *** p < .001.

Tabelle 16: *Die Parameter der sozialen Validität als Determinanten der Erfolgserwartung nach einem Personalauswahlverfahren*

Prädiktoren	Industrie-unternehmen (N = 309)	Industrie-unternehmen (N = 18)	Schweizer Großbank (N = 312)	Software- und Systemhaus (N = 99)	Gesamt-stichprobe (N = 738)[2]
Information	.17**[1]	−.32	.01	−.18	.09**
Partizipation/Kontrol.	.14*	.48	.20***	.16	.21***
Transparenz	.22***	.15	.27***	.10	.14***
Ergebniskommunik.	.05	−.01	—	.35**	.09**
Gesamtergebnis					
multiples R	.41	.54	.39	.40	.37
multiples R²	.17	.30	.15	.16	.14
F-Wert	15.04***	1.36	18.11***	4.57**	40.98***

Anmerkungen: Ergebnisse multipler Regressionsanalysen unter Verwendung der Skala „Erfolgserwartung nachher" der Meßwiederholungseinheit (Kriteriumsvariable) sowie der Skalen „Information", „Partizipation/ Kontrollierbarkeit", „Transparenz" und „Ergebniskommunikation" des Hauptteils (Prädiktorvariablen); [1] Standardpartialregressionskoeffizient, [2] Fehlende Werte wurden durch den entsprechenden Mittelwert ersetzt (vgl. 5.1.1); * p < .05, ** p < .01, *** p < .001.

Tabelle 17: *Situative Determinanten der Erfolgserwartung nach einem Personalauswahlverfahren*

Prädiktoren	Industrie-unternehmen (N = 309)	Industrie-unternehmen (N = 18)	Schweizer Großbank (N = 312)	Software- und Systemhaus (N = 99)	Gesamt-stichprobe (N = 738)[2]
Information	.12[1]	−.46	.02	−.16	.03
Partizipation/Kontrol.	.09	−.06	.14*	.04	.13***
Transparenz	.11	.20	.22***	.06	.09**
Ergebniskommunik.	.04	.09	—	.37**	.09**
Atmosphäre	—	−.03	.03	.25	.04
Augenscheinvalidität	.20***	−.26	−.06	−.03	.09*
Belastung	−.19***	−.29	−.14*	−.06	−.17***
Beurteilerkompetenz	—	.01	.01	−.05	.06
Bewerbernutzen	.04	−.35	.01	−.00	−.01
formaler Rahmen	—	.79	.04	−.09	.06
Gesamtergebnis					
multiples R	.48	.76	.41	.46	.43
multiples R²	.23	.58	.17	.21	.18
F-Wert	12.72***	.95	6.80***	2.36*	22.61***

Anmerkungen: Ergebnisse multipler Regressionsanalysen unter Verwendung der Skala „Erfolgserwartung nachher" der Meßwiederholungseinheit (Kriteriumsvariable) sowie verschiedener Skalen des Hauptteils (Prädiktorvariablen); [1] Standardpartialregressionskoeffizient, [2] Fehlende Werte wurden durch den entsprechenden Mittelwert ersetzt (vgl. 5.1.1); * p < .05, ** p < .01, *** p < .001.

Tabelle 18: *Die Parameter der sozialen Validität als Determinanten der Bereitschaft zur Annahme eines Stellenangebotes nach einem Personalauswahlverfahren*

Prädiktoren	Industrie-unternehmen (N = 309)	Industrie-unternehmen (N = 18)	Musik-hochschule (N = 288)[2]	Schweizer Großbank (N = 312)	Software- und Systemhaus (N = 99)	Gesamt-stichprobe (N = 1026)[3]
Information	.28***[1]	−.43	−.02	.22***	.01	.05
Partizipation/Kontrol.	.18**	.20	−.04	−.00	.07	−.03
Transparenz	−.02	.13	.01	−.03	−.04	−.00
Ergebniskommunik.	−.04	.13	.02	—	.24*	.10**
Gesamtergebnis multiples R	.33	.51	.05	.22	.26	.12
multiples R^2	.11	.26	.00	.05	.07	.01
F-Wert	9.25***	1.13	.17	5.02**	1.68	3.64**

Anmerkungen: Ergebnisse multipler Regressionsanalysen unter Verwendung der Skala „Annahmebereitschaft nachher" der Meßwiederholungseinheit (Kriteriumsvariable) sowie der Skalen „Information", „Partizipation/ Kontrollierbarkeit", „Transparenz" und „Ergebniskommunikation" des Hauptteils (Prädiktorvariablen); [1] Standardpartialregressionskoeffizient, [2] Aufnahmeprüfungen im Hauptfach, [3] Fehlende Werte wurden durch den entsprechenden Mittelwert ersetzt (vgl. 5.1.1); * $p < .05$, ** $p < .01$, *** $p < .001$.

Tabelle 19: *Situative Determinanten der Bereitschaft zur Annahme eines Stellenangebotes nach einem Personalauswahlverfahren*

Prädiktoren	Industrie-unternehmen (N = 309)	Industrie-unternehmen (N = 18)	Musik-hochschule (N = 288)[2]	Schweizer Großbank (N = 312)	Software- und Systemhaus (N = 99)	Gesamt-stichprobe (N = 1026)[3]
Information	.19**[1]	−.81	−.04	.14*	.02	.01
Partizipation/Kontrol.	.19**	.44	−.05	.01	.07	.00
Transparenz	−.05	−.06	−.01	−.01	−.13	−.01
Ergebniskommunik.	−.09	−.08	.01	—	.30*	.07*
Atmosphäre	—	−.17	—	.07	.15	.06
Augenscheinvalidität	.10	.73	.05	.11	.19	.06
Belastung	.15**	.15	.05	.12	.16	.15***
Beurteilerkompetenz	—	.07	—	.11	−.05	.12***
Bewerbernutzen	.14*	.49	.07	−.02	.24	.06
formaler Rahmen	—	.00	—	−.05	−.31*	−.02
Gesamtergebnis multiples R	.40	.78	.10	.29	.45	.24
multiples R^2	.16	.61	.01	.08	.20	.06
F-Wert	8.12***	1.08	.40	3.10**	2.18*	6.37***

Anmerkungen: Ergebnisse multipler Regressionsanalysen unter Verwendung der Skala „Annahmebereitschaft nachher" der Meßwiederholungseinheit (Kriteriumsvariable) sowie verschiedener Skalen des Hauptteils (Prädiktorvariablen); [1] Standardpartialregressionskoeffizient, [2] Aufnahmeprüfungen im Hauptfach, [3] Fehlende Werte wurden durch den entsprechenden Mittelwert ersetzt (vgl. 5.1.1); * $p < .05$, ** $p < .01$, *** $p < .001$.

Betrachtet man zusätzlich die Höhe der multiplen Korrelationen in der Gesamtstichprobe, so lassen sich die Ergebnisse der fünf Analysegruppen wie folgt zusammenfassen: Die vier Aspekte der sozialen Validität erweisen sich als gut geeignet zur Vorhersage der generellen Bewertung ($R = .66$, $p < .001$) und der Akzeptanz ($R = .60$, $p < .001$) von Personalauswahl durch Bewerber. Ein weiteres Cluster bilden die wahrgenommene Attraktivität einer Stelle ($R = .30$, $p < .001$) und die Erfolgserwartung ($R = .37$, $p < .001$) nach der Teilnahme an einem Auswahlverfahren, die sich mäßig gut aufgrund der vier Modellkomponenten prognostizieren lassen. Weniger geeignet erscheinen die verwendeten Prädiktoren hingegen zur direkten Vorhersage der Annahmebereitschaft im Anschluß an ein Selektionsverfahren ($R = .12$, $p < .01$).

Die Aufnahme der übrigen sechs Prädiktorvariablen in die Regressionsgleichungen (Tabellen 11, 13, 15, 17 und 19) ändert wenig an diesem Gesamtbild. Nur in Einzelfällen kommt es zu gravierenden Änderungen bezüglich der Vorhersagebeiträge der vier Aspekte der sozialen Validität. In allen Teilstudien ergibt sich eine leichte Erhöhung der multiplen Korrelation, wobei die stärksten Anstiege bei der Prognose der generellen Bewertung und der Akzeptanz der Auswahlverfahren zu verzeichnen sind ($R = .56$ bis $R = .98$).

Von den nachträglich eingeführten Prädiktoren tragen vor allem die Augenscheinvalidität eines Verfahrens sowie der persönliche Nutzen der Teilnahme für die Bewerber positiv zur Vorhersage von Bewertung und Akzeptanz bei. In einigen Teilstudien ergeben sich zudem deutliche Hinweise darauf, daß eine angenehme Atmosphäre, kompetente Beurteiler und angemessene Rahmenbedingungen eine positive Beurteilung von Personalauswahl begünstigen. Kaum eine Rolle für die Bewertung einer Auswahlsituation spielt nach den vorliegenden Ergebnissen dagegen die subjektive Belastung der Teilnehmer durch leistungsmindernden Streß und Prüfungsangst.

Zur Vorhersage von wahrgenommener Attraktivität, Erfolgserwartung und Annahmebereitschaft im Anschluß an ein Auswahlverfahren tragen die zusätzlichen Prädiktoren nur wenig bei ($R = .10$ bis $R = .92$). Die vielleicht deutlichsten Resultate in diesem Zusammenhang sind, daß mit einer höheren subjektiven Belastung durch ein Selektionsverfahren eine höhere wahrgenommene Attraktivität, eine geringere Erfolgserwartung und eine größere Bereitschaft zur Annahme eines Angebotes einhergehen. Darüber hinaus erweist sich in Teilstudie 3 (Musikhochschule) der persönliche Nutzen der Teilnahme für die Kandidaten als geeigneter Prädiktor zur Vorhersage der wahrgenommenen Attraktivität.

5.1.2 Personale Determinanten

Um die gewonnenen Erkenntnisse über situative Determinanten des Erlebens von Personalauswahl durch solche über personale abzurunden, werden im folgenden die Korrelationen der zentralen Kennwerte (generelle Bewertung, Akzeptanz, wahrgenommene Attraktivität, Erfolgserwartung und Annahmebereitschaft nach der Teilnahme an einem Selektionsverfahren) mit verschiedenen Bewerbermerkmalen dargestellt (Tabellen 20 bis 24). Zu den untersuchten Variablen gehören hierbei: Alter, Geschlecht, Befindlichkeit (Bf-S), Persönlichkeit (Neurotizismus, Extraversion, Offenheit für Erfahrungen, Verträglichkeit, Gewissenhaftigkeit; NEO-FFI), allgemeine Intelligenz (MWT-B, IST 70), aktuelle Bewerbungssituation (Anzahl verschickter Bewerbungen, Anzahl erhaltener bzw. erwarteter Angebote), Vorerfahrung mit Personalauswahlsituationen (Anzahl bereits erlebter Vorstellungstermine, Auswahlinterviews und anderer Selektionsverfahren) und Gesamtbeurteilung im Auswahlverfahren (Kandidat geeignet vs. nicht geeignet für die angestrebte Tätigkeit).

Tabelle 20: *Personale Determinanten der Bewertung von Auswahlinterviews durch Bewerber*

Variablen	Industrie-unternehmen (N = 309)	Industrie-unternehmen (N = 18)	Musik-hochsch. (N = 288)[7]	Schweizer Großbank (N = 312)	Software- u. Systemhaus (N = 99)	Gesamt-stichprobe (N = 1026)[10]
Alter	−.02	.40	−.04	.09	−.04	.33***
Geschlecht[1]	−.17**	.03	−.03	.09	.02	−.09**
Befindlichkeit (Bf-S)						
Messung vorher	−.21***	—	−.15*	—	.02	−.19***
Messung nachher	−.38***	—	−.46***	—	−.34**	−.43***
Big Five (NEO-FFI)						
Neurotizismus	−.15*	—	−.03	—	—	−.10*
Extraversion	.17**	—	−.01	—	—	.08
Offenheit für Erfahr.	−.00	—	−.09	—	—	−.07
Verträglichkeit	.02	—	.20***	—	—	.10*
Gewissenhaftigkeit	.29***	—	.21***	—	—	.26***
Intelligenz						
MWT-B[2]	−.18**	—	−.09	—	—	−.15***
IST 70[3]	−.04	—	—	—	—	−.04
Bewerbungssituation						
Bewerb. verschickt[4]	—	.25	—	−.04	−.07	−.12*
Angebote erhalten[4]	−.02	.10	.11	−.02	.09	.18***
Angebote erwartet[4]	−.05	−.02	.19***	−.02	.12	.14***
Vorerfahrung						
Vorstellungstermine[4]	−.08	−.01	−.26***	−.08	−.19	.13***
Auswahlinterviews[4]	.08	.04	—	—	−.16	.10*
andere Verfahren[4]	−.01[6]	—	−.21***[8]	—	−.04[9]	.00
Gesamtbeurteilung[5]	.11	.10	.43***	.13*	.21	.34***

Anmerkungen: Pearson Produkt-Moment-Korrelationen verschiedener Personenmerkmale mit der Skala „generelle Bewertung" des semantischen Differentials; [1] Kodierung: männlich = 0, weiblich = 1 (Punkt-biseriale Korrelation), [2] Standardwert, [3] Gesamtstandardwert, [4] Anzahl, [5] Kodierung: nicht geeignet = 0, geeignet = 1 (Punkt-biseriale Korrelation), [6] Eignungstests, [7] Aufnahmeprüfungen im Hauptfach, [8] Aufnahmeprüfungen, [9] Präsentationen, [10] Für Merkmale, die nicht in allen fünf Teilstudien erhoben wurden, ergibt sich ein entsprechend reduziertes N; * p < .05, ** p < .01, *** p < .001.

Tabelle 21: *Personale Determinanten der Akzeptanz von Auswahlinterviews durch Bewerber*

Variablen	Industrieunternehmen (N = 309)	Industrieunternehmen (N = 18)	Musikhochsch. (N = 288)[7]	Schweizer Großbank (N = 312)	Software- u. Systemhaus (N = 99)	Gesamtstichprobe (N = 1026)[10]
Alter	.03	.35	-.03	.07	-.09	.28***
Geschlecht[1]	-.18**	-.38	-.07	-.01	-.07	-.13***
Befindlichkeit (Bf-S)						
Messung vorher	-.14*	—	-.13*	—	.07	-.15***
Messung nachher	-.39***	—	-.34***	—	-.20	-.37***
Big Five (NEO-FFI)						
Neurotizismus	-.15**	—	-.04	—	—	-.10*
Extraversion	.16**	—	-.02	—	—	.07
Offenheit für Erfahr.	-.03	—	-.05	—	—	-.09*
Verträglichkeit	.08	—	.21***	—	—	.14***
Gewissenhaftigkeit	.29***	—	.21***	—	—	.26***
Intelligenz						'
MWT-B[2]	-.08	—	.02	—	—	-.09*
IST 70[3]	-.03	—	—	—	—	-.03
Bewerbungssituation						
Bewerb. verschickt[4]	—	.03	—	-.07	-.10	-.15**
Angebote erhalten[4]	-.03	.20	.19**	-.07	.11	.16***
Angebote erwartet[4]	-.04	.28	.10	-.07	.14	.10**
Vorerfahrung						
Vorstellungstermine[4]	.00	-.27	-.18**	-.12*	-.13	.11***
Auswahlinterviews[4]	.11	-.27	—	—	-.13	.08
andere Verfahren[4]	.00[6]	—	-.18**[8]	—	-.14[9]	-.03
Gesamtbeurteilung[5]	.10	.03	.40***	.14*	.24*	.33***

Anmerkungen: Pearson Produkt-Moment-Korrelationen verschiedener Personenmerkmale mit der Skala „Akzeptanz" des semantischen Differentials; [1] Kodierung: männlich = 0, weiblich = 1 (Punkt-biseriale Korrelation), [2] Standardwert, [3] Gesamtstandardwert, [4] Anzahl, [5] Kodierung: nicht geeignet = 0, geeignet = 1 (Punktbiseriale Korrelation), [6] Eignungstests, [7] Aufnahmeprüfungen im Hauptfach, [8] Aufnahmeprüfungen, [9] Präsentationen, [10] Für Merkmale, die nicht in allen fünf Teilstudien erhoben wurden, ergibt sich ein entsprechend reduziertes N; * p < .05, ** p < .01, *** p < .001.

Tabelle 22: *Personale Determinanten der wahrgenommenen Attraktivität einer Stelle nach einem Personalauswahlverfahren*

Variablen	Industrie-unternehmen (N = 309)	Industrie-unternehmen (N = 18)	Musik-hochsch. (N = 288)[7]	Schweizer Großbank (N = 312)	Software- u. Systemhaus (N = 99)	Gesamt-stichprobe (N = 1026)[10]
Alter	.07	.45	.13*	.06	-.03	.10**
Geschlecht[1]	-.03	-.36	-.05	.03	-.04	-.04
Befindlichkeit (Bf-S)						
Messung vorher	-.20***	—	-.05	—	-.08	-.13***
Messung nachher	-.15**	—	-.13*	—	-.29*	-.15***
Big Five (NEO-FFI)						
Neurotizismus	-.13*	—	-.03	—	—	-.09*
Extraversion	.14*	—	-.03	—	—	.06
Offenheit für Erfahr.	.09	—	.02	—	—	.02
Verträglichkeit	-.01	—	.09	—	—	.04
Gewissenhaftigkeit	.17**	—	.21***	—	—	.20***
Intelligenz						
MWT-B[2]	.10	—	.08	—	—	.03
IST 70[3]	.06	—	—	—	—	.06
Bewerbungssituation						
Bewerb. verschickt[4]	—	.11	—	.02	-.10	-.04
Angebote erhalten[4]	.05	-.00	.07	.03	.06	.07*
Angebote erwartet[4]	.02	.34	.05	.02	.16	.04
Vorerfahrung						
Vorstellungstermine[4]	.03	-.06	-.01	-.06	-.24*	.03
Auswahlinterviews[4]	.08	-.02	—	—	-.31**	-.02
andere Verfahren[4]	.04[6]	—	-.03[8]	—	.12[9]	.02
Gesamtbeurteilung[5]	.04	.13	.21***	.04	.14	.14***

Anmerkungen: Pearson Produkt-Moment-Korrelationen verschiedener Personenmerkmale mit der Skala „Attraktivität nachher" der Meßwiederholungseinheit; [1] Kodierung: männlich = 0, weiblich = 1 (Punkt-biseriale Korrelation), [2] Standardwert, [3] Gesamtstandardwert, [4] Anzahl, [5] Kodierung: nicht geeignet = 0, geeignet = 1 (Punkt-biseriale Korrelation), [6] Eignungstests, [7] Aufnahmeprüfungen im Hauptfach, [8] Aufnahmeprüfungen, [9] Präsentationen, [10] Für Merkmale, die nicht in allen fünf Teilstudien erhoben wurden, ergibt sich ein entsprechend reduziertes N; * p < .05, ** p < .01, *** p < .001.

Tabelle 23: *Personale Determinanten der Erfolgserwartung nach einem Personalauswahlverfahren*

Variablen	Industrie-unternehmen (N = 309)	Industrie-unternehmen (N = 18)	Schweizer Großbank (N = 312)	Software- und Systemhaus (N = 99)	Gesamt-stichprobe (N = 738)[8]
Alter	.01	−.04	.08	.15	.33***
Geschlecht[1]	−.23***	−.17	−.03	−.14	−.10**
Befindlichkeit (Bf-S)					
Messung vorher	−.26***	—	—	−.24*	−.27***
Messung nachher	−.35***	—	—	−.41***	−.37***
Big Five (NEO-FFI)					
Neurotizismus	−.29***	—	—	—	−.29***
Extraversion	.01	—	—	—	.01
Offenheit für Erfahr.	−.03	—	—	—	−.03
Verträglichkeit	−.04	—	—	—	−.04
Gewissenhaftigkeit	.17**	—	—	—	.17**
Intelligenz					
MWT-B[2]	−.05	—	—	—	−.05
IST 70[3]	.09	—	—	—	.09
Bewerbungssituation					
Bewerb. verschickt[4]	—	−.07	−.02	.02	−.09
Angebote erhalten[4]	.05	−.16	.06	−.04	.14***
Angebote erwartet[4]	.03	.31	−.06	−.03	.06
Vorerfahrung					
Vorstellungstermine[4]	−.05	.16	−.02	−.14	.16***
Auswahlinterviews[4]	.02	.14	—	−.07	.05
andere Verfahren[4]	−.04[6]	—	—	−.02[7]	.03
Gesamtbeurteilung[5]	.17**	.16	.09	.35**	.27***

Anmerkungen: Pearson Produkt-Moment-Korrelationen verschiedener Personenmerkmale mit der Skala „Erfolgserwartung nachher" der Meßwiederholungseinheit; [1] Kodierung: männlich = 0, weiblich = 1 (Punkt-biseriale Korrelation), [2] Standardwert, [3] Gesamtstandardwert, [4] Anzahl, [5] Kodierung: nicht geeignet = 0, geeignet = 1 (Punkt-biseriale Korrelation), [6] Eignungstests, [7] Präsentationen, [8] Für Merkmale, die nicht in allen vier Teilstudien erhoben wurden, ergibt sich ein entsprechend reduziertes N; * p < .05, ** p < .01, *** p < .001.

Tabelle 24: *Personale Determinanten der Bereitschaft zur Annahme eines Stellenangebotes nach einem Personalauswahlverfahren*

Variablen	Industrie-unternehmen (N = 309)	Industrie-unternehmen (N = 18)	Musik-hochsch. (N = 288)[7]	Schweizer Großbank (N = 312)	Software- u. Systemhaus (N = 99)	Gesamt-stichprobe (N = 1026)[10]
Alter	−.01	.15	.09	−.04	.02	−.09**
Geschlecht[1]	.01	.01	−.06	−.01	−.04	.00
Befindlichkeit (Bf-S)						
Messung vorher	−.01	—	.04	—	.05	.03
Messung nachher	.00	—	.08	—	.22	.07
Big Five (NEO-FFI)						
Neurotizismus	−.06	—	.04	—	—	−.02
Extraversion	.12*	—	−.03	—	—	.05
Offenheit für Erfahr.	.08	—	.01	—	—	.02
Verträglichkeit	.06	—	.04	—	—	.04
Gewissenhaftigkeit	.16**	—	−.02	—	—	.08
Intelligenz						
MWT-B[2]	−.06	—	.01	—	—	−.04
IST 70[3]	−.08	—	—	—	—	−.08
Bewerbungssituation						
Bewerb. verschickt[4]	—	.43	—	.06	.14	.05
Angebote erhalten[4]	−.16**	−.20	−.08	−.02	.09	−.06
Angebote erwartet[4]	−.12*	.50	−.20**	−.03	.16	−.05
Vorerfahrung						
Vorstellungstermine[4]	−.07	.25	.04	−.07	−.14	−.05
Auswahlinterviews[4]	−.01	.24	—	—	−.19	−.13**
andere Verfahren[4]	.03[6]	—	.06[8]	—	.05[9]	−.01
Gesamtbeurteilung[5]	−.02	.05	.07	.02	−.14	−.02

Anmerkungen: Pearson Produkt-Moment-Korrelationen verschiedener Personenmerkmale mit der Skala „Annahmebereitschaft nachher" der Meßwiederholungseinheit; [1] Kodierung: männlich = 0, weiblich = 1 (Punktbiseriale Korrelation), [2] Standardwert, [3] Gesamtstandardwert, [4] Anzahl, [5] Kodierung: nicht geeignet = 0, geeignet = 1 (Punkt-biseriale Korrelation), [6] Eignungstests, [7] Aufnahmeprüfungen im Hauptfach, [8] Aufnahmeprüfungen, [9] Präsentationen, [10] Für Merkmale, die nicht in allen fünf Teilstudien erhoben wurden, ergibt sich ein entsprechend reduziertes N; * p < .05, ** p < .01, *** p < .001.

Die Ergebnisse weisen eine deutliche Clusterung nach den verschiedenen Zielgrößen auf. Während eine Reihe von Personenmerkmalen signifikant und teilweise substantiell mit der generellen Bewertung bzw. Akzeptanz eines Auswahlverfahrens sowie der Erfolgserwartung der Bewerber korrelieren, zeigen sich nur wenige statistisch bedeutsame Zusammenhänge mit der wahrgenommenen Attraktivität einer Stelle und fast keine mit der Annahmebereitschaft der Kandidaten.

Beinahe identische Resultate ergeben sich bezüglich der generellen Bewertung und der Akzeptanz von Personalauswahlverfahren. So finden sich Hinweise darauf, daß ältere Bewerber positivere Urteile abgeben (r = .33, p < .001; r = .28, p < .001)[3]. Allerdings treten diese hochsignifikanten und substantiellen Zusammenhänge nur in der Gesamtstichprobe auf, weshalb sie mit äußerster Vorsicht interpretiert werden sollten. Weiterhin tendieren Männer zu einer positiveren Bewertung bzw. einer höheren Akzeptanz von Auswahlsituationen als Frauen (r_{pb}[4] = -.09, p < .01; r_{pb} = -.13, p < .001). Eine positivere Befindlichkeit vor Beginn eines Auswahlverfahrens geht mit einem positiveren Erleben desselben einher (r = -.19, p < .001; r = -.15, p < .001). Deutlich enger ist der Zusammenhang zwischen der Verfahrensbewertung und der Befindlichkeit nach der Teilnahme (r = -.43, p < .001; r = -.37, p < .001). Stärkere Ausprägungen der Persönlichkeitsmerkmale Verträglichkeit (r = .10, p < .05; r = .14, p < .001) und Gewissenhaftigkeit (r = .26, p < .001, für beide Kennwerte) gehen ebenfalls mit einem positiven Erleben einher. Dagegen nehmen Personen mit einer starken Neurotizismusausprägung eher eine negative Haltung gegenüber einem Selektionsverfahren ein (r = -.10, p < .05, für beide Kennwerte). Interessanterweise tendieren intelligentere Personen zu kritischeren Urteilen (r = -.15, p < .001; r = -.09, p < .05). Dies gilt allerdings nur für das mit dem MWT-B gemessene Intelligenzniveau, nicht aber für die allgemeine Intelligenz nach dem IST 70. Darüber hinaus ergeben sich Hinweise auf die Bedeutsamkeit der aktuellen Bewerbungssituation eines Kandidaten. So fallen die generelle Bewertung und die Akzeptanz eines Auswahlverfahrens um so positiver aus, je weniger Bewerbungen eine Person im Vorfeld der Teilnahme verschickt hat (r = -.12, p < .05; p = -.15, p < .01), je mehr Angebote sie bereits erhalten hat (r = .18, p < .001; r = .16, p < .001) und je mehr Angebote sie erwartet (r = .14, p < .001; r = .10, p < .01). Einen Einfluß der Vorerfahrungen von Bewerbern auf das Erleben von Personalauswahl legen vor allem die Ergebnisse von Teilstudie 3 (Musikhochschule) nahe. Hier beurteilen die Kandidaten das Auswahlverfahren um so negativer, je öfter sie sich bereits bei Organisationen vorgestellt haben (r = -.26, p < .001; r = -.18, p < .01) bzw. je häufiger sie schon an Hochschulaufnahmeprüfungen teilgenommen haben (r = -.21, p < .001; r = -.18, p < .01). Auch in Teilstudie 4 (Schweizer Großbank) fällt die Akzeptanz der Auswahlinterviews um so niedriger aus, je öfter sich ein Kandidat schon bei Unternehmen vorgestellt hat (r = -.12, p < .05). Angesichts dieser Ergebnisse und der überwiegend negativen Korrelationen in den verschiedenen Teilstudien überraschen die hochsignifikanten positiven Zusammenhänge zwischen der Anzahl der erlebten Vorstellungstermine und der generellen Bewertung bzw. Akzeptanz eines Auswahlverfahrens in der Gesamtstichprobe (r = .13, p < .001; r = .11, p < .001), auch wenn sich diese auf recht niedrigem Niveau bewegen. Vermutlich handelt es sich um statistische Artefakte, weshalb sie bei der Interpretation vernachlässigt werden sollten. Schließlich zeigt sich auch in der vorliegenden Studie der klassische Effekt der Auswahlentscheidung. Konsistent über alle Teilstudien hinweg, beurteilen geeignete Bewerber das jeweilige Selektionsverfahren positiver als ungeeignete (r_{pb} = .34, p < .001; r_{pb} = .33, p < .001).

---

[3] Korrelationen in der Gesamtstichprobe, 1. Wertepaar = generelle Bewertung, 2. Wertepaar = Akzeptanz.
[4] Punkt-biseriale Korrelation.

Deutliche Parallelen zu diesen Resultaten weisen die Ergebnisse bezüglich der Erfolgserwartung von Bewerbern im Rahmen von Personalauswahlverfahren auf. Zunächst zeigt sich auch hier ein statistisch signifikanter Zusammenhang mit dem Alter der Kandidaten in der Form, daß ältere Bewerber zu optimistischeren Erwartungen neigen (r = .33, p < .001). Wie bei den Ergebnissen zu genereller Bewertung und Akzeptanz, läßt sich die deutliche Korrelation in der Gesamtstichprobe allerdings nicht schlüssig interpretieren, da sich ein entsprechender Zusammenhang in keiner der vier Teilstichproben ergibt. Weiterhin schätzen Männer ihre persönlichen Erfolgschancen in der Personalauswahl tendenziell höher ein als Frauen (r_{pb} = −.10, p < .01). Auch gehen eine positivere Befindlichkeit vor (r = −.27, p < .001) und nach der Teilnahme an einem Auswahlverfahren (r = −.37, p < .001), niedrigere Neurotizismuswerte (r = −.29, p < .001) sowie stärkere Ausprägungen des Persönlichkeitsmerkmals Gewissenhaftigkeit (r = .17, p < .01) mit einer höheren Erfolgserwartung einher. Darüber hinaus ergeben sich Hinweise darauf, daß die subjektive Erfolgswahrscheinlichkeit mit der Anzahl bereits erhaltener Stellenangebote (r = .14, p < .001) und erlebter Vorstellungstermine (r = .16, p < .001) zunimmt. Entsprechende, signifikante Ergebnisse treten allerdings nur in der Gesamtstichprobe auf. Mit Blick auf die inkonsistenten Resultate in den Teilstudien erscheinen sie wenig plausibel. Konsistent über alle Einzeluntersuchungen hinweg zeigt sich hingegen, daß eine höhere Erfolgserwartung auch mit einem positiven Abschneiden in einem Auswahlverfahren einhergeht (r_{pb} = .27, p < .001).

Bezüglich der wahrgenommenen Attraktivität der angestrebten Stelle nach der Teilnahme an einem Personalauswahlverfahren zeigen sich deutlich weniger interpretierbare Ergebnisse. Ältere Kandidaten tendieren zu positiveren Urteilen (r = .10, p < .01). Im Gegensatz zu den Resultaten bezüglich genereller Bewertung, Akzeptanz und Erfolgserwartung erscheint hier der in der Gesamtstichprobe vorgefundene Zusammenhang plausibel, da entsprechende Ergebnisse auch in verschiedenen Teilstichproben auftreten. Dennoch ist die Korrelation aufgrund ihrer geringen Höhe (1 % gemeinsame Varianz der beiden Merkmale) kaum aussagefähig. Deutlich und konsistent über die relevanten Teilstichproben hinweg zeigt sich hingegen ein hochsignifikanter positiver Zusammenhang zwischen der Ausprägung des Persönlichkeitsmerkmals Gewissenhaftigkeit und der erlebten Attraktivität einer Stelle (r = .20, p < .001). Auch die Traits Neurotizismus (r = −.09, p < .05) und Extraversion (r = .14, p < .05; nur Teilstudie 1, Industrieunternehmen) korrelieren mit der wahrgenommenen Attraktivität, allerdings auf niedrigerem Niveau. Darüber hinaus gehen eine positivere Befindlichkeit vor (r = −.13, p < .001) und nach der Teilnahme an einem Auswahlverfahren (r = −.15, p < .001) sowie eine größere Anzahl erhaltener Stellenangebote (r = .07, p < .05) mit tendenziell höheren Attraktivitätsurteilen einher. Signifikante negative Zusammenhänge ergeben sich mit der Anzahl der erlebten Vorstellungstermine (r = −.24, p < .05) bzw. Auswahlinterviews (r = −.31, p < .01). Diese Ergebnisse treten allerdings nur in Teilstudie 5 (Software- und Systemhaus) auf. Konsistent mit den Resultaten bezüglich genereller Bewertung, Akzeptanz und Erfolgserwartung zeigt sich schließlich, daß in der Personalauswahl erfolgreiche Bewerber zu einer positiveren Beurteilung der Attraktivität der angestrebten Stelle neigen als erfolglose Kandidaten (r_{pb} = .14, p < .001).

Fast keinerlei signifikante Zusammenhänge lassen sich zwischen den erhobenen Personenmerkmalen und der Bereitschaft zur Annahme eines Stellenangebotes nach der Teilnahme an einem Personalauswahlverfahren ermitteln. In der Gesamtstichprobe zeigen sich lediglich zwei Tendenzen dahingehend, daß die Annahmebereitschaft bei jüngeren Kandidaten (r = −.09, p < .01) sowie bei Bewerbern mit geringerer Interviewerfahrung (r = −.13, p < .01) höher ausgeprägt ist. Beide Ergebnisse sind jedoch inkonsistent über die verschiedenen Teilstudien hinweg und daher mit Vorsicht zu betrachten. Weitere signifikante Korrelationen ergeben sich in Teilstudie 1 (Industrieunternehmen). Hier geht eine höhere Bereitschaft zur Annahme eines Angebotes mit stärkeren Ausprägungen der Persönlichkeitseigenschaften Extraversion ($r = .12$, $p < .05$) und Gewissenhaftigkeit ($r = .16$, $p < .01$) einher. Außerdem zeigen sich negative Zusammenhänge mit der Anzahl erhaltener ($r = -.16$, $p < .01$) bzw. erwarteter Angebote ($r = -.12$, $p < .05$), wobei letzteres Ergebnis auch in Teilstudie 3 (Musikhochschule; $r = -.20$, $p < .01$) auftritt.

5.1.2.1 Interaktion: Auswahlentscheidung und Ergebnisfeedback

Wie kommt der vielfach nachgewiesene Effekt der Auswahlentscheidung auf das Erleben und die Bewertung eines Personalauswahlverfahrens zustande? Um zur Klärung dieser in Abschnitt 2.2.2 dargelegten Problematik beizutragen, wurde in Teilstudie 3 (Musikhochschule) bei 236 Studienplatzbewerbern neben deren Prüfungsresultat auch der Zeitpunkt erhoben, zu dem diese ihr Ergebnisfeedback erhalten hatten. Dieser lag aufgrund organisatorischer Erfordernisse für etwa die Hälfte der Kandidaten vor ihrer abschließenden Befragung anhand des FEBA, während die übrigen Bewerber ihr Prüfungsergebnis erst nach der Befragung erfuhren.

Die Beschaffenheit der so generierten Daten erlaubt die Erstellung eines quasiexperimentellen Untersuchungsplanes, der mittels zweifaktorieller Varianzanalysen ausgewertet wird. Hierbei bilden das Prüfungsergebnis (bestanden vs. nicht bestanden) und der Feedbackzeitpunkt (vor oder nach der Abschlußbefragung anhand des FEBA) die unabhängigen Variablen, während die generelle Bewertung und die Akzeptanz des Auswahlverfahrens durch die Kandidaten nacheinander als abhängige Variablen verwendet werden. Die Ergebnisse der beiden Varianzanalysen sind in den Tabellen 25 und 26 enthalten und in den Abbildungen 5 und 6 graphisch dargestellt.

Zunächst zeigt sich der bekannte Effekt des Abschneidens in einem Auswahlverfahren auf das Erleben und die Bewertung desselben. Erfolgreiche Kandidaten bewerten ihre Hauptfachprüfung hochsignifikant positiver als erfolglose ($F = 50.27$, $p < .001$) und äußern eine wesentlich höhere Akzeptanz bezüglich der Verfahrensweise ($F = 40.72$, $p < .001$).

Neben diesen wenig überraschenden Resultaten lassen sich jedoch auch (tendenziell) signifikante Haupteffekte des Feedbackzeitpunktes beobachten. So geben Bewerber, die noch keinerlei Rückmeldung bezüglich ihrer Prüfungsleistungen erhalten haben, deutlich positivere Bewertungen ($F = 3.69$, $p < .06$) bzw. signifikant höhere Akzeptanzeinschätzungen ($F = 6.10$, $p < .01$) ab als Personen, denen bereits ein Feedback erteilt worden ist. Dieses zunächst erstaunliche Resultat wird nachvollziehbar, wenn man sich die hochsignifikanten Interaktionen betrachtet, die zwischen den Faktoren „Prüfungsergebnis" und „Feedbackzeitpunkt" auftreten (generelle Bewertung: $F = 16.30$, $p < .001$; Akzeptanz: $F = 19.61$, $p < .001$). So ergeben sich substantielle Mittelwertunterschiede bezüglich der Bewertung und der Akzeptanz der Hauptfachprüfung in Abhängigkeit vom Feedbackzeitpunkt nur bei erfolglosen Kandidaten. Ist diesen ihr Prüfungsergebnis bekannt, so nehmen sie eine wesentlich negativere Beurteilung des Selektionsverfahrens vor, als wenn ihnen noch keinerlei Feedback erteilt worden ist. Bei erfolgreichen Bewerbern spielt es hingegen kaum eine Rolle, ob diese ihr Ergebnis kennen. Anders als erfolglose Kandidaten neigen sie zu einer etwas positiveren Bewertung bzw. einer höheren Akzeptanz, wenn ihnen ihr Prüfungsresultat mitgeteilt worden ist.

Tabelle 25: *Bewertung eines Auswahlverfahrens in Abhängigkeit von Ergebnis und Feedback*

Faktorstufen	b_1 Feedback erhalten	b_2 kein Feedback erhalten
a_1 Prüfung bestanden	M = 5.54 s = .79 n = 34	M = 5.26 s = .71 n = 75
a_2 Prüfung nicht bestanden	M = 4.07 s = 1.32 n = 75	M = 4.86 s = .76 n = 52
Haupteffekt A „Ergebnis" Haupteffekt B „Feedback" Interaktion A x B	F = 50.27 F = 3.69 F = 16.30	p = .00 p = .06 p = .00

Anmerkung: Ergebnisse einer zweifaktoriellen Varianzanalyse unter Verwendung der Skala „generelle Bewertung" des semantischen Differentials (abhängige Variable), des Ergebnisses der Aufnahmeprüfung im Hauptfach (Faktor A) und des diesbezüglichen Feedbacks (Faktor B).

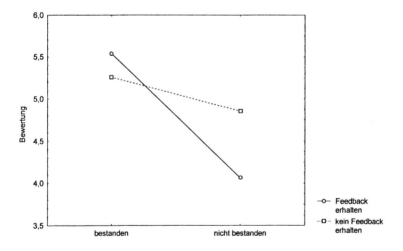

Abbildung 5: *Graphische Darstellung der Interaktion in Tabelle 25*

Tabelle 26: *Akzeptanz eines Auswahlverfahrens in Abhängigkeit von Ergebnis und Feedback*

Faktorstufen	b_1 Feedback erhalten	b_2 kein Feedback erhalten
a_1 Prüfung bestanden	M = 5.64 s = .91 n = 33	M = 5.32 s = .95 n = 74
a_2 Prüfung nicht bestanden	M = 3.90 s = 1.42 n = 77	M = 5.01 s = 1.17 n = 52
Haupteffekt A „Ergebnis" Haupteffekt B „Feedback" Interaktion A x B	F = 40.72 F = 6.10 F = 19.61	p = .00 p = .01 p = .00

Anmerkung: Ergebnisse einer zweifaktoriellen Varianzanalyse unter Verwendung der Skala „Akzeptanz" des semantischen Differentials (abhängige Variable), des Ergebnisses der Aufnahmeprüfung im Hauptfach (Faktor A) und des diesbezüglichen Feedbacks (Faktor B).

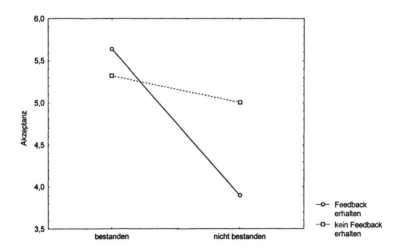

Abbildung 6: *Graphische Darstellung der Interaktion in Tabelle 26*

5.2 Auswirkungen des Erlebens von Personalauswahl

5.2.1 Deskriptive Statistiken

Vor der Anwendung komplexerer Auswertungstechniken zur Untersuchung der Auswirkungen des Erlebens von Personalauswahl soll ein Teil der erhobenen Daten zunächst auf deskriptiv-statistischer Ebene analysiert werden. Die Antwortverteilungen ausgewählter FEBA-Items liefern erste Hinweise auf die Angemessenheit der in Kapitel 3 gelieferten Argumente. So geben 74 % aller Befragten an, daß das Auswahlverfahren ihr Interesse am Arbeits-/Studienplatz verändert hat. Hiervon berichten 85 % eine Zunahme ihres Interesses. Weiterhin sind 63 % der Kandidaten der Ansicht, daß sie einen repräsentativen Eindruck von der Organisation erhalten haben (24 % sind nicht dieser Auffassung, 13 % unentschieden). 54 % der Befragten geben an, daß die gewonnenen Eindrücke ihre Entscheidung für oder gegen ein etwaiges Stellen-/Studienplatzangebot maßgeblich beeinflussen werden (29 % sind nicht dieser Ansicht, 18 % unentschieden). Darüber hinaus berichten 75 % der Kandidaten, daß sich ihr Bild von der Organisation vor dem Hintergrund der gemachten Erfahrungen gewandelt hat. Von diesen geben 88 % eine positive Sichtweise der Organisation an. Einen Wandel des Bildes vom Arbeits-/Studienplatz berichten dagegen nur 65 % der Befragten, doch auch hier liegt der Anteil positiver Veränderungen bei 88 % (vgl. Tabelle 27 und Abbildung 7a–c).

Tabelle 27: *Erleben von Personalauswahl – Auswirkungen auf Bewerberinteresse, Annahmeentscheidungen und Image der Organisation*

FEBA-Items[1]	Industrieunternehmen (N = 309)	Industrieunternehmen (N = 18)	Musikhochschule (N = 288)[4]	Schweizer Großbank (N = 312)	Software- und Systemhaus (N = 99)	Gesamtstichprobe (N = 1026)
Das Auswahlverfahren hat mein Interesse an dem Arbeitsplatz erhöht.	M = 3.56[2] s = 1.02	M = 4.31 s = .79	M = 3.28 s = 1.13	M = 4.24 s = .74	M = 3.77 s = .99	M = 3.72 s = 1.05
Das Auswahlverfahren hat mein Interesse an dem Arbeitsplatz verringert.	M = 2.26[2] s = 1.10	M = 1.31 s = .60	M = 2.26 s = 1.13	M = 1.63 s = .88	M = 1.93 s = .89	M = 2.03 s = 1.06
Ich habe einen repräsentativen Eindruck von diesem Unternehmen erhalten.	M = 3.37[2] s = .99	M = 3.75 s = .58	M = 3.35 s = 1.09	M = 3.98 s = .82	M = 3.93 s = .82	M = 3.61 s = .99
Die gewonnenen Eindrücke werden meine Entscheidung für oder gegen ein etwaiges Stellenangebot maßgeblich beeinflussen.	M = 3.33[2] s = 1.08	M = 4.06 s = .68	M = 3.06 s = 1.10	M = 3.76 s = .96	M = 3.95 s = .82	M = 3.46 s = 1.07
Haben Sie nach Ihren heutigen Erfahrungen ein positiveres oder ein negativeres Bild von diesem Unternehmen als vorher?	M = 1.13[3] s = 1.47	M = 1.38 s = 1.09	M = .42 s = 1.56	M = 1.67 s = 1.01	M = 1.15 s = 1.26	M = 1.11 s = 1.42
Haben Sie nach Ihren heutigen Erfahrungen ein positiveres oder ein negativeres Bild von dem Arbeitsplatz als vorher?	M = 1.08[3] s = 1.40	M = 1.38 s = .89	M = .45 s = 1.28	M = 1.21 s = 1.16	M = .74 s = 1.17	M = .92 s = 1.31

Anmerkungen: Mittelwerte und Standardabweichungen ausgewählter FEBA-Items; [1] Die Items in den einzelnen Teilstudien weichen geringfügig von den hier verwendeten Formulierungen ab (s. 8.1 und 8.3), [2] Antwortskala von 1 („völlig unzutreffend") bis 5 („völlig zutreffend"), [3] Antwortskala von –3 („viel negativer") bis +3 („viel positiver"), [4] Aufnahmeprüfungen im Hauptfach (Items wurden entsprechend angepaßt, s. 8.1.3 und 8.3.3).

a Das Auswahlverfahren hat mein Interesse an dem Arbeitsplatz verringert / ... erhöht.

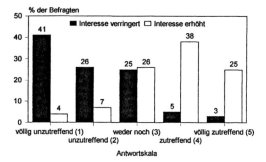

b Ich habe einen repräsentativen Eindruck von diesem Unternehmen erhalten. / Die gewonnenen Eindrücke werden meine Entscheidung für oder gegen ein etwaiges Stellenangebot maßgeblich beeinflussen.

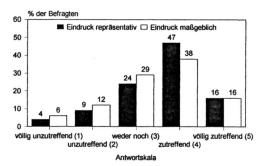

c Haben Sie nach Ihren heutigen Erfahrungen ein positiveres oder ein negativeres Bild von diesem Unternehmen / ... dem Arbeitsplatz als vorher?

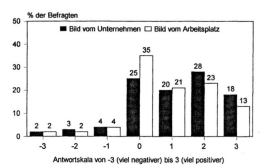

Abbildung 7a–c: *Erleben von Personalauswahl – Auswirkungen auf Bewerberinteresse, Annahmeentscheidungen und Image der Organisation. Antwortverteilungen ausgewählter FEBA-Items in der Gesamtstichprobe (N = 1026).*

5.2.2 Varianzanalysen

Inwieweit kommt es infolge der Teilnahme an einem Auswahlverfahren zu systematischen Veränderungen in der wahrgenommenen Attraktivität einer Stelle, der Erfolgserwartung bezüglich des Abschneidens und der Bereitschaft zur Annahme eines Angebotes? Gibt es diesbezüglich Unterschiede zwischen verschiedenen Organisationen bzw. Selektionsverfahren? Zur Beantwortung dieser Fragen werden nachfolgend drei zweifaktorielle Varianzanalysen mit Meßwiederholung durchgeführt, wobei die beiden Befragungszeitpunkte (vor und nach der Teilnahme an einem Auswahlverfahren) die Stufen des ersten Faktors bilden. Der zweite Faktor resultiert aus einer Unterteilung der Gesamtstichprobe nach den fünf an der Studie beteiligten Organisationen (quasiexperimentelles Design). Als abhängige Variablen werden nacheinander die Skalen „Attraktivität", „Erfolgserwartung" und „Annahmebereitschaft" der FEBA-Meßwiederholungseinheit verwendet. Die Ergebnisse der Varianzanalysen sind in den Tabellen 28 bis 30 dargestellt und in den Abbildungen 8 bis 10 graphisch aufbereitet.

Bezüglich der wahrgenommenen Attraktivität einer Stelle ergibt sich kein durchgängiger Effekt der Meßwiederholung (F = 2.58, n. s.). Allerdings zeigen sich deutliche Unterschiede zwischen den verschiedenen Organisationen (F = 3.97, p < .01). A posteriori-Einzelvergleiche anhand des Scheffé-Tests ergeben, daß die Schweizer Großbank von ihren Bewerbern als signifikant attraktiver beurteilt wird als die Musikhochschule. Darüber hinaus tritt eine signifikante Interaktion zwischen den beiden Faktoren auf (F = 2.54, p < .05). Pro Organisation durchgeführte einfaktorielle Varianzanalysen mit Meßwiederholung zeigen, daß es bei den Bewerbern des Industrieunternehmens 1 und des Software- und Systemhauses jeweils zu einer signifikanten Verringerung der wahrgenommenen Attraktivität infolge der Teilnahme am Auswahlverfahren kommt, während die entsprechenden Skalenwerte in Industrieunternehmen 2, Musikhochschule und Schweizer Großbank weitgehend konstant bleiben.

Bei der Erfolgserwartung bezüglich des Abschneidens im Auswahlverfahren ist insgesamt ein signifikanter Rückgang zu verzeichnen (F = 6.19, p < .05). Außerdem unterscheiden sich die vier in die Analyse aufgenommenen Unternehmen beträchtlich hinsichtlich der Erfolgszuversicht ihrer Bewerber (F = 64.51, p < .001). Im Anschluß durchgeführte Einzelvergleiche (Scheffé-Test) zeigen, daß die Erfolgserwartung der Bewerber der Schweizer Großbank hochsignifikant stärker ausgeprägt ist als die aller übrigen Kandidaten. Darüber hinaus rechnen die potentiellen Mitarbeiter des Software- und Systemhauses in signifikant höherem Maße mit Erfolg als die Bewerber von Industrieunternehmen 1. Eine signifikante Interaktion der beiden Faktoren zeigt sich auch hier (F = 7.98, p < .001). Meßwiederholungsanalysen pro Organisation ergeben, daß in Industrieunternehmen 1 und Software- und Systemhaus jeweils ein signifikanter Rückgang der Erfolgserwartung infolge der Teilnahme am Selektionsverfahren auftritt, während die entsprechenden Werte in den beiden anderen Unternehmen fast unverändert bleiben.

Bei der Bereitschaft zur Annahme eines Stellenangebotes ergibt sich ein hochsignifikanter Rückgang über alle fünf Teilstichproben hinweg (F = 13.37, p < .001). Auch zeigen sich diesbezüglich ausgeprägte Unterschiede zwischen den einzelnen Organisationen (F = 12.20, p < .001). A posteriori-Einzelvergleiche (Scheffé-Test) ergeben, daß die Bewerber von Industrieunternehmen 1, Musikhochschule und Schweizer Großbank in signifikant höherem Maße zur Annahme eines etwaigen Angebotes bereit sind als die Kandidaten des Software- und Systemhauses. Darüber hinaus ist die Annahmebereitschaft in Industrieunternehmen 1 signifikant höher ausgeprägt als in der Großbank. Wiederum ergibt sich eine signifikante Interaktion zwischen den beiden Faktoren (F = 3.83, p < .01). Organisationsspezifische Meßwiederholungsanalysen zeigen einen signifikanten Rückgang der Annahmebereitschaft in Industrieunternehmen 1, Musikhochschule und Software- und Systemhaus an. Die Mittelwertdifferenzen in Industrieunternehmen 2 und Schweizer Großbank erweisen sich dagegen als nicht signifikant.

Tabelle 28: *Wahrgenommene Attraktivität einer Stelle in Abhängigkeit von Meßzeitpunkt und rekrutierender Organisation*

Faktorstufen	b_1 Industrieunternehmen (N = 309)	b_2 Industrieunternehmen (N = 18)	b_3 Musikhochschule (N = 288)	b_4 Schweizer Großbank (N = 312)	b_5 Software- und Systemhaus (N = 99)
a_1 Messung vorher	M = 5.72 s = 1.16	M = 6.06 s = .57	M = 5.50 s = 1.10	M = 5.68 s = .69	M = 5.65 s = .73
a_2 Messung nachher	M = 5.53 s = 1.41	M = 6.03 s = .72	M = 5.38 s = 1.43	M = 5.75 s = .81	M = 5.39 s = .92
A „Meßwiederholung" B „Organisation" Interaktion A x B	F = 2.58 F = 3.97 F = 2.54	p = .11 p = .00 p = .04			

Anmerkung: Ergebnisse einer zweifaktoriellen Varianzanalyse mit Meßwiederholung unter Verwendung der Skala „Attraktivität" der Meßwiederholungseinheit (abhängige Variable), des Meßzeitpunktes (Faktor A) und der rekrutierenden Organisation (Faktor B).

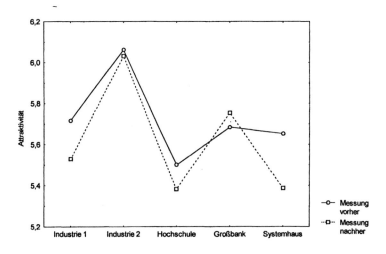

Abbildung 8: *Graphische Darstellung der Interaktion in Tabelle 28*

Tabelle 29: *Erfolgserwartung in Abhängigkeit von Meßzeitpunkt und rekrutierender Organisation*

Faktorstufen	b_1 Industrieunternehmen (N = 309)	b_2 Industrieunternehmen (N = 18)	b_3 Schweizer Großbank (N = 312)	b_4 Software- und Systemhaus (N = 99)
a_1 Messung vorher	M = 4.32 s = 1.11	M = 4.28 s = 1.14	M = 5.13 s = .90	M = 4.58 s = .91
a_2 Messung nachher	M = 3.85 s = 1.26	M = 4.22 s = 1.44	M = 5.13 s = 1.09	M = 4.26 s = 1.42
A „Meßwiederholung" B „Organisation" Interaktion A x B	F = 6.19 F = 64.51 F = 7.98	p = .01 p = .00 p = .00		

Anmerkung: Ergebnisse einer zweifaktoriellen Varianzanalyse mit Meßwiederholung unter Verwendung der Skala „Erfolgserwartung" der Meßwiederholungseinheit (abhängige Variable), des Meßzeitpunktes (Faktor A) und der rekrutierenden Organisation (Faktor B).

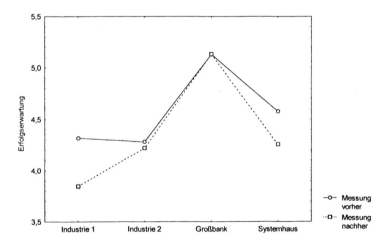

Abbildung 9: *Graphische Darstellung der Interaktion in Tabelle 29*

Tabelle 30: *Bereitschaft zur Annahme eines Stellenangebotes in Abhängigkeit von Meßzeitpunkt und rekrutierender Organisation*

Faktorstufen	b_1 Industrieunternehmen (N = 309)	b_2 Industrieunternehmen (N = 18)	b_3 Musikhochschule (N = 288)	b_4 Schweizer Großbank (N = 312)	b_5 Software- und Systemhaus (N = 99)
a_1 Messung vorher	M = 6.15 s = 1.37	M = 5.44 s = 1.14	M = 6.01 s = 1.51	M = 5.51 s = 1.36	M = 5.09 s = 1.42
a_2 Messung nachher	M = 5.78 s = 1.57	M = 5.31 s = 1.40	M = 5.68 s = 1.71	M = 5.46 s = 1.48	M = 4.74 s = 1.57
A „Meßwiederholung" B „Organisation" Interaktion A x B	F = 13.37 F = 12.20 F = 3.83	p = .00 p = .00 p = .00			

Anmerkung: Ergebnisse einer zweifaktoriellen Varianzanalyse mit Meßwiederholung unter Verwendung der Skala „Annahmebereitschaft" der Meßwiederholungseinheit (abhängige Variable), des Meßzeitpunktes (Faktor A) und der rekrutierenden Organisation (Faktor B).

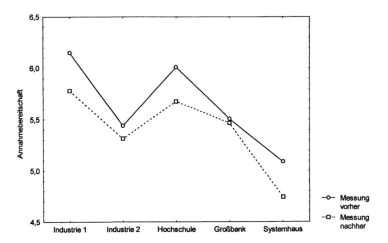

Abbildung 10: *Graphische Darstellung der Interaktion in Tabelle 30*

5.2.3 Regressionsanalysen

Die zentrale Hypothese der vorliegenden Studie besteht in der Annahme, daß die im Rahmen der Personalauswahl gewonnenen Eindrücke von Bewerbern deren Einstellungen zu Organisation und Tätigkeit in erheblicher Weise ausformen bzw. verändern. Wäre dies der Fall, so sollte sich in den Ergebnissen ein klassischer Halo-Effekt zeigen: Die verschiedenen Kennwerte zum Erleben eines Auswahlverfahrens (z. B. Information, Transparenz oder Beurteilerkompetenz) sollten nicht nur eine Prognose von dessen Bewertung bzw. Akzeptanz ermöglichen, sondern sich auch zur Vorhersage von wahrgenommener Attraktivität, Erfolgserwartung und Annahmebereitschaft nach der Personalauswahl eignen. Diese Hypothese haben wir mit Hilfe der multiplen Regressionsanalyse überprüft (vgl. 5.1.1).

Hierbei muß sichergestellt werden, daß das Erleben von Personalauswahl auch tatsächlich die Einstellungen zu Organisation und Tätigkeit determiniert (und nicht [nur] umgekehrt). Zu diesem Zweck werden im folgenden die *nach* einem Auswahlverfahren erhobenen Werte der Skalen „Attraktivität", „Erfolgserwartung" und „Annahmebereitschaft" der Meßwiederholungseinheit um die entsprechenden Werte *vor* der Personalauswahl bereinigt. Die verbleibenden Restabweichungen werden jeweils mit den Werten der Skalen „generelle Bewertung" und „Akzeptanz" des semantischen Differentials korreliert (Semipartialkorrelation). Für den Fall, daß dem Erleben von Personalauswahl die vermutete Bedeutung zukommt *und* die postulierte Wirkungsrichtung vorliegt, werden signifikante und substantielle Korrelationen erwartet.

Darüber hinaus ist es denkbar und plausibel, daß die Einstellungen der Kandidaten zu Organisation und Tätigkeit *vor* der Teilnahme an einem Auswahlverfahren das Erleben der nachfolgenden Personalauswahl beeinflussen. Dieser mögliche Effekt wird im Rahmen der durchzuführenden Regressionsanalysen ebenfalls überprüft, steht jedoch nicht im Zentrum des Interesses, da die an Auswahlverfahren beteiligten Unternehmensvertreter kaum direkten Einfluß auf die Einstellungen der Bewerber vor der persönlichen Kontaktaufnahme nehmen können.

Im Rahmen der Ermittlung der interessierenden Semipartialkorrelationen werden verschiedene multiple Regressionsanalysen durchgeführt. Hierbei werden die Bewertung und die Akzeptanz der untersuchten Auswahlverfahren durch die Bewerber, jeweils erfaßt durch die entsprechenden Skalen des semantischen Differentials, als Kriteriumsvariablen verwendet. Zur Vorhersage der beiden Kriteriumsvariablen werden drei Prädiktorenpaare verwendet. Diese bestehen aus wahrgenommener Attraktivität, Erfolgserwartung und Annahmebereitschaft, erhoben jeweils vor und nach der Teilnahme an einem Auswahlverfahren. Vorhergesagt wird jeweils eine der beiden Kriteriumsvariablen aufgrund eines der drei Prädiktorenpaare. Hieraus resultieren insgesamt sechs Gruppen multipler Regressionsanalysen, deren Ergebnisse in den Tabellen 31 bis 36 enthalten sind.

Die Resultate entsprechen fast durchgängig den Erwartungen. Am konsistentesten fallen sie für die wahrgenommene Attraktivität einer Stelle aus (Tabellen 31 und 32). So ergeben sich durchweg signifikante und substantielle Semipartialkorrelationen zwischen der generellen Bewertung bzw. Akzeptanz eines Auswahlverfahrens und der erlebten Attraktivität von Organisation und Tätigkeit im Anschluß hieran. Keinerlei Erklärungswert kommt dagegen in diesem Zusammenhang der wahrgenommenen Attraktivität einer Stelle vor der Teilnahme an einem Selektionsverfahren zu.

Tabelle 31: *Vorhersage der Bewertung von Auswahlinterviews aufgrund der wahrgenommenen Attraktivität einer Stelle vor und nach einem Personalauswahlverfahren*

Prädiktoren	Industrie-unternehmen (N = 309)	Industrie-unternehmen (N = 18)	Musik-hochschule (N = 288)[3]	Schweizer Großbank (N = 312)	Software- und Systemhaus (N = 99)	Gesamt-stichprobe (N = 1026)
Attraktivität vorher						
Beta-Gewicht	−.02[1]	−.06	−.00	.11	−.12	−.01
Semipartialkorrel.	−.02[2]	−.06	−.00	.09	−.11	−.01
Attraktivität nachher						
Beta-Gewicht	.25***	.75***	.33***	.32***	.50***	.32***
Semipartialkorrel.	.22***	.75***	.29***	.28***	.47***	.29***
Gesamtergebnis						
multiples R	.24	.75	.33	.39	.47	.32
multiples R²	.06	.56	.11	.15	.23	.10
F-Wert	9.40***	9.51**	17.29***	27.45***	13.96***	57.44***

Anmerkungen: Ergebnisse multipler Regressionsanalysen unter Verwendung der Skala „generelle Bewertung" des semantischen Differentials (Kriteriumsvariable) sowie der Skalen „Attraktivität vorher" und „Attraktivität nachher" der Meßwiederholungseinheit (Prädiktorvariablen); [1] Standardpartialregressionskoeffizient, [2] semipartielle Korrelation mit der unkorrigierten abhängigen Variablen, nachdem der lineare Einfluß der anderen unabhängigen Variablen auf die unabhängige Variable entfernt wurde, [3] Aufnahmeprüfungen im Hauptfach; * $p < .05$, ** $p < .01$, *** $p < .001$.

Tabelle 32: *Vorhersage der Akzeptanz von Auswahlinterviews aufgrund der wahrgenommenen Attraktivität einer Stelle vor und nach einem Personalauswahlverfahren*

Prädiktoren	Industrie-unternehmen (N = 309)	Industrie-unternehmen (N = 18)	Musik-hochschule (N = 288)[3]	Schweizer Großbank (N = 312)	Software- und Systemhaus (N = 99)	Gesamt-stichprobe (N = 1026)
Attraktivität vorher						
Beta-Gewicht	−.01[1]	.01	−.04	.00	−.12	−.03
Semipartialkorrel.	−.01[2]	.01	−.04	.00	−.11	−.03
Attraktivität nachher						
Beta-Gewicht	.23***	.86***	.37***	.23***	.36***	.32***
Semipartialkorrel.	.20***	.86***	.32***	.19***	.33***	.28***
Gesamtergebnis						
multiples R	.22	.86	.35	.23	.33	.31
multiples R²	.05	.74	.12	.05	.11	.09
F-Wert	7.79***	20.96***	20.34***	8.37***	5.97**	52.57***

Anmerkungen: Ergebnisse multipler Regressionsanalysen unter Verwendung der Skala „Akzeptanz" des semantischen Differentials (Kriteriumsvariable) sowie der Skalen „Attraktivität vorher" und „Attraktivität nachher" der Meßwiederholungseinheit (Prädiktorvariablen); [1] Standardpartialregressionskoeffizient, [2] semipartielle Korrelation mit der unkorrigierten abhängigen Variablen, nachdem der lineare Einfluß der anderen unabhängigen Variablen auf die unabhängige Variable entfernt wurde, [3] Aufnahmeprüfungen im Hauptfach; * $p < .05$, ** $p < .01$, *** $p < .001$.

Tabelle 33: *Vorhersage der Bewertung von Auswahlinterviews aufgrund der Erfolgserwartung vor und nach einem Personalauswahlverfahren*

Prädiktoren	Industrie-unternehmen (N = 309)	Industrie-unternehmen (N = 18)	Schweizer Großbank (N = 312)	Software- und Systemhaus (N = 99)	Gesamt-stichprobe (N = 738)
Erwartung vorher					
Beta-Gewicht	−.05[1]	.35	.02	−.09	.21***
Semipartialkorrel.	−.05[2]	.21	.02	−.08	.20***
Erwartung nachher					
Beta-Gewicht	.37***	−.40	.24***	.40***	.28***
Semipartialkorrel.	.33***	−.23	.23***	.37***	.26***
Gesamtergebnis					
multiples R	.35	.24	.25	.38	.42
multiples R²	.12	.06	.06	.14	.17
F-Wert	21.14***	.44	10.61***	7.95***	106.44***

Anmerkungen: Ergebnisse multipler Regressionsanalysen unter Verwendung der Skala „generelle Bewertung" des semantischen Differentials (Kriteriumsvariable) sowie der Skalen „Erfolgserwartung vorher" und „Erfolgserwartung nachher" der Meßwiederholungseinheit (Prädiktorvariablen); [1] Standardpartialregressionskoeffizient, [2] semipartielle Korrelation mit der unkorrigierten abhängigen Variablen, nachdem der lineare Einfluß der anderen unabhängigen Variablen auf die unabhängige Variable entfernt wurde; * p < .05, ** p < .01, *** p < .001.

Tabelle 34: *Vorhersage der Akzeptanz von Auswahlinterviews aufgrund der Erfolgserwartung vor und nach einem Personalauswahlverfahren*

Prädiktoren	Industrie-unternehmen (N = 309)	Industrie-unternehmen (N = 18)	Schweizer Großbank (N = 312)	Software- und Systemhaus (N = 99)	Gesamt-stichprobe (N = 738)
Erwartung vorher					
Beta-Gewicht	−.01[1]	.29	.06	−.16	.24***
Semipartialkorrel.	−.01[2]	.17	.06	−.15	.22***
Erwartung nachher					
Beta-Gewicht	.27***	−.16	.22***	.38***	.20***
Semipartialkorrel.	.24***	−.09	.20***	.35***	.19***
Gesamtergebnis					
multiples R	.26	.19	.25	.35	.37
multiples R²	.07	.04	.06	.12	.14
F-Wert	11.46***	.27	9.99***	6.67**	82.15***

Anmerkungen: Ergebnisse multipler Regressionsanalysen unter Verwendung der Skala „Akzeptanz" des semantischen Differentials (Kriteriumsvariable) sowie der Skalen „Erfolgserwartung vorher" und „Erfolgserwartung nachher" der Meßwiederholungseinheit (Prädiktorvariablen); [1] Standardpartialregressionskoeffizient, [2] semipartielle Korrelation mit der unkorrigierten abhängigen Variablen, nachdem der lineare Einfluß der anderen unabhängigen Variablen auf die unabhängige Variable entfernt wurde; * p < .05, ** p < .01, *** p < .001.

Tabelle 35: *Vorhersage der Bewertung von Auswahlinterviews aufgrund der Bereitschaft zur Annahme eines Stellenangebotes vor und nach einem Personalauswahlverfahren*

Prädiktoren	Industrie-unternehmen (N = 309)	Industrie-unternehmen (N = 18)	Musik-hochschule (N = 288)[3]	Schweizer Großbank (N = 312)	Software- und Systemhaus (N = 99)	Gesamt-stichprobe (N = 1026)
Bereitschaft vorher						
Beta-Gewicht	−.07[1]	−.12	−.22**	−.02	.05	−.22***
Semipartialkorrel.	−.06[2]	−.10	−.15**	−.01	.04	−.16***
Bereitschaft nachher						
Beta-Gewicht	.30***	.20	.23**	.29***	.12	.26***
Semipartialkorrel.	.24***	.16	.15**	.18***	.09	.19***
Gesamtergebnis						
multiples R	.26	.16	.17	.28	.16	.19
multiples R²	.07	.03	.03	.08	.02	.04
F-Wert	11.43***	.20	4.01*	13.29***	1.19	19.26***

Anmerkungen: Ergebnisse multipler Regressionsanalysen unter Verwendung der Skala „generelle Bewertung" des semantischen Differentials (Kriteriumsvariable) sowie der Skalen „Annahmebereitschaft vorher" und „Annahmebereitschaft nachher" der Meßwiederholungseinheit (Prädiktorvariablen); [1] Standardpartialregressionskoeffizient, [2] semipartielle Korrelation mit der unkorrigierten abhängigen Variablen, nachdem der lineare Einfluß der anderen unabhängigen Variablen auf die unabhängige Variable entfernt wurde, [3] Aufnahmeprüfungen im Hauptfach; * p < .05, ** p < .01, *** p < .001.

Tabelle 36: *Vorhersage der Akzeptanz von Auswahlinterviews aufgrund der Bereitschaft zur Annahme eines Stellenangebotes vor und nach einem Personalauswahlverfahren*

Prädiktoren	Industrie-unternehmen (N = 309)	Industrie-unternehmen (N = 18)	Musik-hochschule (N = 288)[3]	Schweizer Großbank (N = 312)	Software- und Systemhaus (N = 99)	Gesamt-stichprobe (N = 1026)
Bereitschaft vorher						
Beta-Gewicht	−.10[1]	−.19	−.32***	−.01	.07	−.24***
Semipartialkorrel.	−.08[2]	−.15	−.22***	−.01	.05	−.17***
Bereitschaft nachher						
Beta-Gewicht	.28***	.23	.27**	.08	.04	.23***
Semipartialkorrel.	.22***	.19	.19**	.05	.03	.16***
Gesamtergebnis						
multiples R	.23	.20	.22	.07	.10	.18
multiples R²	.05	.04	.05	.01	.01	.03
F-Wert	8.90***	.30	7.39***	.81	.47	17.59***

Anmerkungen: Ergebnisse multipler Regressionsanalysen unter Verwendung der Skala „Akzeptanz" des semantischen Differentials (Kriteriumsvariable) sowie der Skalen „Annahmebereitschaft vorher" und „Annahmebereitschaft nachher" der Meßwiederholungseinheit (Prädiktorvariablen); [1] Standardpartialregressionskoeffizient, [2] semipartielle Korrelation mit der unkorrigierten abhängigen Variablen, nachdem der lineare Einfluß der anderen unabhängigen Variablen auf die unabhängige Variable entfernt wurde, [3] Aufnahmeprüfungen im Hauptfach; * p < .05, ** p < .01, *** p < .001.

Bezüglich der Erfolgserwartung der Kandidaten ergibt sich ein ähnliches Bild (Tabellen 33 und 34). Auch nach Auspartialisierung der entsprechenden Werte vor der Teilnahme korreliert die Erfolgserwartung der Bewerber nach einem Auswahlverfahren in drei von vier Teilstudien hochsignifikant mit der Bewertung bzw. Akzeptanz des Verfahrens. Wiederum leisten die vor der Teilnahme erhobenen Kennwerte kaum einen eigenständigen Vorhersagebeitrag. Lediglich in der Gesamtstichprobe ergeben sich signifikante Semipartialkorrelationen zwischen der Erfolgserwartung vorher und der Bewertung bzw. Akzeptanz des Selektionsverfahrens. Diese sind jedoch angesichts der übrigen Ergebnisse mit Zurückhaltung zu betrachten.

Bei den Ergebnissen zur Annahmebereitschaft (Tabellen 35 und 36) muß zwischen den beiden Kriteriumsvariablen differenziert werden. Während in drei Teilstudien hochsignifikante Semipartialkorrelationen zwischen der Bewertung eines Auswahlverfahrens durch die Kandidaten und deren anschließender Bereitschaft zur Annahme eines Stellenangebotes auftreten, zeigt sich ein entsprechender Zusammenhang für die Akzeptanz eines Verfahrens nur in zwei der fünf Untersuchungen (Chemieunternehmen und Musikhochschule). Konsistent mit den Ergebnissen zu Attraktivität und Erfolgserwartung, erweist sich die im Vorfeld eines Selektionsverfahrens erhobene Annahmebereitschaft als ungeeignet zur Vorhersage von dessen Bewertung oder Akzeptanz durch die Bewerber. Eine Ausnahme bildet allerdings Untersuchung 3 (Musikhochschule). Hier treten hochsignifikante *negative* Semipartialkorrelationen zwischen der Annahmebereitschaft vorher und der Bewertung bzw. Akzeptanz des Auswahlverfahrens auf. Die Kandidaten erleben ihre Aufnahmeprüfung also um so positiver, je geringer ihre Bereitschaft zur Annahme eines Studienplatzangebotes vor der Prüfungsteilnahme ausgeprägt ist.

Um ein umfassenderes Bild der Zusammenhänge zwischen den fünf Kernvariablen zu erhalten, werden abschließend die wahrgenommene Attraktivität, die Erfolgserwartung und die Annahmebereitschaft nach der Teilnahme jeweils aufgrund der beiden zentralen Indikatoren für das Erleben eines Auswahlverfahrens (generelle Bewertung und Akzeptanz) vorhergesagt (Tabellen 37 bis 39).

Tabelle 37: *Bewertung und Akzeptanz von Auswahlinterviews als Determinanten der wahrgenommenen Attraktivität einer Stelle nach einem Personalauswahlverfahren*

Prädiktoren	Industrie-unternehmen (N = 309)	Industrie-unternehmen (N = 18)	Musik-hochschule (N = 288)[2]	Schweizer Großbank (N = 312)	Software- und Systemhaus (N = 99)	Gesamt-stichprobe (N = 1026)
generelle Bewertung	.17*[1]	.15	.17*	.37***	.56***	.20***
Akzeptanz	.09	.73**	.24**	.02	−.13	.15***
Gesamtergebnis multiples R	.25	.86	.37	.38	.47	.33
multiples R^2	.06	.74	.14	.14	.22	.11
F-Wert	9.97***	21.85***	23.08***	25.61***	13.40***	63.47***

Anmerkungen: Ergebnisse multipler Regressionsanalysen unter Verwendung der Skala „Attraktivität nachher" der Meßwiederholungseinheit (Kriteriumsvariable) sowie der Skalen „generelle Bewertung" und „Akzeptanz" des semantischen Differentials (Prädiktorvariablen); [1] Standardpartialregressionskoeffizient, [2] Aufnahmeprüfungen im Hauptfach; * p < .05, ** p < .01, *** p < .001.

Tabelle 38: *Bewertung und Akzeptanz von Auswahlinterviews als Determinanten der Erfolgs-erwartung nach einem Personalauswahlverfahren*

Prädiktoren	Industrie-unternehmen (N = 309)	Industrie-unternehmen (N = 18)	Schweizer Großbank (N = 312)	Software- und Systemhaus (N = 99)	Gesamt-stichprobe (N = 738)
generelle Bewertung	.34***[1]	–.51	.17*	.31*	.33***
Akzeptanz	.01	.49	.14*	.07	.05
Gesamtergebnis					
multiples R	.35	.31	.28	.37	.37
multiples R²	.12	.10	.08	.14	.13
F-Wert	20.71***	.82	12.94***	7.63***	79.30***

Anmerkungen: Ergebnisse multipler Regressionsanalysen unter Verwendung der Skala „Erfolgserwartung nachher" der Meßwiederholungseinheit (Kriteriumsvariable) sowie der Skalen „generelle Bewertung" und „Akzeptanz" des semantischen Differentials (Prädiktorvariablen); [1] Standardpartialregressionskoeffizient; * p < .05, ** p < .01, *** p < .001.

Tabelle 39: *Bewertung und Akzeptanz von Auswahlinterviews als Determinanten der Bereit-schaft zur Annahme eines Stellenangebotes nach einem Personalauswahlverfahren*

Prädiktoren	Industrie-unternehmen (N = 309)	Industrie-unternehmen (N = 18)	Musik-hochschule (N = 288)[2]	Schweizer Großbank (N = 312)	Software- und Systemhaus (N = 99)	Gesamt-stichprobe (N = 1026)
generelle Bewertung	.21*[1]	.09	.07	.36***	.22	.15**
Akzeptanz	.07	.05	–.00	–.13*	–.09	–.05
Gesamtergebnis						
multiples R	.26	.13	.06	.30	.16	.11
multiples R²	.07	.02	.00	.09	.03	.01
F-Wert	11.16***	.14	.60	15.48***	1.27	6.54**

Anmerkungen: Ergebnisse multipler Regressionsanalysen unter Verwendung der Skala „Annahmebereitschaft nachher" der Meßwiederholungseinheit (Kriteriumsvariable) sowie der Skalen „generelle Bewertung" und „Akzeptanz" des semantischen Differentials (Prädiktorvariablen); [1] Standardpartialregressionskoeffizient, [2] Aufnahmeprüfungen im Hauptfach; * p < .05, ** p < .01, *** p < .001.

In den multiplen Regressionsanalysen erweist sich die generelle Bewertung eines Auswahlver-fahrens fast durchweg als geeigneter Prädiktor der wahrgenommenen Attraktivität einer Stelle sowie der Erfolgserwartung im Anschluß an die Teilnahme, auch wenn die Höhe der Vorher-sagebeiträge zwischen den einzelnen Teilstudien deutlich differiert. Signifikante Beiträge zur Prognose der Annahmebereitschaft erbringt die Verfahrensbewertung dagegen nur in zwei der fünf Teiluntersuchungen (Chemieunternehmen und Schweizer Großbank). Über alle Analysen hinweg betrachtet kommt der Akzeptanz eines Auswahlverfahrens eine vergleichsweise ge-ringe Bedeutung als Prädiktor zu. Am ehesten scheint sie noch zur Vorhersage der wahrge-nommenen Attraktivität einer Stelle geeignet zu sein (Anlagenbauunternehmen und Musik-hochschule).

5.3 Validität der verwendeten Skalen

Im folgenden soll die Validität der Skala „Annahmebereitschaft" der Meßwiederholungseinheit an einem Außenkriterium überprüft werden. Zu diesem Zweck wurde bereits bei der Datenerhebung in Untersuchung 5 (Software- und Systemhaus) bei 46 im Personalauswahlverfahren erfolgreichen Bewerbern registriert, ob sie das erhaltene Stellenangebot akzeptiert hatten. Die entsprechenden Informationen wurden mit einem vorformulierten Antwortschreiben (s. 8.1.5) erhoben, das mit dem schriftlichen Angebot des Unternehmens verschickt und von den Bewerbern anonym an den Autor zurückgesendet wurde.

Die Validierung wird über zwei einfaktorielle Varianzanalysen vorgenommen, wobei die manifeste Reaktion auf das Stellenangebot (Annahme oder Ablehnung) als Faktor und die über die entsprechenden Skalen ermittelte Annahmebereitschaft als abhängige Variable fungiert (Tabelle 40).

Tabelle 40: *Validierung der Skala „Annahmebereitschaft"*

abhängige Variablen	Angebot angenommen (n = 28)		Angebot abgelehnt (n = 18)		$F_{(1.44)}$	p
	M_1	s_1	M_2	s_2		
Annahmebereitschaft vorher	5.24	1.30	4.47	1.24	3.67	.06
Annahmebereitschaft nachher	5.13	1.48	4.06	1.47	5.17	.03

Anmerkung: Ergebnisse zweier einfaktorieller Varianzanalysen unter Verwendung der Skalen „Annahmebereitschaft vorher" und „Annahmebereitschaft nachher" der Meßwiederholungseinheit (abhängige Variablen) sowie der manifesten Reaktion auf ein Stellenangebot (Faktor).

Die Ergebnisse sprechen für die Validität der Skala. Bereits im Vorfeld der Personalauswahl ergibt sich eine tendenziell signifikante Differenz zwischen „Akzeptierern" und „Ablehnern" hinsichtlich ihrer Annahmebereitschaft in der erwarteten Richtung. Im Anschluß an das Auswahlverfahren zeigt sich dann bei „Akzeptierern" eine signifikant höhere Bereitschaft zur Annahme eines Stellenangebotes.

Eine zusätzlich berechnete zweifaktorielle Varianzanalyse mit der Reaktion auf das Angebot als erstem und einer Meßwiederholung als zweitem Faktor erbringt ebenfalls einen signifikanten Haupteffekt des Faktors „Annahmeentscheidung". Diese wird hier jedoch nicht ausführlich berichtet, da weder der Meßwiederholungsfaktor noch die Interaktion der Faktoren ein signifikantes Ergebnis aufweisen.

5.4 Anforderungen an ein Personalauswahlverfahren

Wie schätzen Betroffene in Auswahlsituationen die Bedeutung der vier Aspekte der sozialen Validität in Relation zueinander ein? Die Analyse der von den Untersuchungsteilnehmern gebildeten Rangreihen erbringt diesbezüglich einige interessante Trends (Tabelle 41).

Tabelle 41: *Mittlere Rangplätze von acht Merkmalen eines Personalauswahlverfahrens bezüglich deren Wichtigkeit aus der Sicht der Betroffenen*

Rang	Industrie-unternehmen (N = 309)	Industrie-unternehmen (N = 18)	Musik-hochschule (N = 288)	Schweizer Großbank (N = 312)	Software- und Systemhaus (N = 99)	Gesamt-stichprobe (N = 1026)
1	IN_1 (3.0)[1]	IN_1 (2.8)	EK_1 (2.9)	IN_1 (2.4)	IN_1 (2.6)	EK_1 (3.3)
2	EK_1 (3.2)	PK_2 (3.3)	EK_2 (3.7)	EK_1 (3.7)	EK_1 (3.3)	IN_1 (3.4)
3	EK_2 (4.3)	EK_1 (3.6)	TR_2 (4.0)	EK_2 (4.4)	EK_2 (4.1)	EK_2 (4.2)
4	TR_2 (4.5)	EK_2 (3.8)	PK_2 (4.3)	IN_2 (4.5)	TR_2 (4.6)	TR_2 (4.4)
5	TR_1 (4.7)	TR_2 (4.7)	PK_1 (4.7)	TR_2 (4.7)	IN_2 (5.0)	PK_2 (5.0)
6	PK_2 (5.4)	PK_1 (4.8)	TR_1 (4.8)	PK_1 (5.0)	PK_2 (5.1)	PK_1 (5.1)
7	PK_1 (5.4)	IN_2 (5.9)	IN_1 (5.3)	PK_2 (5.2)	PK_1 (5.3)	TR_1 (5.2)
8	IN_2 (5.5)	TR_1 (7.1)	IN_2 (6.3)	TR_1 (5.9)	TR_1 (5.9)	IN_2 (5.4)
W	.16***[2]	.35***	.18***	.18***	.20***	.11***

Anmerkungen: EK = Ergebniskommunikation, IN = Information, PK = Partizipation/Kontrollierbarkeit, TR = Transparenz (für genaue Items vgl. 4.2.1.1); [1] mittlerer Rangplatz, [2] Konkordanzkoeffizient W nach Kendall (vgl. Siegel, 1985); *** p < .001.

So geben die befragten Bewerber in den vier Unternehmen als wichtigste Anforderung an ein Personalauswahlverfahren an, daß sie gut über den Arbeitsplatz und die Tätigkeitsanforderungen informiert werden. Als zweitwichtigster Aspekt erweist sich eine offene und ehrliche Ergebniskommunikation, die auch Aussagen bezüglich der Erfolgsaussichten der Bewerbung enthält. Vergleichsweise weniger Bedeutung wird den Situationsmerkmalen „Transparenz" und „Partizipation/Kontrollierbarkeit" beigemessen. Die entsprechenden Items landen meist auf den hinteren Rängen.

Vor dem Hintergrund der deutlichen Priorisierung von Informationen über Arbeitsplatz und Tätigkeit ist es überraschend, daß die befragten Personen relativ wenig Wert auf Informationen über Organisationsmerkmale und -ziele legen. Diesem Teilaspekt werden stets eine Reihe von Situationsmerkmalen vorgezogen, so daß er erst mit deutlichem Abstand auf den Aspekt „Tätigkeitsinformation" folgt.

6 Diskussion und Empfehlungen für die Praxis

Ein zu einem Vorstellungstermin eingeladener Bewerber trifft eine potentiell belastende und verhaltenseinengende Situation an, wobei das tatsächliche Erleben in Abhängigkeit von Merkmalen der Situation und des Kandidaten variieren kann. Während der grundsätzliche Leistungscharakter der Situation im Rahmen der Personalauswahl wohl unabänderlich aus deren Zielsetzung resultiert, gibt es für ein Unternehmen eine Reihe von Möglichkeiten, die berechtigten Ansprüche und Bedürfnisse des Bewerbers zu berücksichtigen und so den Auswahlprozeß für diesen angenehmer und attraktiver zu gestalten. Eine solche Vorgehensweise haben wir als bewerberorientierte Personalauswahl kennengelernt. Diese ist gleichzeitig für das Unternehmen ein effektives Mittel zur Selbstdarstellung, zur Pflege des Personalimages und zur Gewinnung neuer, qualifizierter Mitarbeiter. Denn nach der empirischen Befundlage spielen die Erfahrungen im Rahmen der Personalauswahl eine wichtige Rolle bei der Arbeitgeberwahl, und Bewerber multiplizieren ihre Eindrücke, indem sie diese ins Umfeld des Unternehmens und an den Arbeitsmarkt tragen. Eine bewerberorientierte Personalauswahl nutzt also neben der primären Auswahl- auch die Anwerbungs- und Imagepflegefunktion des Vorstellungstermins in optimaler Weise; es ergibt sich eine Überschneidung von Personalauswahl und Personalmarketing.

Neben den praktischen Vorteilen für Bewerber und Unternehmen sprechen auch Überlegungen von eher grundsätzlicher Art für die beschriebene Vorgehensweise. So haben die immer massiveren Forderungen nach Qualitätssicherung und Kundenorientierung in allen Unternehmensbereichen natürlich auch ihre Implikationen für die Arbeit des Personalmanagements. Angebracht ist daher eine Haltung, die Personalauswahl auch als *Dienstleistung am Bewerber* versteht (vgl. Deters, 1999; Rynes, 1993; Scholz, 1999). Zudem erscheint es in Zeiten zunehmender Beteiligung und Mitsprache der Mitarbeiter im Unternehmen anachronistisch, den Vorstellungstermin nur unter dem Aspekt der „Durchleuchtung" des Bewerbers zu betrachten. Stattdessen kann bereits zu diesem frühen Zeitpunkt eine aufgeschlossene und fortschrittliche Unternehmenskultur demonstriert werden. Hiermit wird zugleich eine ideale Grundlage für die Zusammenarbeit von neuen Mitarbeitern und Unternehmen geschaffen.

Eine bewerberorientierte Personalauswahl kann an verschiedenen Punkten ansetzen. Zunächst geht es darum, die erforderliche Eignungsdiagnostik in einer Weise zu betreiben, die vom Bewerber positiv erlebt wird und ihn erkennen läßt, daß deren Anwendung sinnvoll und gerechtfertigt ist. Wichtig erscheinen in diesem Zusammenhang z. B. ein freundlicher Umgang mit dem Kandidaten, ein ausgeprägtes Informationsverhalten, die Verwendung von Auswahlmethoden mit augenscheinlichem Bezug zur Arbeitstätigkeit oder die Erläuterung und Begründung der diagnostischen Vorgehensweise. Da die beteiligten Interviewer eine besondere Verantwortung für den erfolgreichen Verlauf des Rekrutierungsprozesses tragen, sollten diese anhand relevanter Kriterien ausgewählt und durch gezielte Trainings auf ihre Aufgabe vorbereitet werden. Einige wichtige Leitlinien für eine solche Vorgehensweise liefert Rynes (1993, S. 33): „From the applicant's perspective, „ideal" organizational representatives possess (a) warm outgoing personalities, (b) detailed information about how applicant skills and interests fit in with job and career opportunities, (c) high status and „line" credibility, and (d) personal and background similarities to the applicant." Weiterhin kann ein umfassendes Ergebnisfeedback im Anschluß an ein fundiertes und sachgerecht durchgeführtes Personalauswahlverfahren nicht nur dessen Akzeptanz erhöhen, sondern selbst einem abgelehnten Bewerber noch überaus dienlich sein. Denn es ermöglicht ihm, an Schwächen zu arbeiten, die sich im Rahmen der

Eignungsdiagnostik gezeigt haben, wovon er sowohl bei weiteren Vorstellungsterminen als auch im Beruf profitieren kann. Und die Rückmeldung persönlicher wie fachlicher Stärken zeigt erfolgreichen wie erfolglosen Bewerbern, in welchen Bereichen sie auf dem richtigen Weg sind, was motivierend wirkt und zusätzliches Selbstbewußtsein gibt. Gerade Unternehmen, die in ausgeprägter Weise schriftliche oder computerisierte Eignungstests zur Personalauswahl verwenden, sollten ein Gegengewicht durch ausreichend lange und professionell geführte Auswahl- und Feedbackgespräche schaffen. Denn sonst fördert man beim Kandidaten automatisch den Eindruck, er würde nur als eine Anhäufung von Fähigkeiten gesehen, jedoch nicht als Individuum und Persönlichkeit. Zusätzliche Maßnahmen im situativen Umfeld der eigentlichen Personalauswahl, wie z. B. Firmenführungen, Informationsveranstaltungen, Kontakte mit potentiellen Kollegen oder Besichtigungen des Arbeitsplatzes machen das Unternehmen für den Bewerber erfahrbar und liefern ihm eine umfassende Entscheidungsgrundlage. Darüber hinaus werden weitere Erkenntnisse bezüglich der Bedeutung bestimmter Personenmerkmale für das Erleben von Auswahlsituationen es in zunehmendem Maße ermöglichen, die spezifischen Bedürfnisse und Erwartungen der jeweiligen Zielgruppe bei der Durchführung von Personalauswahl zu berücksichtigen.

Um entsprechende Schritte gezielt ergreifen und auf ihre Effektivität hin überprüfen zu können, empfiehlt sich für ein Unternehmen die Betrachtung und Analyse seiner Personalauswahl aus der Bewerberperspektive. Der im Rahmen dieser Arbeit entwickelte FEBA ermöglicht Organisationen ein entsprechendes Feedback in systematischer Form. Von einer repräsentativen Bewerberstichprobe bearbeitet, liefert er wichtige Kennwerte zum Erleben und zur Bewertung der Personalauswahl, zu Imageaspekten sowie zu Merkmalen der Kandidaten. Ebenfalls erfaßt werden im Rahmen der Personalauswahl stattfindende Veränderungen in den Einstellungen der Bewerber zu Unternehmen und Tätigkeit sowie bezüglich ihrer Bereitschaft, ein etwaiges Stellenangebot anzunehmen. Diese Veränderungen können dann zu den Eindrücken der Kandidaten bezüglich des Auswahlverfahrens in Beziehung gesetzt werden. Wichtig ist, daß die Beantwortung des FEBA stets anonym und auf freiwilliger Basis erfolgt.

Die Ergebnisse der Befragung von über tausend Bewerbern verschiedener Organisationen im Rahmen der vorliegenden Studie dokumentieren die überaus positiven Reaktionen auf das erkennbare Bemühen eines Unternehmens, die Bedürfnisse seiner potentiellen neuen Mitarbeiter bei der Durchführung seiner Personalauswahl zu berücksichtigen: Über 90 % der befragten Bewerber hielten die Durchführung einer solchen Untersuchung für sinnvoll. Fast 100 % der hierum gebetenen Personen nahmen an der Befragung teil.

Die Wiederholung der Untersuchung in gewissen Zeitabständen ermöglicht die Absicherung eines *kontinuierlichen Verbesserungsprozesses*. Hierbei ist auch ein *Benchmarking* innerhalb des Unternehmens oder über die Unternehmensgrenzen hinaus interessant, da es die Objektivierung der Bewertung der erhobenen Kennwerte erleichtert (vgl. Pieske, 1997). Eine solche Vorgehensweise trägt in optimaler Weise zu einer *Meßbarmachung von Personalarbeit* bei. Sie ist damit eine geeignete Reaktion auf die häufig geäußerte Kritik an der Intransparenz der Arbeit des Personalmanagements, für die es bislang nur wenig harte Kennzahlen gibt.

In Übereinstimmung mit bisherigen Forschungsergebnissen und dem vorgeschlagenen Arbeitsmodell (vgl. 2.2.1.3) legen die Ergebnisse der mit dem FEBA durchgeführten Feldstudie nahe, daß die Varianz im Erleben und in der Bewertung von Auswahlsituationen durch Bewerber sowohl situativen als auch personalen Quellen entspringt. Auch für die postulierten Auswirkungen des Erlebens von Personalauswahl auf die Einstellungen (und Verhaltensweisen) von Bewerbern gegenüber der rekrutierenden Organisation finden sich zahlreiche Beispiele.

6.1 Determinanten des Erlebens von Personalauswahl

6.1.1 Situative Determinanten

Erste Hinweise auf die Existenz situativer Einflußgrößen liefern varianzanalytische Mittelwertvergleiche zwischen den verschiedenen Teilstudien. Diese ergeben deutliche Unterschiede in der Bewertung bzw. Akzeptanz der untersuchten Auswahlverfahren durch die Teilnehmer. Zwar erfolgte hierbei keine zufällige Zuweisung der befragten Personen zu den einzelnen „Treatments" im Sinne eines Experimentes. Dafür wurde aber die gesamte Studie unter realistischen Bedingungen durchgeführt, mit allen Vorteilen für die Aussagekraft der Ergebnisse. Die Erforschung des Erlebens von Auswahlsituationen anhand experimenteller Simulationen dürfte wohl auch wenig zielführend sein. Denn vor dem Hintergrund, daß es bei der Personalauswahl stets auch um eine „Verteilung von Lebenschancen" (Jäger, 1995, S. 102) geht, läßt sich eine realitätsnahe Motivationslage kaum künstlich erzeugen.

In Übereinstimmung mit Schulers (1990, 1993b) Konzept lassen sich die Bewertung und die Akzeptanz eines Auswahlverfahrens gut aufgrund der Wahrnehmungen bezüglich der Parameter der sozialen Validität erklären. Im Vergleich der vier Aspekte erweisen sich vor allem die Komponenten „Information" und „Partizipation/Kontrollierbarkeit" als geeignete Prädiktoren des Erlebens. Der geringste Erklärungswert kommt nach den vorliegenden Ergebnissen dem Aspekt „Ergebniskommunikation" zu. Dieser Befund dürfte allerdings dadurch beeinflußt sein, daß in den untersuchten Auswahlverfahren eine explizite Ergebnismitteilung und -besprechung im allgemeinen nicht stattgefunden hat. Erteilt ein Unternehmen standardmäßig ein differenziertes Feedback, fallen die entsprechenden Resultate möglicherweise anders aus als in der vorliegenden Studie.

Die Ergebnisse der Rangreihenbildung legen ebenfalls eine relativ hohe Bedeutsamkeit des wahrgenommenen Informationsverhaltens nahe. In allen vier an der Studie beteiligten Unternehmen geben die Befragten hierbei als wichtigste Anforderung an ein Personalauswahlverfahren an, daß sie gut über den Arbeitsplatz und die Tätigkeitsanforderungen informiert werden. Informationen über Organisationsmerkmale und -ziele werden dagegen für weniger bedeutsam gehalten. Dies dürfte damit zusammenhängen, daß Bewerber – insbesondere in Zeiten des Internet – sich allgemeine Informationen über ein Unternehmen relativ leicht im Vorfeld der Personalauswahl beschaffen können, so daß sie vom direkten Kontakt anläßlich des Vorstellungstermins spezifischere, tätigkeitsbezogene Hinweise erwarten.

Neben den vier Aspekten der sozialen Validität leisten weitere Variablen Beiträge zur Erklärung der Bewertung bzw. Akzeptanz von Personalauswahl durch Bewerber. Hierbei sind vor allem die Augenscheinvalidität des Verfahrens sowie der wahrgenommene Nutzen der Teilnahme für die Kandidaten zu nennen. Zudem weisen verschiedene Ergebnisse darauf hin, daß eine angenehme Gesprächsatmosphäre, kompetente Beurteiler und angemessene Durchführungs- und Rahmenbedingungen ein positives Erleben von Personalauswahl fördern.

Interessanterweise spielt nach den vorliegenden Resultaten die subjektiv empfundene Belastung von Bewerbern durch leistungsmindernden Streß und Prüfungsangst kaum eine Rolle für die Bewertung bzw. Akzeptanz einer Auswahlsituation. Dieser Befund ergänzt entsprechende Ergebnisse von Fruhner et al. (1991) und Schuler und Fruhner (1993). Er unterstreicht, daß eine bewerbergerechte Gestaltung von Auswahlsituationen nicht darin besteht, den Leistungscharakter eines Personalauswahlverfahrens zu eliminieren. In einer Auswahlsituation, die durch ein hohes Maß an Information, Transparenz und eine angenehme Atmosphäre gekennzeichnet ist, sollte ein Unternehmen seinen potentiellen Mitarbeitern durchaus ein starkes Engagement abverlangen können, ohne eine negative Bewertung seiner Personalauswahl befürchten zu müssen. Auch Schuler und Fruhner (1993, S. 122) konstatieren auf der Basis ihrer Ergebnisse: „The concept of „social validity" assumes that transparency is one decisive variable for the acceptance of a selection instrument. Independent of a stressful task, selection instruments with high transparency are evaluated more positively than opaque instruments."

6.1.2 Personale Determinanten

Daß sich neben situativen Aspekten auch Eigenschaften der Kandidaten auf das Erleben eines Auswahlverfahrens auswirken, dokumentieren eine Reihe von Ergebnissen. Als relevant für die Teilnehmerwahrnehmungen erweisen sich insbesondere verschiedene Persönlichkeitsmerkmale. So gehen höhere Neurotizismuswerte mit einem negativeren Erleben einer Auswahlsituation einher, während stärkere Ausprägungen der Traits Extraversion, Verträglichkeit oder Gewissenhaftigkeit eine positivere Bewertung mit sich bringen. Die ermittelten Resultate ergänzen die Ergebnisse von Köchling und Körner (1996), die entsprechende – wenn auch ausgeprägtere – Zusammenhänge mit der Befindlichkeit von Bewerbern in Personalauswahlsituationen berichten. Auch die Befunde von Borchers (1986; zit. n. Schuler, 1990, 1993b) und Holling und Leippold (1991) (vgl. 2.2.2) sind gut mit den Ergebnissen der vorliegenden Studie vereinbar.

Die ermittelten Zusammenhänge sind aus verschiedenen Gründen plausibel. So sind neurotische Personen allgemein weniger zu einem angemessenen Umgang mit belastenden Situationen in der Lage, da dauernde nervöse Anspannung, depressive Verstimmungen und ein niedriges Selbstvertrauen ein effektives Copingverhalten verhindern. Für Extravertierte dagegen bietet die Teilnahme an einem Personalauswahlverfahren ein stimulierendes Erlebnis mit Gelegenheit zu Selbstdarstellung und sozialer Interaktion, was von diesen gewöhnlich als angenehm empfunden wird. Stärkere Ausprägungen des Merkmals Verträglichkeit gehen mit einem eher kooperativen Verhalten und einer höheren sozialen Kompetenz einher, was die wahrgenommenen Erfolgschancen erhöhen und so zu einer positiveren Bewertung des Auswahlverfahrens führen kann. Ähnlich könnten gewissenhaftere Personen eine Auswahlsituation deshalb positiver erleben, weil sie ihre Erfolgsaussichten höher einschätzen und sich darüber hinaus stärker mit dem Leistungsgedanken hinter der Personalauswahl identifizieren können. Für diese Interpretation sprechen verschiedene empirische Befunde, wonach starke Ausprägungen des Traits Gewissenhaftigkeit mit hoher Leistungsorientierung sowie hoher akademischer bzw. beruflicher Leistung einhergehen (zusammenfassend bei Körner, 1996; zu den übrigen Interpretationen vgl. auch Borkenau & Ostendorf, 1993; Costa & McCrae, 1992; Digman, 1990; McCrae & Costa, 1987; Watson & Clark, 1984).

Hinweise auf einen Einfluß der allgemeinen Intelligenz auf die Situationswahrnehmung ergeben sich ebenfalls, allerdings nur in einer der beiden relevanten Studien und nur bezüglich der

mit dem MWT-B gemessenen Intelligenz. Dabei widerspricht die Richtung des ermittelten Zu-
sammenhanges den von Kersting (1998) und Köchling und Körner (1996) berichteten Ergebnissen, wonach intelligentere Kandidaten zu einer positiveren Beurteilung eines Auswahlverfahrens neigen. Eine Absicherung eines möglichen Trends kann daher durch die Ergebnisse der
vorliegenden Studie nicht erfolgen. Eher werden die Resultate der angeführten Untersuchungen relativiert und die Notwendigkeit weiterer empirischer Studien aufgezeigt.

Einige Ergebnisse deuten auf Auswirkungen der Vorerfahrung und der aktuellen Bewerbungssituation von Kandidaten auf das Erleben einer Auswahlsituation hin. Hierbei geben die Befragten um so positivere Urteile ab, je mehr Angebote sie bereits erhalten haben oder je mehr
Angebote sie erwarten. Die Bewertung fällt um so negativer aus, je öfter sich die Bewerber
bereits bei Organisationen vorgestellt bzw. je häufiger sie an Selektionsverfahren teilgenommen haben. Diese signifikanten Zusammenhänge treten allerdings nur in der Stichprobe der
Musikhochschule auf, deren Auswahlverfahren sich grundsätzlich von denen der vier Unternehmen unterscheidet (vgl. 4.3.2). Da im Prinzip reine Fähigkeitsprüfungen durchgeführt werden, können die Bewerber – anders als in den Firmen – sich selbst und ihre Erfolgschancen relativ gut einschätzen (vgl. Abbildung 11). Hierdurch lassen sich die gefundenen Zusammenhänge erklären: Fähigere oder begabtere Kandidaten können sich eine geringere Anzahl von
Aufnahmeprüfungen erlauben, haben bereits Zusagen von anderen Hochschulen erhalten und
erwarten insgesamt mehr Angebote. Aufgrund ihres Erfolges neigen sie außerdem zu einer positiveren Bewertung des Auswahlverfahrens, wodurch die besprochenen Korrelationen entste-
hen. Die realistischere Selbsteinschätzung der Studienplatzbewerber erklärt darüber hinaus den
substantiellen Zusammenhang zwischen dem Erleben einer Auswahlsituation und der Erfolgserwartung vor der Teilnahme, der sich ausschließlich in der Hochschulstichprobe ergibt (vgl.
8.4). Den Hintergrund dürfte auch hier die unterschiedliche Wahrnehmung eines Selektionsverfahrens durch erfolgreiche und erfolglose Kandidaten bilden, die bereits mehrfach dokumentiert wurde (vgl. 2.2.2). Zusammenfassend bleibt festzuhalten, daß ein Einfluß der Vorerfahrung oder der aktuellen Bewerbungssituation auf das Erleben eines Auswahlverfahrens
durch die vorliegende Studie nicht schlüssig belegt werden kann.

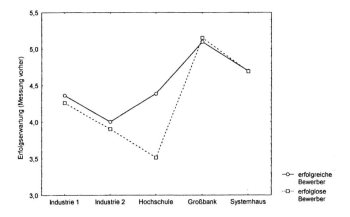

Abbildung 11: *Erfolgserwartung vor einem Auswahlverfahren in Abhängigkeit von Ergebnis
und rekrutierender Organisation*

Die Untersuchung der in Kapitel 2 behandelten Abhängigkeit des Erlebens und der Bewertung eines Auswahlverfahrens vom Abschneiden der Teilnehmer erbringt keine einheitlichen Resultate. Immerhin geben erfolgreiche Bewerber in allen fünf Untersuchungen zumindest tendenziell positivere Urteile ab als erfolglose Kandidaten. Signifikante Zusammenhänge bzw. Mittelwertunterschiede in der erwarteten Richtung treten jedoch nur in drei der fünf Teilstudien auf. Von diesen wiederum ergibt sich nur in der Stichprobe der Musikhochschule ein praktisch bedeutsamer Effekt. Hierbei ist zu berücksichtigen, daß in dieser Untersuchung ein großer Teil der Bewerber ihr endgültiges Ergebnis erfahren hatten, bevor sie an der Abschlußbefragung teilnahmen. Der Vorteil dieser Abweichung von den übrigen vier Teilstudien liegt darin, daß sich die Auswirkungen eines Ergebnisfeedbacks auf die Bewertung einer Auswahlsituation differenziert untersuchen lassen. Hierbei zeigt sich, daß die Mitteilung der Auswahlentscheidung die Unterschiede zwischen den Urteilen erfolgreicher und erfolgloser Kandidaten stark vergrößert, ja eigentlich erst zu praktisch bedeutsamen Differenzen führt. Die größeren Unterschiede sind auf eine massive Abwertung des erlebten Auswahlverfahrens durch erfolglose Bewerber zurückzuführen. Erfolgreiche Kandidaten neigen hingegen zu einer etwas positiveren Bewertung, wenn ihnen ihr Abschneiden bekannt ist. Insgesamt spricht das vorgefundene Ergebnismuster dafür, daß (1.) praktisch bedeutsame Unterschiede in der Wahrnehmung von Auswahlsituationen zwischen erfolgreichen und erfolglosen Bewerbern erst nach der Mitteilung der Auswahlentscheidung auftreten und (2.) eine konsistenztheoretische Erklärung des Zustandekommens dieser Differenzen angemessen ist (vgl. 2.2.2).

Darüber hinaus lassen die Resultate vermuten, daß die Art und Weise der Ergebnismitteilung einen starken Hebel zur Optimierung der Bewertung eines Auswahlverfahrens durch Bewerber darstellt, wie oben bereits ausgeführt wurde. Dies legen auch die von den Untersuchungsteilnehmern gebildeten Rangreihen bezüglich der Aspekte der sozialen Validität nahe, in denen der Wunsch nach einer offenen und ehrlichen Ergebniskommunikation regelmäßig die vorderen Plätze belegt. Statt der von Unternehmen vielfach praktizierten schriftlichen Rückmeldung der Auswahlentscheidung sollte deshalb ein persönliches Feedback durch einen Firmenvertreter regelmäßig den Abschluß eines Personalauswahlverfahrens bilden. Ziel dieses ebenso ehrlich wie rücksichtsvoll geführten Gespräches muß es sein, geeignete Bewerber für das Unternehmen zu gewinnen und eine erdrutschartige Verschlechterung in den Meinungen und Einstellungen abgelehnter Kandidaten zu verhindern. *Ein optimal durchgeführtes Personalauswahlverfahren sollte von erfolgreichen und erfolglosen Bewerbern in gleicher Weise positiv bewertet und akzeptiert werden.*

Eine Relevanz des Alters von Bewerbern für die Bewertung bzw. Akzeptanz einer Auswahlsituation läßt sich auf der Basis der ermittelten Ergebnisse nicht konstatieren. Bedeutsame, positive Zusammenhänge mit dem Erleben treten zwar in der Gesamtstichprobe, aber in keiner der fünf Teilstudien auf. Bei näherer Betrachtung erweisen sie sich als statistische Artefakte.

Ähnlich verhält es sich mit dem Merkmal Geschlecht. Hinweise auf einen Einfluß dieser Variablen erbringt Teilstudie 1 (Industrieunternehmen), wobei Frauen zu einer negativeren Beurteilung des Auswahlverfahrens neigen. Da dieses Ergebnis aber weder konsistent über die verschiedenen Stichproben hinweg auftritt, noch durch bisherige empirische Befunde gestützt wird (vgl. 2.2.2), ist davon auszugehen, daß das Geschlecht der Teilnehmer ohne Bedeutung für das Erleben einer Auswahlsituation ist.

6.2 Auswirkungen des Erlebens von Personalauswahl

Anhaltspunkte für Auswirkungen des Erlebens von Personalauswahl auf die Einstellungen von Kandidaten zu Organisation und Arbeitsplatz muß man nicht lange suchen. Sie resultieren bereits aus einfachen deskriptiv-statistischen Analysen der erhobenen Daten. So berichten in allen fünf Teilstudien die Mehrzahl der Befragten ein positiveres Bild von Organisation und Tätigkeit sowie eine Zunahme ihres Interesses an der angestrebten Position aufgrund der im Auswahlverfahren gemachten Erfahrungen. Hinsichtlich des Ausmaßes dieser subjektiv erlebten Einstellungsänderungen existieren allerdings erhebliche Unterschiede zwischen den verschiedenen Organisationen. Erwartungsgemäß korrespondieren diese Unterschiede eng mit den zuvor erwähnten Differenzen im Erleben der Auswahlverfahren durch die Kandidaten, was die Relevanz des Vorstellungstermins als Instrument für Personalmarketing und Imagepflege unterstreicht.

Vor dem Hintergrund dieser positiven Teilnehmeräußerungen erstaunen allerdings einige Ergebnisse der durchgeführten Meßwiederholungsanalysen. Diese zeigen in drei von fünf Teilstudien signifikante Rückgänge der wahrgenommenen Attraktivität von Organisation und Tätigkeit sowie der Bereitschaft zur Annahme eines Stellenangebotes an. Eine nähere Analyse der erhobenen Daten macht deutlich, daß diese Unstimmigkeiten auf verschiedene Ursachen zurückgeführt werden können.

So muß bedacht werden, daß sich die befragten Personen bei der jeweiligen Organisation beworben haben, was im allgemeinen mit einem hohen Maß an wahrgenommener Attraktivität und Annahmebereitschaft einhergeht. Dies schlägt sich in den Verteilungen der im Vorfeld der Auswahlverfahren erhobenen Meßwerte nieder. Wie zu erwarten, liegen die Antworten der Kandidaten überwiegend in den positiven Skalenhälften. Die Verteilungen sind sogar derartig asymmetrisch, daß ihre Mittelwerte nahe an den positiven Skalenenden liegen. Dies schränkt die Möglichkeit von Meßwerterhöhungen von vornherein ein. Oder etwas überspitzt formuliert: Aufgrund der hohen Ausgangswerte konnten die gemessenen Einstellungen der Teilnehmer praktisch nur negativer werden.

Allerdings ist auch die Interpretation der oben angesprochenen Skalen „Interesse" und „subjektive Veränderung" nicht so unkompliziert, wie es die Formulierungen der dazugehörigen Items nahelegen. So lassen die entsprechenden Antwortverteilungen sowie die hohen Korrelationen mit dem Erleben des Auswahlverfahrens und der wahrgenommenen Attraktivität nach der Teilnahme vermuten, daß diese Skalen nicht – wie vorgesehen – Veränderungen bezüglich Interesse und Image erfassen, sondern in erster Linie weitere Indikatoren für das Erleben der Auswahlsituation bzw. die Einstellungen der Befragten zu Organisation und Tätigkeit (nach der Teilnahme) bilden. Zwar dürfte in diesem Zusammenhang auch eine Tendenz zu sozial erwünschtem Antwortverhalten eine Rolle spielen, die sich – trotz aller Vorkehrungen – wahrscheinlich in fast allen erhobenen Kennwerten niedergeschlagen hat. Alles in allem erscheint es jedoch möglich, daß die Formulierungen der entsprechenden Items und der Aufbau der Antwortskalen einen Einstellungswandel suggerieren, der in dieser Form gar nicht stattgefunden hat.

Die angestellten Überlegungen machen deutlich, daß sowohl Auswertungen einzelner Items bzw. Skalen als auch Mittelwertvergleiche auf der Basis eines Meßwiederholungsdesigns nur bedingt zur Erforschung der Auswirkungen des Erlebens von Personalauswahl auf die Einstellungen von Bewerbern geeignet sind. In jedem Fall sollten wahrgenommene Attraktivität und Annahmebereitschaft durch trennschärfere Items erfaßt werden, als dies in der durchgeführten Studie der Fall war. Hierdurch könnten der beschriebene ceiling-Effekt vermieden und eine stärkere Differenzierung zwischen den Befragten erreicht werden. Dies dürfte auch zu höheren Korrelationen der gemessenen Attraktivität und Annahmebereitschaft mit weiteren zentralen Variablen führen. Es ist daher anzunehmen, daß der weiter hinten diskutierte Halo-Effekt durch die in dieser Arbeit berichteten Ergebnisse eher unter- als überschätzt wird.

Selbst wenn jedoch trennschärfere Items zur Einstellungsmessung verwendet werden, sind die Ergebnisse einzelner Meßwiederholungsanalysen anhand der Daten eines Unternehmens nur begrenzt aussagefähig. Denn das ermittelte Ausmaß der Einstellungsänderung ist – bestenfalls – spezifisch für ebendieses Unternehmen bzw. das untersuchte Auswahlverfahren. Selbst diese eingeschränkte Interpretation wird zusätzlich dadurch erschwert, daß an der Durchführung der Personalauswahl eines Unternehmens häufig eine Vielzahl von Mitarbeitern beteiligt sind. Deren unterschiedlicher Einfluß (vgl. 3.2.1) dürfte – insbesondere bei einem wenig standardisierten Auswahlverfahren – voll auf die Ergebnisse durchschlagen und eine hohe Varianz in den Eindrücken und Einstellungen der Bewerber nach Durchlaufen der Personalauswahl erzeugen. (Wir werden weiter hinten auf diesen wichtigen Punkt zurückkommen.) Der Nachweis von unternehmensweiten Trends wird hierdurch schwierig, wenn nicht unmöglich.

Im Rahmen der durchgeführten Studie haben sich bei drei Organisationen Verschlechterungen bezüglich wahrgenommener Attraktivität und Annahmebereitschaft im Zuge der Personalauswahl gezeigt, während bei zwei Unternehmen die entsprechenden Skalenmittelwerte konstant geblieben sind. Aus diesen – in sich heterogenen – Befunden leitet sich nicht zwingend ab, daß weitere Untersuchungen etwa in Firmen, die die Durchführung ihrer Personalauswahl unter Rekrutierungs- und Imagepflegeaspekten optimiert haben, keine positiven Trends erbringen können. Die Erforschung der Spannweite möglicher Veränderungen in den Einstellungen von Kandidaten zu einer Organisation aufgrund ihrer Teilnahme an Personalauswahlverfahren sollte jedenfalls ein Thema zukünftiger Untersuchungen sein. Eine geeignete Vorgehensweise wäre die Befragung kleiner Bewerberstichproben in einer Vielzahl von Unternehmen bzw. Auswahlverfahren anhand der – optimierten – Meßwiederholungseinheit des FEBA. Hierbei sollte eine Zuordnung der erhobenen Datensätze zu einzelnen Interviewern bzw. Beurteilern erfolgen, um deren Einfluß genauer beleuchten zu können.

Ein vielversprechender Ansatz zur Erforschung der interessierenden Thematik liegt in der Verwendung der Korrelations- und Regressionsanalyse. Auf diese Weise ist der empirische Nachweis des vorhergesagten Halo-Effektes (vgl. 4.1) gelungen – ein besonders interessantes Ergebnis der vorliegenden Studie. Befragt man Bewerber unmittelbar nach der Teilnahme an einem Selektionsverfahren zu ihren Eindrücken, so zeigen sich deutliche Zusammenhänge zwischen dem Erleben der Auswahlsituation einerseits und der wahrgenommenen Attraktivität der Stelle, der Bereitschaft zur Annahme eines Stellenangebotes sowie der Einschätzung der eigenen Erfolgschancen andererseits. Aufgrund des verwendeten Meßwiederholungsdesigns, kombiniert mit verschiedenen Semipartialkorrelationsanalysen, können einige naheliegende Erklärungsmöglichkeiten für diesen empirischen Befund ausgeschlossen werden (vgl. 5.2.3). So wird das Erleben eines Auswahlverfahrens nachweislich kaum durch die wahrgenommene Attraktivität der Stelle, die Annahmebereitschaft oder die Erfolgserwartung vor der Teilnahme determiniert. Ebenso scheiden Antworttendenzen der Befragten (etwa eine Neigung zu extremen oder sozial erwünschten Antworten, basierend z. B. auf der Ausprägung bestimmter Persönlichkeitsmerkmale; vgl. 5.1.2) als Hauptvarianzquelle für die vorgefundenen Interkorrelationen aus, da sich diese anderenfalls auch in der Erstbefragung ausgewirkt haben müßten. Es scheint sich vielmehr um eine echte, situativ bedingte Konvergenz von Wahrnehmungen und Einstellungen eines Bewerbers infolge der Teilnahme an einem Auswahlverfahren zu handeln. Dieses Ergebnismuster bestätigt die zentrale Hypothese, wonach der Prozeß des Erlebens von Personalauswahl durch Bewerber nicht mit einer isolierten Bewertung des Auswahlverfahrens endet (vgl. 4.1). Entsprechend den Konzeptionen Gillilands (1993; vgl. 2.2.1.2) und Köchlings (vgl. 2.2.1.3) ist vielmehr davon auszugehen, daß sich die gemachten Erfahrungen auf die Einstellungen und das Verhalten von Bewerbern gegenüber der rekrutierenden Organisation auswirken. Letzteres gilt um so mehr, als die Überprüfung der zentralen Skalen (Attraktivität und Annahmebereitschaft) anhand eines Beispiels gezeigt hat, daß die mit dem FEBA erhobenen Kennwerte tatsächlich ihre Entsprechung im manifesten Verhalten der befragten Personen haben (vgl. 5.3). Dies hat entscheidende Konsequenzen für die Durchführung von Personalauswahl unter Rekrutierungs- und Imageaspekten.

Nach der Eliminierung anderer Erklärungsansätze könnte man die Hauptvarianzquelle des gefundenen Effektes in dem Sachverhalt vermuten, daß in einem Auswahlverfahren stets ein bestimmter Anteil von Kandidaten abgelehnt wird. Diese Personen könnten auf ihr schlechtes Abschneiden mit einer Abwertung des Selektionsverfahrens, des Unternehmens und der Stelle reagieren, um – konsistenztheoretisch betrachtet – ihr Selbstbild zu schützen und Dissonanz in ihren Einstellungen und Meinungen zu vermeiden (vgl. Festinger, 1957; 2.2.2; 6.1.2). Der umgekehrte Effekt könnte bei erfolgreichen Bewerbern auftreten. Diese Interpretation ist jedoch problematisch, da den Teilnehmern der vorliegenden Studie zum Befragungszeitpunkt ihr definitives Ergebnis (Angebot vs. Ablehnung) noch nicht bekannt war[5]. Allerdings ist anzunehmen, daß Bewerber ihre Erfolgschancen permanent aus ihren wahrgenommenen Leistungen im Auswahlverfahren, dem Verhalten ihrer Beurteiler und dem Interaktionsverlauf ableiten, und damit das Ergebnis der Auswahlentscheidung teilweise vorwegnehmen. Ein konsistenztheoretischer Ansatz auf der Basis der *subjektiven* Erfolgswahrscheinlichkeit könnte also durchaus einen Erklärungsbeitrag liefern.

Diese Überlegungen leiten über zu einer weiteren möglichen Erklärung des Effektes, die durch vorhandene Forschungsergebnisse zum Erleben von Auswahlinterviews gestützt wird. So zeigten Harris und Fink (1987; vgl. auch Rynes & Miller, 1983; Schmitt & Coyle, 1976), daß wahrgenommene Merkmale des Interviewers nicht nur einen Einfluß auf die Wertschätzung für Unternehmen und Tätigkeit sowie die Bereitschaft zur Annahme eines Stellenangebotes haben, sondern sich darüber hinaus auch auf die Erwartung eines Angebotes – also die subjektiven Erfolgschancen – auswirken. Außerdem stellen Eigenschaften und Verhaltensweisen des Interviewers entscheidende Determinanten des Erlebens einer Interviewsituation dar. Vor dem Hintergrund, daß an den im Rahmen der vorliegenden Arbeit durchgeführten Studien jeweils eine große Anzahl von Interviewern und Beurteilern mitwirkten, erscheint es daher naheliegend, daß diese eine entscheidende Varianzquelle und gemeinsame Bezugsgröße hinter den ermittelten Interkorrelationen bilden.

Die in sämtlichen Untersuchungen vorgefundene Erhöhung der Varianz in der wahrgenommenen Attraktivität, der Annahmebereitschaft und der Erfolgserwartung infolge der Teilnahme an einem Auswahlverfahren (vgl. 5.2.2) sowie die höheren Korrelationen der Ergebnisse der Wiederholungsmessung mit dem Erleben könnten also im wesentlichen auf zwei – miteinander zusammenhängende – Faktoren zurückgehen: Die Wahrnehmung der beteiligten Organisationsvertreter durch die Bewerber und deren subjektive Erfolgsaussichten.

---

[5] Ausnahme: Untersuchung an der Musikhochschule.

Hieraus läßt sich ableiten, welche Trends bei einem Unternehmen zu erwarten sind, das die Durchführung seiner Personalauswahl unter Rekrutierungs- und Imagepflegeaspekten optimiert. So sollte die zunehmende Anwendung firmenspezifischer Grundsätze für den Umgang mit Bewerbern durch Recruiter, Interviewer und Beurteiler, unterstützt durch entsprechende Trainingsmaßnahmen, zu einem Rückgang der Varianz im Erleben und in den generierten Einstellungen der Kandidaten führen. Dies wiederum sollte eine stärkere Differenzierung von anderen Unternehmen in der Wahrnehmung durch potentielle Mitarbeiter bewirken – ein erklärtes Ziel jeder erfolgreichen Personalmarketing-Strategie (vgl. Flüshöh, 1999; Scholz, 1999).

Anders als die wahrgenommene Attraktivität läßt sich die zweite Schlüsselgröße für den Praktiker in Personalmarketing und Rekrutierung, die Bereitschaft zur Annahme eines Stellenangebotes, nur in relativ geringem Umfang durch das Erleben der Personalauswahl erklären. Dieses Ergebnis macht Sinn. Denn auch wenn sich beim Vorstellungstermin sicherlich wichtige Eindrücke von einem Unternehmen ergeben, ist doch nicht zu erwarten, daß die Entscheidung für oder gegen ein Stellenangebot in erster Linie von den hierbei gemachten Erfahrungen abhängt. Vielmehr müssen bei der Analyse der Annahmeentscheidung alle relevanten Einflußgrößen berücksichtigt werden, wie etwa die Aufstiegs- und Karrierechancen, die Vergütung, das Anspruchsniveau der Tätigkeit, das Personalimage des Unternehmens oder die Weiterbildungsmöglichkeiten (vgl. Wiltinger & Simon, 1999).

Aufgabe von Recruitern und Interviewern ist es, diese Inhalte im Rahmen der Personalanwerbung und -auswahl effektiv zu kommunizieren. Da die gelieferten Informationen der Realität entsprechen müssen, um den dauerhaften Verbleib neuer Mitarbeiter im Unternehmen zu gewährleisten (vgl. 3.2.5), endet Personalmarketing nicht mit der Vertragsunterzeichnung durch ausgewählte Kandidaten. Entsprechend formuliert Scholz (1999, S. 28):

„Personalmarketing hat drei zentrale Funktionen:

1. Externe Bewerber sollen sich für das Unternehmen und die angebotenen Arbeitsplätze interessieren; über die reinen Entgelt- und Arbeitszeitregelungen hinaus kommt dabei das Unternehmensimage ins Spiel, das auch immaterielle und speziell emotionale Aspekte beinhaltet *(Akquisitionsfunktion)*.

2. Überdies gilt es, die Mitarbeiter im Unternehmen für ihr Unternehmen zu begeistern, was besonders bei denjenigen Mitarbeitern gelingt, die sich mit der vorherrschenden Unternehmenskultur identifizieren können *(Motivationsfunktion)*.

3. Schließlich werden Motivations- und Akquisitionsfunktion entscheidend durch die (...) Positionierung des Unternehmens mitbestimmt. Gegenwärtige und potentielle Mitarbeiter erkennen dann das Spezifische des betreffenden Unternehmens über eine klare und unterscheidbare Positionierung *(Profilierungsfunktion)*."

Zusammenfassend bleibt festzuhalten, daß es sich für Unternehmen lohnt, Bewerberkontakte im Rahmen der Personalauswahl zu Werbezwecken und damit als Instrument des Personalmarketing zu verwenden und daher entsprechend zu analysieren und zu gestalten. Hierin ist ein wichtiger Grund für die Beschäftigung mit dem Erleben und der Bewertung von Personalauswahlverfahren durch Bewerber zu sehen.

7 Literaturverzeichnis

Alderfer, C. & McCord, C. (1970). Personal and situational factors in the recruitment interview. *Journal of Applied Psychology, 54,* 377–385.

Amthauer, R. (1970). *Intelligenz-Struktur-Test I-S-T 70. Handanweisung für die Durchführung und Auswertung* (4., unveränderte Auflage). Göttingen: Hogrefe.

Arvey, R. D. & Sackett, P. R. (1993). Fairness in selection: Current developments and perspectives. In N. Schmitt & W. Borman (Eds.), *Personnel selection* (pp. 171–202). San Francisco: Jossey-Bass.

Bertelsmann, G. (1981). Imagepflege. In P. G. v. Beckerath, P. Sauermann & G. Wiswede (Hrsg.), *Handwörterbuch der Betriebspsychologie und Betriebssoziologie* (S. 209–212). Stuttgart: Enke.

Blick durch die Wirtschaft (1998, 3. März). Sorge um Arbeitsplatz erfaßt auch Marketing-Manager. *Blick durch die Wirtschaft,* S. 5.

Bochner, S. & Insko, C. A. (1966). Communicator discrepancy, source credibility, and opinion change. *Journal of Personality and Social Psychology, 4,* 614–621.

Borg, I. (1995). *Mitarbeiterbefragungen. Strategisches Auftau- und Einbindungsmanagement.* Schriftenreihe Wirtschaftspsychologie. Göttingen: Verlag für Angewandte Psychologie.

Borkenau, P. & Ostendorf, F. (1989). Untersuchungen zum Fünf-Faktoren-Modell der Persönlichkeit und seiner diagnostischen Erfassung. *Zeitschrift für Differentielle und Diagnostische Psychologie, 10,* 239–251.

Borkenau, P. & Ostendorf, F. (1991). Ein Fragebogen zur Erfassung fünf robuster Persönlichkeitsfaktoren. *Diagnostica, 37,* 29–41.

Borkenau, P. & Ostendorf, F. (1993). *NEO-Fünf-Faktoren Inventar (NEO-FFI) nach Costa und McCrae. Handanweisung.* Göttingen: Hogrefe.

Boudreau, J. W. & Rynes, S. L. (1985). Role of recruitment in staffing utility analysis. *Journal of Applied Psychology, 70,* 354–366.

Brock, T. C. (1965). Communicator-recipient similarity and decision change. *Journal of Personality and Social Psychology, 1,* 650–654.

Bungard, W. (1987). Zur Problematik von Reaktivitätseffekten bei der Durchführung eines Assessment Centers. In H. Schuler & W. Stehle (Hrsg.), *Assessment Center als Methode der Personalentwicklung.* Beiträge zur Organisationspsychologie, Band 3 (S. 99–125). Stuttgart: Verlag für Angewandte Psychologie.

Chaiken, S. (1979). Communicator physical attractiveness and persuasion. *Journal of Personality and Social Psychology*, *37*, 1387–1397.

Comelli, G. (1995). Juristische und ethische Aspekte der Eignungsdiagnostik im Managementbereich. In W. Sarges (Hrsg.), *Management-Diagnostik* (2., vollständig überarbeitete und erweiterte Auflage; S. 108–126). Göttingen: Hogrefe.

Costa, P. T. & McCrae, R. R. (1989). *NEO-PI/NEO-FFI manual supplement*. Odessa, Florida: Psychological Assessment Resources.

Costa, P. T. & McCrae, R. R. (1992). *Revised NEO Personality Inventory (NEO PI-R) and NEO Five-Factor Inventory (NEO-FFI)*. *Professional Manual*. Odessa, Florida: Psychological Assessment Resources.

Deters, J. (1999). Video-Bewerbung als Instrument der Personalauswahl und des Personalmarketing bei Gruner+Jahr: Ein Erfahrungsbericht. In A. Thiele & B. Eggers (Hrsg.), *Innovatives Personalmarketing für High-Potentials* (S. 75–89). Schriftenreihe Psychologie für das Personalmanagement. Göttingen: Verlag für Angewandte Psychologie.

Digman, J. M. (1990). Personality structure: Emergence of the five-factor model. *Annual Review of Psychology*, *41*, 417–440.

Digman, J. M. & Inouye, J. (1986). Further specification of the five robust factors of personality. *Journal of Personality and Social Psychology*, *50*, 116–123.

Dorsch, F., Häcker, H. & Stapf, K.-H. (Hrsg.). (1987). *Psychologisches Wörterbuch* (11., ergänzte Auflage). Bern: Huber.

Dreesmann, H. & Harburger, W. (1988). Soziale Validität im Assessment-Center. In G. Romkopf, W. D. Fröhlich & I. Lindner (Hrsg.), *Forschung und Praxis im Dialog. Entwicklungen und Perspektiven. Bericht über den 14. Kongreß für Angewandte Psychologie in Mainz 1987*. (Band 1, S. 161–164). Bonn: Deutscher Psychologen Verlag.

Eagly, A. H. & Chaiken, S. (1975). An attribution analysis of the effect of communicator characteristics on opinion change: The case of communicator attractiveness. *Journal of Personality and Social Psychology*, *32*, 136–144.

Edwards, A. L. (1957). *The social desirability variable in personality assessment and research*. New York: Dryden Press.

Eggers, B. & Thiele, A. (1999). Top-Unternehmen und High-Potentials: Problemaufriß und inhaltlicher Fokus der Beiträge. In A. Thiele & B. Eggers (Hrsg.), *Innovatives Personalmarketing für High-Potentials* (S. 9–12). Schriftenreihe Psychologie für das Personalmanagement. Göttingen: Verlag für Angewandte Psychologie.

Eschbach, H. (1995, 1./2. September). Im scharfen Wettbewerb um die besten Bewerber. *Handelsblatt*, S. K 1.

Festinger, L. (1957). *A theory of cognitive dissonance*. Stanford: Stanford University Press.

Fisher, C. D., Ilgen, D. R. & Hoyer, W. D. (1979). Source credibility, information favorability, and job offer acceptance. *Academy of Management Journal, 22*, 94–103.

Fiske, D. W. (1967). The subject reacts to tests. *American Psychologist, 22*, 287–296.

Flüshöh, U. (1999). Imageforschung und -positionierung: Strategien und Methoden am Beispiel des Hochschulmarketing der Allianz-Versicherungs-Aktiengesellschaft. In A. Thiele & B. Eggers (Hrsg.), *Innovatives Personalmarketing für High-Potentials* (S. 59–73). Schriftenreihe Psychologie für das Personalmanagement. Göttingen: Verlag für Angewandte Psychologie.

Forsyth, D. R. (1987). *Social psychology*. Monterey: Brooks/Cole.

Fruhner, R. & Schuler, H. (1988). Bewertung eignungsdiagnostischer Verfahren zur Personalauswahl durch potentielle Stellenbewerber. In G. Romkopf, W. D. Fröhlich & I. Lindner (Hrsg.), *Forschung und Praxis im Dialog. Entwicklungen und Perspektiven. Bericht über den 14. Kongreß für Angewandte Psychologie in Mainz 1987.* (Band 1, S. 107–111). Bonn: Deutscher Psychologen Verlag.

Fruhner, R. & Schuler, H. (1991). Gibt es Unterschiede in der Bewertung von Assessment Center-Aufgaben in Abhängigkeit vom eigenen Abschneiden? In H. Schuler & U. Funke (Hrsg.), *Eignungsdiagnostik in Forschung und Praxis.* Beiträge zur Organisationspsychologie, Band 10 (S. 313–319). Stuttgart: Verlag für Angewandte Psychologie.

Fruhner, R., Schuler, H., Funke, U. & Moser, K. (1991). Einige Determinanten der Bewertung von Personalauswahlverfahren. *Zeitschrift für Arbeits- und Organisationspsychologie, 35* (N. F. 9), 170–178.

Gilliland, S. W. (1993). The perceived fairness of selection systems: An organizational justice perspective. *Academy of Management Review, 18*, 694–734.

Goldberg, L. R. (1990). An alternative „description of personality": The big-five factor structure. *Journal of Personality and Social Psychology, 59*, 1216–1229.

Goldberg, L. R. (1992). The development of markers for the big-five factor structure. *Psychological Assessment, 4*, 26–42.

Groß-Heitfeld, R. (1995). Das Personalmarketing der Westdeutschen Landesbank. Imageaufbau und bedarfsorientierte Bewerberselektion. In N. Thom & B. Giesen (Hrsg.), *Entwicklungskonzepte und Personalmarketing für den Fach- und Führungsnachwuchs* (II C S. 1–6). Köln: Staufenbiel.

Grubitzsch, S. & Rexilius, G. (1978). *Testtheorie – Testpraxis*. Hamburg: Rowohlt.

Haney, W. (1981). Validity, vaudeville, and values. A short history of social concerns over standardized testing. *American Psychologist, 36*, 1021–1034.

Harburger, W. (1992). Soziale Validität im individuellen Erleben von Assessment-Center-Probanden. *Zeitschrift für Arbeits- und Organisationspsychologie, 36* (N. F. 10), 147–151.

Harris, M. M. & Fink, L. S. (1987). A field study of applicant reactions to employment opportunities: Does the recruiter make a difference? *Personnel Psychology, 40,* 765–784.

Herkner, W. (1987). Sympathie und Ablehnung. In D. Frey & S. Greif (Hrsg.), *Sozialpsychologie. Ein Handbuch in Schlüsselbegriffen* (2., erweiterte Auflage; S. 350–355). München: Psychologie Verlags Union.

Hesse, J. & Schrader, H. C. (1991). *Das neue Test-Trainings-Programm: Einstellungs- und Eignungstests erfolgreich bestehen; die wichtigsten Testaufgaben – und wie man sie löst.* Frankfurt am Main: Eichborn.

Hörmann, H. (1977). *Psychologie der Sprache* (2., überarbeitete Auflage). Berlin: Springer.

Holling, H. & Leippold, W. (1991). Zur sozialen Validität von Assessment-Centern. In H. Schuler & U. Funke (Hrsg.), *Eignungsdiagnostik in Forschung und Praxis.* Beiträge zur Organisationspsychologie, Band 10 (S. 305–312). Stuttgart: Verlag für Angewandte Psychologie.

Horai, J., Naccari, N. & Fatoullah, E. (1974). The effects of expertise and physical attractiveness upon opinion agreement and liking. *Sociometry, 37,* 601–606.

Hovland, C. I., Janis, I. L. & Kelley, H. H. (1953). *Communication and persuasion.* New Haven: Yale University Press.

Hovland, C. I. & Weiss, W. (1951). The influence of source credibility on communication effectiveness. *Public Opinion Quarterly, 15,* 635–650.

Iles, P. A. & Robertson, I. T. (1989). The impact of personnel selection procedures on candidates. In P. Herriot (Ed.), *Assessment and selection in organizations* (pp. 257–271). Chichester: Wiley.

Jäger, R. S. (1993). Measuring reactions of examiner and examinee to each other and to the psychodiagnostic situation. In B. Nevo & R. S. Jäger (Eds.), *Educational and psychological testing: The test taker's outlook* (pp. 267–284). Toronto: Hogrefe & Huber.

Jäger, R. S. (1995). Eignungsdiagnostik aus der Sicht der Kandidaten. In W. Sarges (Hrsg.), *Management-Diagnostik* (2., vollständig überarbeitete und erweiterte Auflage; S. 102–108). Göttingen: Hogrefe.

John, O. P., Angleitner, A. & Ostendorf, F. (1988). The lexical approach to personality: A historical review of trait-taxonomic research. *European Journal of Personality, 2,* 171–203.

Jourard, S. M. (1971). *Self-disclosure: An experimental analysis of the transparent self.* New York: Wiley-Interscience.

Jourard, S. M. & Jaffe, P. E. (1970). Influence of an interviewer's disclosure on the self-disclosing behavior of interviewees. *Journal of Counseling Psychology, 17,* 252–257.

Kelman, H. C. (1961). Processes of opinion change. *Public Opinion Quarterly, 25,* 57–78.

Kelman, H. C. & Hovland, C. I. (1953). „Reinstatement" of the communicator in delayed measurement of opinion change. *Journal of Abnormal and Social Psychology, 48,* 327–335.

Kersting, M. (1998). Differentielle Aspekte der sozialen Akzeptanz von Intelligenztests und Problemlöseszenarien als Personalauswahlverfahren. *Zeitschrift für Arbeits- und Organisationspsychologie, 42* (N. F. 16), 61–75.

Kieser, A., Nagel, R., Krüger, K. H. & Hippler, G. (1985). *Die Einführung neuer Mitarbeiter in das Unternehmen.* Frankfurt: Campus.

Köchling, A. C. (1993). *Zum Erleben von Eignungsuntersuchungssituationen durch die Bewerber – ein empirischer Beitrag zum Konzept der sozialen Validität.* Unveröffentlichte Diplomarbeit, Technische Hochschule Darmstadt.

Köchling, A. C. (1995). *Fragebogen zum Erleben und Bewerten von Auswahlsituationen (FE-BA).* Unveröffentlichte Befragungskonzeption, Technische Hochschule Darmstadt.

Köchling, A. C. (1999). Bewerberorientierte Personalauswahl: Der Vorstellungstermin als Instrument des Personalmarketing. In A. Thiele & B. Eggers (Hrsg.), *Innovatives Personalmarketing für High-Potentials* (S. 135–148). Schriftenreihe Psychologie für das Personalmanagement. Göttingen: Verlag für Angewandte Psychologie.

Köchling, A. C. & Körner, S. (1996). Personalauswahl aus der Sicht der Betroffenen: Zur bewerberorientierten Gestaltung von Beurteilungssituationen. *Zeitschrift für Arbeits- und Organisationspsychologie, 40* (N. F. 14), 22–37.

Kompa, A. (1989). *Personalbeschaffung und Personalauswahl* (2., durchgesehene Auflage). Basistexte Personalwesen, Band 4. Stuttgart: Enke.

Körner, S. (1996). *Tätigkeitsorientierte Konstruktvalidierung nonkognitiver Leistungsprädiktoren. Ein Forschungsbeitrag zum Zusammenhang zwischen Persönlichkeit, Tätigkeit und beruflichem Erfolg von Führungskräften.* Europäische Hochschulschriften: Reihe 6, Psychologie; Band 536. Frankfurt am Main: Lang.

Latham, G. P. & Finnegan, B. J. (1993). Perceived practicality of unstructered, patterned and situational interviews. In H. Schuler, J. L. Farr & M. Smith (Eds.), *Personnel selection and assessment. Individual and organizational perspectives* (pp. 41–55). Hillsdale, NJ: Erlbaum.

Latham, G. P., Saari, L. M., Pursell, E. D. & Campion, M. A. (1980). The situational interview. *Journal of Applied Psychology, 65,* 422–427.

Lehrl, S. (1993). *Mehrfachwahl-Wortschatz-Intelligenztest MWT-B. Manual* (2., überarbeitete Auflage). Nürnberg: Perimed-Spitta.

Leichner, R. (1979). *Psychologische Diagnostik. Grundlagen, Kontroversen, Praxisprobleme.* Weinheim: Beltz.

Liden, R. C. & Parsons, C. K. (1986). A field study of job applicant interview perceptions, alternative opportunities, and demographic characteristics. *Personnel Psychology, 39*, 109–122.

Lienert, G. A. (1967). *Testaufbau und Testanalyse*. Weinheim: Beltz.

Lounsbury, J. W., Bobrow, W. & Jensen, J. B. (1989). Attitudes toward employment testing: Scale development, correlates, and „known-group" validation. *Professional Psychology: Research and Practice, 20*, 340–349.

Maier, W. (1987). Die Praxis der Berufseignungsdiagnostik in der Erfahrung jugendlicher Auszubildender. *Zeitschrift für Arbeits- und Organisationspsychologie, 31* (N. F. 5), 77–79.

Manager Magazin (1996a). Personalauswahl: ... und raus bist du! *Manager Magazin, 26* (5), 220–229.

Manager Magazin (1996b). Überfall beim Frühstück. Worauf sich Bewerber einstellen müssen. *Manager Magazin, 26* (5), 232.

Martin, C. L. & Nagao, D. H. (1989). Some effects of computerized interviewing on job applicant responses. *Journal of Applied Psychology, 74*, 72–80.

McCrae, R. R. & Costa, P. T., Jr. (1987). Validation of the five-factor model of personality across instruments and observers. *Journal of Personality and Social Psychology, 52*, 81–90.

McCrae, R. R. & Costa, P. T., Jr. (1989). More reasons to adopt the five-factor model. *American Psychologist, 44*, 451–452.

McCrae, R. R. & John, O. P. (1992). An introduction to the five-factor model and its applications. *Journal of Personality, 60*, 175–215.

Merkens, H. (1989). Organisationskultur. In S. Greif, H. Holling & N. Nicholson (Hrsg.), *Arbeits- und Organisationspsychologie: Internationales Handbuch in Schlüsselbegriffen* (S. 365–370). München: Psychologie Verlags Union.

Moser, K. (1990). *Werbepsychologie: Eine Einführung*. München: Psychologie Verlags Union.

Moser, K. (1995). Vergleich unterschiedlicher Wege der Gewinnung neuer Mitarbeiter. *Zeitschrift für Arbeits- und Organisationspsychologie, 39* (N. F. 13), 105–114.

Moser, K., Stehle, W. & Schuler, H. (Hrsg.). (1993). *Personalmarketing*. Beiträge zur Organisationspsychologie, Band 9. Göttingen: Verlag für Angewandte Psychologie.

Murphy, K. R. (1986). When your top choice turns you down: Effect of rejected offers on the utility of selection tests. *Psychological Bulletin, 99*, 133–138.

Nevo, B. & Jäger, R. S. (Eds.). (1993). *Educational and psychological testing: The test ta-ker's outlook.* Toronto: Hogrefe & Huber.

Nevo, B. & Sfez, J. (1985). Examinees' Feedback Questionnaires. *Assessment and Evaluation in Higher Education, 10,* 236–243.

Nevo, B. & Sfez, J. (1986). Examinees' Feedback Questionnaire (EFeQ). In B. Nevo & R. S. Jäger (Eds.), *Psychological testing: The examinee perspective* (pp. 21–47). Göttingen: Ho-grefe.

Noe, R. A. & Steffy, B. D. (1987). The influence of individual characteristics and assessment center evaluation on career exploration behavior and job involvement. *Journal of Voca-tional Behavior, 30,* 187–202.

Ogilvy, D. (1991). *Geständnisse eines Werbemannes.* Düsseldorf: Econ. (Original erschienen 1963: Confessions of an advertising man)

Paczensky, S. v. (1976). *Der Testknacker. Wie man Karrieretests erfolgreich besteht.* Rein-bek: Rowohlt.

Pieske, R. (1997). *Benchmarking in der Praxis. Erfolgreiches Lernen von führenden Unter-nehmen* (2. Auflage). Landsberg/Lech: Verlag Moderne Industrie.

Porter, L. W. & Steers, R. M. (1973). Organizational, work, and personal factors in employee turnover and absenteism. *Psychological Bulletin, 80,* 151–176.

Premack, S. L. & Wanous, J. P. (1985). A meta-analysis of realistic job preview experiments. *Journal of Applied Psychology, 70,* 706–719.

Price, R. H. & Bouffard, D. L. (1974). Behavioral appropriateness and situational constraint as dimensions of social behavior. *Journal of Personality and Social Psychology, 30,* 579–586.

Pulver, U., Lang, A. & Schmid, F. W. (Hrsg.). (1978). *Ist Psychodiagnostik verantwortbar?* Bern: Huber.

Robertson, I. T. & Smith, M. (1989). Personnel selection methods. In M. Smith & I. T. Ro-bertson (Eds.), *Advances in selection and assessment* (pp. 89–112). New York: Wiley.

Rosenberg, M. J. (1969). The conditions and consequences of evaluation apprehension. In R. Rosenthal & R. Rosnow (Eds.), *Artifact in behavioural research* (pp. 279–349). New York: Academic Press.

Rynes, S. L. (1993). When recruitment fails to attract: Individual expectations meet organiz-ational realities in recruitment. In H. Schuler, J. L. Farr & M. Smith (Eds.), *Personnel se-lection and assessment. Individual and organizational perspectives* (pp. 27–40). Hillsdale, NJ: Erlbaum.

Rynes, S. L., Bretz, R. D., Jr. & Gerhart, B. (1991). The importance of recruitment in job choice: A different way of looking. *Personnel Psychology, 44*, 487–521.

Rynes, S. L., Heneman, H. G. III & Schwab, D. P. (1980). Individual reactions to organizational recruiting: A review. *Personnel Psychology, 33*, 529–542.

Rynes, S. L. & Miller, H. E. (1983). Recruiter and job influences on candidates for employment. *Journal of Applied Psychology, 68*, 147–154.

Sarges, W. (Hrsg.). (1995). *Management-Diagnostik* (2., vollständig überarbeitete und erweiterte Auflage). Göttingen: Hogrefe.

Sarges, W. (1996). Die Assessment Center-Methode – Herkunft, Kritik und Weiterentwicklungen. In W. Sarges (Hrsg.), *Weiterentwicklungen der Assessment Center-Methode* (S. VII–XV). Schriftenreihe Psychologie für das Personalmanagement. Göttingen: Verlag für Angewandte Psychologie.

Schmitt, N. & Coyle, B. W. (1976). Applicant decisions in the employment interview. *Journal of Applied Psychology, 61*, 184–192.

Scholz, C. (1999). Personalmarketing für High-Potentials: Über den Umgang mit Goldfischen und Weihnachtskarpfen. In A. Thiele & B. Eggers (Hrsg.), *Innovatives Personalmarketing für High-Potentials* (S. 27–38). Schriftenreihe Psychologie für das Personalmanagement. Göttingen: Verlag für Angewandte Psychologie.

Schuler, H. (1989). Interviews. In S. Greif, H. Holling & N. Nicholson (Hrsg.), *Arbeits- und Organisationspsychologie: Internationales Handbuch in Schlüsselbegriffen* (S. 260–265). München: Psychologie Verlags Union.

Schuler, H. (1990). Personenauswahl aus der Sicht der Bewerber: Zum Erleben eignungsdiagnostischer Situationen. *Zeitschrift für Arbeits- und Organisationspsychologie, 34* (N. F. 8), 184–191.

Schuler, H. (1993a). Is there a dilemma between validity and acceptance in the employment interview? In B. Nevo & R. S. Jäger (Eds.), *Educational and psychological testing: The test taker's outlook* (pp. 239–250). Toronto: Hogrefe & Huber.

Schuler, H. (1993b). Social validity of selection situations: A concept and some empirical results. In H. Schuler, J. L. Farr & M. Smith (Eds.), *Personnel selection and assessment. Individual and organizational perspectives* (pp. 11–26). Hillsdale, NJ: Erlbaum.

Schuler, H. (1996). *Psychologische Personalauswahl. Einführung in die Berufseignungsdiagnostik.* Schriftenreihe Wirtschaftspsychologie. Göttingen: Verlag für Angewandte Psychologie.

Schuler, H. & Fruhner, R. (1993). Effects of assessment center participation on self-esteem and on evaluation of the selection situation. In H. Schuler, J. L. Farr & M. Smith (Eds.), *Personnel selection and assessment. Individual and organizational perspectives* (pp. 109–124). Hillsdale, NJ: Erlbaum.

Schuler, H. & Funke, U. (1993). Diagnose beruflicher Eignung und Leistung. In H. Schuler (Hrsg.), *Lehrbuch Organisationspsychologie* (S. 235–283). Bern: Huber.

Schuler, H. & Moser K. (1993). Entscheidung von Bewerbern. In K. Moser, W. Stehle & H. Schuler (Hrsg.), *Personalmarketing*. Beiträge zur Organisationspsychologie, Band 9 (S. 51–75). Göttingen: Verlag für Angewandte Psychologie.

Schuler, H. & Moser, K. (1995). Die Validität des Multimodalen Interviews. *Zeitschrift für Arbeits- und Organisationspsychologie, 39* (N. F. 13), 2–12.

Schuler, H. & Stehle, W. (1983). Neuere Entwicklungen des Assessment-Center-Ansatzes – beurteilt unter dem Aspekt der sozialen Validität. *Psychologie und Praxis. Zeitschrift für Arbeits- und Organisationspsychologie, 27* (N. F. 1), 33–44.

Schuler, H. & Stehle, W. (1985). Soziale Validität eignungsdiagnostischer Verfahren: Anforderungen für die Zukunft. In H. Schuler & W. Stehle (Hrsg.), *Organisationspsychologie und Unternehmenspraxis: Perspektiven der Kooperation*. Beiträge zur Organisationspsychologie, Band 1 (S. 133–138). Stuttgart: Verlag für Angewandte Psychologie.

Schwaab, M.-O. (1993). Erwartungen an einen Arbeitgeber. In K. Moser, W. Stehle & H. Schuler (Hrsg.), *Personalmarketing*. Beiträge zur Organisationspsychologie, Band 9 (S. 19–39). Göttingen: Verlag für Angewandte Psychologie.

Seifert, K. H. (1982). *Die Bedeutung der Beschäftigungsaussichten im Rahmen des Berufswahlprozesses* (BeitrAB 67). Nürnberg: Institut für Arbeitsmarkt- und Berufsforschung der Bundesanstalt für Arbeit.

Sichau, I. (1998, 5. März). Geld allein macht keinen Wechsel. *Horizont*, S. 65.

Sichler, R. (1989). Das Erleben und die Verarbeitung eines Assessment-Center-Verfahrens. Ein empirischer Beitrag zur „Sozialen Validität" eignungsdiagnostischer Situationen. *Zeitschrift für Arbeits- und Organisationspsychologie, 33* (N. F. 7), 139–145.

Siegel, S. (1985). *Nichtparametrische statistische Methoden* (2., durchgesehene Auflage). Eschborn: Fachbuchhandlung für Psychologie.

Spitznagel, A. (1982). Die diagnostische Situation. In K.-J. Groffmann & L. Michel (Hrsg.), *Grundlagen psychologischer Diagnostik*. Enzyklopädie der Psychologie, B/II/I (S. 248–294). Göttingen: Hogrefe.

Tedeschi, J. T. (Ed.). (1981). *Impression management theory and social psychological research*. New York: Academic Press.

Thiele, A. & Eggers, B. (Hrsg.). (1999). *Innovatives Personalmarketing für High-Potentials*. Schriftenreihe Psychologie für das Personalmanagement. Göttingen: Verlag für Angewandte Psychologie.

Triebe, J. K. (1976). *Das Interview im Kontext der Eignungsdiagnostik*. Bern: Huber.

Triebe, J. K. & Ulich, E. (Hrsg.). (1977). *Beiträge zur Eignungsdiagnostik.* Bern: Huber.

Trost, G. (1993). Attitudes and reactions of West German students with respect to scholastic aptitude tests in selection and counseling programs. In B. Nevo & R. S. Jäger (Eds.), *Educational and psychological testing: The test taker's outlook* (pp. 177–201). Toronto: Hogrefe & Huber.

Wanous, J. P. (1973). Effects of a realistic job preview on job acceptance, job attitudes, and job survival. *Journal of Applied Psychology, 58,* 327–332.

Wanous, J. P. (1992). *Organizational entry.* Reading, MA: Addison-Wesley.

Watson, D. & Clark, L. A. (1984). Negative affectivity: The disposition to experience aversive emotional states. *Psychological Bulletin, 96,* 465–490.

Wiltinger, K. & Simon, H. (1999). Entwicklungstendenzen des High-Potential-Recruiting: Fünf Thesen. In A. Thiele & B. Eggers (Hrsg.), *Innovatives Personalmarketing für High-Potentials* (S. 169–183). Schriftenreihe Psychologie für das Personalmanagement. Göttingen: Verlag für Angewandte Psychologie.

Zerssen, D. v. (1975). *Die Befindlichkeits-Skala. Manual.* München: Beltz Test.

Zulliger, J. (1996, 4. März). Enorm wichtig: Gute Arbeitskollegen. *Tagesanzeiger,* S. 31.

8 Anhang

8.1 Versionen des FEBA

8.1.1 Großunternehmen der chemischen Industrie

FEBA - Fragebogen zum Erleben und Bewerten von Auswahlsituationen (Teil 1)

Kennwort:_____   Datum:_____
(Bitte tragen Sie hier Ihr persönliches Kennwort ein.)

Guten Tag!

Sie nehmen heute an einem Personalauswahlverfahren teil. In diesem Zusammenhang möchte ich gerne einige Fragen an Sie richten. Ich führe eine Untersuchung durch, die Aufschluß darüber geben soll, wie Personen Auswahlsituationen erleben und bewerten. Im Rahmen dieser Studie werden Bewerber verschiedener Organisationen unmittelbar in Auswahlsituationen zu ihren diesbezüglichen Eindrücken befragt. Die Ergebnisse der Untersuchung sind wichtig für die Entwicklung und Anwendung von Beurteilungsverfahren und tragen über die Berücksichtigung der Teilnehmerperspektive zu einer verbesserten und akzeptableren Personalauswahl bei.

Konkret möchte ich Sie bitten, die Fragebögen auszufüllen, die ich Ihnen zu Ihrem Auswahlverfahren vorlegen werde. Diese Fragebögen stehen in keinerlei Zusammenhang mit der Beurteilung Ihrer Eignung für die Stelle, für die Sie sich bei diesem Unternehmen beworben haben.

Die Befragung erfolgt anonym, d. h. Sie brauchen auf den Formularen nicht Ihren Namen anzugeben, sondern lediglich ein beliebiges Kennwort, das mir die Zuordnung der verschiedenen Fragebögen einer Person zueinander ermöglichen soll. Die Fragebögen werden dem Unternehmen, bei dem Sie sich beworben haben, nicht zugänglich gemacht. Die Angaben zur Person dienen lediglich der Zuordnung zu sinnvoll auswertbaren Gruppen.

Vielen Dank für Ihre Kooperation!

Andreas Köchling
- TH Darmstadt -

Angaben zur Person

Geschlecht: Alter:_____
  männlich...............❏
  weiblich...............❏ Beruf:_____

Schulbildung: Derzeitige Tätigkeit:_____
  Hauptschule.............❏
  Realschule..............❏ Bewerbung als:_____
  Gymnasium...............❏

Berufsausbildung:
  keine...❏   J N
  Lehre (z. B. handwerklich, technisch, kaufmännisch)..........❏ E....❏ ❏
  Fachschule (z. B. Meister, Techniker, Betriebswirt)..........❏ S....❏ ❏
  Studium (Hochschule, Fachhochschule)..........................❏ (bitte freilassen)

Hinweise: Im folgenden finden Sie einige Fragen. Lesen Sie bitte jede dieser Fragen aufmerksam durch und antworten Sie, indem Sie auf den hierzu angegebenen Skalen denjenigen Wert ankreuzen, der Ihre Sichtweise am besten ausdrückt. Falls Sie Ihre Meinung nach dem Ankreuzen einmal ändern sollten, streichen Sie Ihre erste Antwort bitte deutlich durch. Auch wenn Ihnen einmal die Entscheidung schwerfallen sollte, kreuzen Sie trotzdem immer eine Antwort an, und zwar die, welche noch am ehesten zutrifft.

Bei diesem Fragebogen gibt es keine 'richtigen' oder 'falschen' Antworten. Sie erfüllen den Zweck der Befragung am besten, wenn Sie die Fragen so wahrheitsgemäß wie möglich beantworten. Bitte bearbeiten Sie die Fragen zügig aber sorgfältig. **Lassen Sie keine Frage aus.**

Beginnen Sie jetzt bitte mit der Beantwortung!

1. Wie attraktiv ist dieses Unternehmen für Sie?

	1	2	3	4	5	6	7	
sehr unattraktiv	❑	❑	❑	❑	❑	❑	❑	sehr attraktiv

2. Wie attraktiv ist für Sie der Arbeitsplatz, für den Sie sich bei diesem Unternehmen beworben haben?

	1	2	3	4	5	6	7	
sehr unattraktiv	❑	❑	❑	❑	❑	❑	❑	sehr attraktiv

3. Wie wahrscheinlich ist es Ihrer Einschätzung nach, daß Sie heute im Personalauswahlverfahren nicht gut abschneiden?

	1	2	3	4	5	6	7	
sehr unwahrscheinlich	❑	❑	❑	❑	❑	❑	❑	sehr wahrscheinlich

4. Wie wahrscheinlich ist es Ihrer Meinung nach, daß Ihnen von diesem Unternehmen die Stelle angeboten wird, für die Sie sich beworben haben?

	1	2	3	4	5	6	7	
sehr unwahrscheinlich	❑	❑	❑	❑	❑	❑	❑	sehr wahrscheinlich

5. Wenn Ihnen von diesem Unternehmen die Stelle angeboten würde, für die Sie sich beworben haben, würden Sie annehmen?

	1	2	3	4	5	6	7	
sehr unwahrscheinlich	❑	❑	❑	❑	❑	❑	❑	sehr wahrscheinlich

6. Würden Sie sofort annehmen?

	1	2	3	4	5	6	7	
bestimmt nicht	❑	❑	❑	❑	❑	❑	❑	bestimmt

7. Wieviele Stellenangebote haben Sie bisher erhalten?

❑ 0   ❑ 1   ❑ 2   ❑ 3   ❑ 4   ❑ 5   ❑ 6 oder mehr

8. Mit wievielen Stellenangeboten rechnen Sie insgesamt?

❑ 0   ❑ 1   ❑ 2   ❑ 3   ❑ 4   ❑ 5   ❑ 6 oder mehr

FEBA - Fragebogen zum Erleben und Bewerten von Auswahlsituationen (Teil 2-ET)

Kennwort:_____   Datum:_____

(Bitte tragen Sie hier Ihr persönliches Kennwort ein.)

Sie haben gerade an einem Eignungstest teilgenommen. Wie oft haben Sie **davor** schon an Eignungstests teilgenommen?

❏ noch nie   ❏ 1mal   ❏ 2mal   ❏ 3mal   ❏ 4mal   ❏ 5mal   ❏ 6mal oder öfter

Hinweise: Auf den folgenden Seiten finden Sie eine Reihe von Aussagen, die sich zur Beschreibung Ihrer Eindrücke bezüglich des **gerade erlebten Eignungstests** eignen könnten. Lesen Sie bitte jede Aussage aufmerksam durch und überlegen Sie, ob die jeweilige Aussage Ihre Eindrücke bezüglich des soeben erlebten Eignungstests zutreffend beschreibt oder nicht. Zur Beurteilung jeder der Aussagen steht Ihnen eine fünffach abgestufte Skala zur Verfügung. Kreuzen Sie bitte an:

		völlig unzutreffend	unzutreffend	weder noch	zutreffend	völlig zutreffend
1	(**völlig unzutreffend**), wenn Sie die Aussage für völlig unzutreffend halten oder ihr auf keinen Fall zustimmen.	1 ❏	2 ❏	3 ❏	4 ❏	5 ❏
2	(**unzutreffend**), wenn Sie die Aussage für unzutreffend halten oder ihr eher nicht zustimmen.	1 ❏	2 ❏	3 ❏	4 ❏	5 ❏
3	(**weder noch**), wenn die Aussage weder zutreffend noch unzutreffend, also weder richtig noch falsch ist.	1 ❏	2 ❏	3 ❏	4 ❏	5 ❏
4	(**zutreffend**), wenn Sie die Aussage für zutreffend halten oder ihr eher zustimmen.	1 ❏	2 ❏	3 ❏	4 ❏	5 ❏
5	(**völlig zutreffend**), wenn Sie die Aussage für völlig zutreffend halten oder ihr nachdrücklich zustimmen.	1 ❏	2 ❏	3 ❏	4 ❏	5 ❏

Wenn Sie beispielsweise die Aussage 'Die Person, die den Eignungstest durchführte, schien mir für ihre Aufgabe kompetent zu sein' für völlig zutreffend hielten, so würden Sie hier die Ziffer 5 ankreuzen. Hielten Sie hingegen die Aussage für völlig unzutreffend, so wäre die Ziffer 1 anzukreuzen. Wäre die Aussage Ihrer Ansicht nach weder zutreffend noch unzutreffend, so würden Sie dies dadurch ausdrücken, daß Sie die Ziffer 3 ankreuzen.

Bitte lesen Sie jede Aussage genau durch und kreuzen Sie als Antwort die Kategorie an, die Ihre Sichtweise am besten ausdrückt. Falls Sie Ihre Meinung nach dem Ankreuzen einmal ändern sollten, streichen Sie Ihre erste Antwort bitte deutlich durch. Auch wenn Ihnen einmal die Entscheidung schwerfallen sollte, kreuzen Sie trotzdem immer eine Antwort an, und zwar die, welche noch am ehesten zutrifft.

Bei diesem Fragebogen gibt es keine 'richtigen' oder 'falschen' Antworten. Sie erfüllen den Zweck der Befragung am besten, wenn Sie die Fragen so wahrheitsgemäß wie möglich beantworten. Bitte beurteilen Sie die Aussagen zügig aber sorgfältig. **Lassen Sie keine Aussage aus.**

Beginnen Sie jetzt bitte mit der Beantwortung!

| | völlig unzutreffend | unzutreffend | weder noch | zutreffend | völlig zutreffend |

Die Inhalte des Eignungstests ...

1. ... haben mir Aufschluß über die Arbeitsplatzmerkmale gegeben. ......
    1 2 3 4 5 ☐ ☐ ☐ ☐ ☐

2. ... haben mir die Aufgabenbereiche der Tätigkeit aufgezeigt. ....
    1 2 3 4 5 ☐ ☐ ☐ ☐ ☐

3. ... haben mir Informationen über die Anforderungen des Arbeitsplatzes geliefert, also darüber, welche Fähigkeiten diese Tätigkeit von mir verlangt. ....
    1 2 3 4 5 ☐ ☐ ☐ ☐ ☐

4. ... haben mir keinen Aufschluß über die Leistungsanforderungen in der Tätigkeit gegeben. ....
    1 2 3 4 5 ☐ ☐ ☐ ☐ ☐

5. ... haben mein Interesse an dem Arbeitsplatz erhöht. ....
    1 2 3 4 5 ☐ ☐ ☐ ☐ ☐

6. ... haben mein Interesse an dem Arbeitsplatz verringert. ....
    1 2 3 4 5 ☐ ☐ ☐ ☐ ☐

Im Eignungstest ...

7. ... konnte ich die Situation mitgestalten. ....
    1 2 3 4 5 ☐ ☐ ☐ ☐ ☐

8. ... konnte ich die Situation nicht kontrollieren. ....
    1 2 3 4 5 ☐ ☐ ☐ ☐ ☐

9. ... konnte ich mein Abschneiden selbst beeinflussen. ....
    1 2 3 4 5 ☐ ☐ ☐ ☐ ☐

10. ... wurde mein Verhalten stark von außen bestimmt. ....
    1 2 3 4 5 ☐ ☐ ☐ ☐ ☐

11. ... konnte ich das Verhalten des Testleiters beeinflussen. ....
    1 2 3 4 5 ☐ ☐ ☐ ☐ ☐

12. ... konnte ich Einfluß darauf nehmen, welchen Eindruck der Testleiter von mir gewann. ....
    1 2 3 4 5 ☐ ☐ ☐ ☐ ☐

13. ... war ich nicht in meinen Verhaltensmöglichkeiten eingeschränkt. ....
    1 2 3 4 5 ☐ ☐ ☐ ☐ ☐

14. ... stand ich so unter Anspannung und Streß, daß ich nicht meine besten Leistungen zeigen konnte. ....
    1 2 3 4 5 ☐ ☐ ☐ ☐ ☐

15. ... hatte ich so starke Prüfungsangst, daß meine Leistungen hierdurch beeinträchtigt wurden. ....
    1 2 3 4 5 ☐ ☐ ☐ ☐ ☐

16. ... spielte ich eine aktive Rolle. ....
    1 2 3 4 5 ☐ ☐ ☐ ☐ ☐

17. ... wußte ich, was ich tun mußte, um gut abzuschneiden. ....
    1 2 3 4 5 ☐ ☐ ☐ ☐ ☐

18. ... wurde ich nicht fair behandelt. ....
    1 2 3 4 5 ☐ ☐ ☐ ☐ ☐

19. ... wurde ich respektvoll behandelt. ....
    1 2 3 4 5 ☐ ☐ ☐ ☐ ☐

Im Eignungstest ...

	völlig unzutreffend	unzutreffend	weder noch	zutreffend	völlig zutreffend
	1	2	3	4	5

20. ... konnte ich meine Fähigkeiten nicht optimal darstellen. ☐ ☐ ☐ ☐ ☐

21. ... habe ich meiner Einschätzung nach nicht gut abgeschnitten. ☐ ☐ ☐ ☐ ☐

22. ... empfand ich die Situation als übersichtlich und überschaubar. ☐ ☐ ☐ ☐ ☐

23. ... war mir klar, welche Rollen die beteiligten Personen spielten. ☐ ☐ ☐ ☐ ☐

24. ... war mir nicht klar, welche Absichten der Testleiter verfolgte. ☐ ☐ ☐ ☐ ☐

25. ... wußte ich nicht, was von mir erwartet wurde. ☐ ☐ ☐ ☐ ☐

26. ... war mir klar, nach welchen Kriterien meine Testleistungen beurteilt werden. ... ☐ ☐ ☐ ☐ ☐

Der durchgeführte Test ...

27. ... erfaßt meiner Ansicht nach Fähigkeiten, die nicht für den Arbeitsplatz relevant sind. ☐ ☐ ☐ ☐ ☐

28. ... ist meiner Einschätzung nach zur Ermittlung meiner Eignung für die Tätigkeit geeignet. ☐ ☐ ☐ ☐ ☐

29. ... ist meiner Meinung nach zur Vorhersage meiner Leistung in der Tätigkeit geeignet. ☐ ☐ ☐ ☐ ☐

Ich verstehe, wie von meinen Testergebnissen ...

30. ... auf meine Fähigkeiten geschlossen wird. ☐ ☐ ☐ ☐ ☐

31. ... meine Eignung für die Tätigkeit abgeleitet wird. ☐ ☐ ☐ ☐ ☐

Die Teilnahme am Test ...

32. ... hat mir eine bessere Einschätzung meiner Fähigkeiten ermöglicht. ☐ ☐ ☐ ☐ ☐

33. ... hat mir keine Hinweise auf meine Stärken und Schwächen gegeben. ☐ ☐ ☐ ☐ ☐

34. ... hat mir eine bessere Einschätzung meiner Eignung für die Tätigkeit ermöglicht. ☐ ☐ ☐ ☐ ☐

35. ... hat mir in jedem Fall etwas gebracht, also auch, falls ich kein Stellenangebot erhalte. ☐ ☐ ☐ ☐ ☐

Hinweise: Im folgenden finden Sie zwanzig siebenfach abgestufte Skalen, deren Enden jeweils durch zwei gegensätzliche Adjektive markiert sind. Bitte beurteilen Sie abschließend Ihren gerade erlebten Eignungstest, indem Sie auf jeder dieser Skalen denjenigen Wert ankreuzen, der Ihre Ansicht am besten ausdrückt.

Bitte bearbeiten Sie die Skalen zügig aber sorgfältig. **Lassen Sie keine Skala aus.**

Ich empfand den Eignungstest als ...

	3	2	1	0	1	2	3	
durchschaubar	⬜	⬜	⬜	⬜	⬜	⬜	⬜	undurchschaubar
einfach	⬜	⬜	⬜	⬜	⬜	⬜	⬜	schwierig
nutzlos	⬜	⬜	⬜	⬜	⬜	⬜	⬜	nützlich
entlastend	⬜	⬜	⬜	⬜	⬜	⬜	⬜	belastend
aufregend	⬜	⬜	⬜	⬜	⬜	⬜	⬜	beruhigend
unangenehm	⬜	⬜	⬜	⬜	⬜	⬜	⬜	angenehm
erholsam	⬜	⬜	⬜	⬜	⬜	⬜	⬜	anstrengend
eindeutig	⬜	⬜	⬜	⬜	⬜	⬜	⬜	uneindeutig
ungerecht	⬜	⬜	⬜	⬜	⬜	⬜	⬜	gerecht
erfreulich	⬜	⬜	⬜	⬜	⬜	⬜	⬜	unerfreulich
langweilig	⬜	⬜	⬜	⬜	⬜	⬜	⬜	spannend
demokratisch	⬜	⬜	⬜	⬜	⬜	⬜	⬜	undemokratisch
unsympathisch	⬜	⬜	⬜	⬜	⬜	⬜	⬜	sympathisch
ineffizient	⬜	⬜	⬜	⬜	⬜	⬜	⬜	effizient
respektierend	⬜	⬜	⬜	⬜	⬜	⬜	⬜	respektlos
rücksichtslos	⬜	⬜	⬜	⬜	⬜	⬜	⬜	rücksichtsvoll
wichtig	⬜	⬜	⬜	⬜	⬜	⬜	⬜	unwichtig
positiv	⬜	⬜	⬜	⬜	⬜	⬜	⬜	negativ
informationslos	⬜	⬜	⬜	⬜	⬜	⬜	⬜	informativ
unfair	⬜	⬜	⬜	⬜	⬜	⬜	⬜	fair
	3	2	1	0	1	2	3	

FEBA - Fragebogen zum Erleben und Bewerten von Auswahlsituationen (Teil 2-VG)

Kennwort:_____   Datum:_____
(Bitte tragen Sie hier Ihr persönliches Kennwort ein.)

Sie hatten gerade ein Vorstellungsgespräch. Wie oft hatten Sie **davor** schon Vorstellungsgespräche?

❑ noch nie   ❑ 1mal   ❑ 2mal   ❑ 3mal   ❑ 4mal   ❑ 5mal   ❑ 6mal oder öfter

Hinweise: Auf den folgenden Seiten finden Sie eine Reihe von Aussagen, die sich zur Beschreibung Ihrer Eindrücke bezüglich des **gerade erlebten Vorstellungsgesprächs** eignen könnten. Lesen Sie bitte jede Aussage aufmerksam durch und überlegen Sie, ob die jeweilige Aussage Ihre Eindrücke bezüglich des soeben erlebten Vorstellungsgesprächs zutreffend beschreibt oder nicht. Zur Beurteilung jeder der Aussagen steht Ihnen eine fünffach abgestufte Skala zur Verfügung. Kreuzen Sie bitte an:

	völlig unzutreffend	unzutreffend	weder noch	zutreffend	völlig zutreffend

1 (**völlig unzutreffend**), wenn Sie die Aussage für völlig unzutreffend halten oder ihr auf keinen Fall zustimmen. ....

1 2 3 4 5
❑ ❑ ❑ ❑ ❑

2 (**unzutreffend**), wenn Sie die Aussage für unzutreffend halten oder ihr eher nicht zustimmen. ....

1 2 3 4 5
❑ ❑ ❑ ❑ ❑

3 (**weder noch**), wenn die Aussage weder zutreffend noch unzutreffend, also weder richtig noch falsch ist. ....

1 2 3 4 5
❑ ❑ ❑ ❑ ❑

4 (**zutreffend**), wenn Sie die Aussage für zutreffend halten oder ihr eher zustimmen. ....

1 2 3 4 5
❑ ❑ ❑ ❑ ❑

5 (**völlig zutreffend**), wenn Sie die Aussage für völlig zutreffend halten oder ihr nachdrücklich zustimmen. ....

1 2 3 4 5
❑ ❑ ❑ ❑ ❑

Wenn Sie beispielsweise die Aussage 'Die Person, die das Vorstellungsgespräch mit mir führte, schien mir für ihre Aufgabe kompetent zu sein' für völlig zutreffend hielten, so würden Sie hier die Ziffer 5 ankreuzen. Hielten Sie hingegen die Aussage für völlig unzutreffend, so wäre die Ziffer 1 anzukreuzen. Wäre die Aussage Ihrer Ansicht nach weder zutreffend noch unzutreffend, so würden Sie dies dadurch ausdrücken, daß Sie die Ziffer 3 ankreuzen.

Bitte lesen Sie jede Aussage genau durch und kreuzen Sie als Antwort die Kategorie an, die Ihre Sichtweise am besten ausdrückt. Falls Sie Ihre Meinung nach dem Ankreuzen einmal ändern sollten, streichen Sie Ihre erste Antwort bitte deutlich durch. Auch wenn Ihnen einmal die Entscheidung schwerfallen sollte, kreuzen Sie trotzdem immer eine Antwort an, und zwar die, welche noch am ehesten zutrifft.

Bei diesem Fragebogen gibt es keine 'richtigen' oder 'falschen' Antworten. Sie erfüllen den Zweck der Befragung am besten, wenn Sie die Fragen so wahrheitsgemäß wie möglich beantworten. Bitte beurteilen Sie die Aussagen zügig aber sorgfältig. **Lassen Sie keine Aussage aus.**

Beginnen Sie jetzt bitte mit der Beantwortung!

Die Inhalte des Vorstellungsgesprächs ...

	völlig unzutreffend	unzutreffend	weder noch	zutreffend	völlig zutreffend

1. ... haben mir Aufschluß über die Arbeitsplatzmerkmale gegeben. ....
1 2 3 4 5
☐ ☐ ☐ ☐ ☐

2. ... haben mir die Aufgabenbereiche der Tätigkeit aufgezeigt. ....
1 2 3 4 5
☐ ☐ ☐ ☐ ☐

3. ... haben mir Informationen über die Anforderungen des Arbeitsplatzes geliefert, also darüber, welche Fähigkeiten diese Tätigkeit von mir verlangt. ....
1 2 3 4 5
☐ ☐ ☐ ☐ ☐

4. ... haben mir keinen Aufschluß über die Leistungsanforderungen in der Tätigkeit gegeben. ....
1 2 3 4 5
☐ ☐ ☐ ☐ ☐

5. ... haben mein Interesse an dem Arbeitsplatz erhöht. ....
1 2 3 4 5
☐ ☐ ☐ ☐ ☐

6. ... haben mein Interesse an dem Arbeitsplatz verringert. ....
1 2 3 4 5
☐ ☐ ☐ ☐ ☐

Im Vorstellungsgespräch ...

7. ... konnte ich die Situation mitgestalten. ....
1 2 3 4 5
☐ ☐ ☐ ☐ ☐

8. ... konnte ich die Situation nicht kontrollieren. ....
1 2 3 4 5
☐ ☐ ☐ ☐ ☐

9. ... konnte ich mein Abschneiden selbst beeinflussen. ....
1 2 3 4 5
☐ ☐ ☐ ☐ ☐

10. ... wurde mein Verhalten stark von außen bestimmt. ....
1 2 3 4 5
☐ ☐ ☐ ☐ ☐

11. ... konnte ich das Verhalten meines Gesprächspartners beeinflussen. ....
1 2 3 4 5
☐ ☐ ☐ ☐ ☐

12. ... konnte ich Einfluß darauf nehmen, welchen Eindruck mein Gesprächspartner von mir gewann. ....
1 2 3 4 5
☐ ☐ ☐ ☐ ☐

13. ... war ich nicht in meinen Verhaltensmöglichkeiten eingeschränkt. ....
1 2 3 4 5
☐ ☐ ☐ ☐ ☐

14. ... stand ich so unter Anspannung und Streß, daß ich nicht meine besten Leistungen zeigen konnte. ....
1 2 3 4 5
☐ ☐ ☐ ☐ ☐

15. ... hatte ich so starke Prüfungsangst, daß meine Leistungen hierdurch beeinträchtigt wurden. ....
1 2 3 4 5
☐ ☐ ☐ ☐ ☐

16. ... spielte ich eine aktive Rolle. ....
1 2 3 4 5
☐ ☐ ☐ ☐ ☐

17. ... wußte ich, was ich tun mußte, um gut abzuschneiden. ....
1 2 3 4 5
☐ ☐ ☐ ☐ ☐

18. ... wurde ich nicht fair behandelt. ....
1 2 3 4 5
☐ ☐ ☐ ☐ ☐

19. ... wurde ich respektvoll behandelt. ....
1 2 3 4 5
☐ ☐ ☐ ☐ ☐

Im Vorstellungsgespräch ...

	völlig unzutreffend	unzutreffend	weder noch	zutreffend	völlig zutreffend
	1	2	3	4	5

20. ... konnte ich meine Fähigkeiten nicht optimal darstellen. .... ☐ ☐ ☐ ☐ ☐

21. ... habe ich meiner Einschätzung nach nicht gut abgeschnitten. .... ☐ ☐ ☐ ☐ ☐

22. ... empfand ich die Situation als übersichtlich und überschaubar. .... ☐ ☐ ☐ ☐ ☐

23. ... war mir klar, welche Rollen die beteiligten Personen spielten. .... ☐ ☐ ☐ ☐ ☐

24. ... war mir nicht klar, welche Absichten mein Gesprächspartner verfolgte. .... ☐ ☐ ☐ ☐ ☐

25. ... wußte ich nicht, was von mir erwartet wurde. .... ☐ ☐ ☐ ☐ ☐

26. ... war mir klar, nach welchen Kriterien meine Gesprächsbeiträge beurteilt werden. .... ☐ ☐ ☐ ☐ ☐

Das geführte Vorstellungsgespräch ...

27. ... erfaßt meiner Ansicht nach Fähigkeiten, die nicht für den Arbeitsplatz relevant sind. .... ☐ ☐ ☐ ☐ ☐

28. ... ist meiner Einschätzung nach zur Ermittlung meiner Eignung für die Tätigkeit geeignet. .... ☐ ☐ ☐ ☐ ☐

29. ... ist meiner Meinung nach zur Vorhersage meiner Leistung in der Tätigkeit geeignet. .... ☐ ☐ ☐ ☐ ☐

Ich verstehe, wie von meinen Gesprächsergebnissen ...

30. ... auf meine Fähigkeiten geschlossen wird. .... ☐ ☐ ☐ ☐ ☐

31. ... meine Eignung für die Tätigkeit abgeleitet wird. .... ☐ ☐ ☐ ☐ ☐

Die Teilnahme am Vorstellungsgespräch ...

32. ... hat mir eine bessere Einschätzung meiner Fähigkeiten ermöglicht. .... ☐ ☐ ☐ ☐ ☐

33. ... hat mir keine Hinweise auf meine Stärken und Schwächen gegeben. .... ☐ ☐ ☐ ☐ ☐

34. ... hat mir eine bessere Einschätzung meiner Eignung für die Tätigkeit ermöglicht. .... ☐ ☐ ☐ ☐ ☐

35. ... hat mir in jedem Fall etwas gebracht, also auch, falls ich kein Stellenangebot erhalte. .... ☐ ☐ ☐ ☐ ☐

Hinweise: Im folgenden finden Sie zwanzig siebenfach abgestufte Skalen, deren Enden jeweils durch zwei gegensätzliche Adjektive markiert sind. Bitte beurteilen Sie abschließend Ihr gerade erlebtes Vorstellungsgespräch, indem Sie auf jeder dieser Skalen denjenigen Wert ankreuzen, der Ihre Ansicht am besten ausdrückt.

Bitte bearbeiten Sie die Skalen zügig aber sorgfältig. **Lassen Sie keine Skala aus.**

Ich empfand das Vorstellungsgespräch als ...

	3	2	1	0	1	2	3	
durchschaubar	☐	☐	☐	☐	☐	☐	☐	undurchschaubar
einfach	☐	☐	☐	☐	☐	☐	☐	schwierig
nutzlos	☐	☐	☐	☐	☐	☐	☐	nützlich
entlastend	☐	☐	☐	☐	☐	☐	☐	belastend
aufregend	☐	☐	☐	☐	☐	☐	☐	beruhigend
unangenehm	☐	☐	☐	☐	☐	☐	☐	angenehm
erholsam	☐	☐	☐	☐	☐	☐	☐	anstrengend
eindeutig	☐	☐	☐	☐	☐	☐	☐	uneindeutig
ungerecht	☐	☐	☐	☐	☐	☐	☐	gerecht
erfreulich	☐	☐	☐	☐	☐	☐	☐	unerfreulich
langweilig	☐	☐	☐	☐	☐	☐	☐	spannend
demokratisch	☐	☐	☐	☐	☐	☐	☐	undemokratisch
unsympathisch	☐	☐	☐	☐	☐	☐	☐	sympathisch
ineffizient	☐	☐	☐	☐	☐	☐	☐	effizient
respektierend	☐	☐	☐	☐	☐	☐	☐	respektlos
rücksichtslos	☐	☐	☐	☐	☐	☐	☐	rücksichtsvoll
wichtig	☐	☐	☐	☐	☐	☐	☐	unwichtig
positiv	☐	☐	☐	☐	☐	☐	☐	negativ
informationslos	☐	☐	☐	☐	☐	☐	☐	informativ
unfair	☐	☐	☐	☐	☐	☐	☐	fair
	3	2	1	0	1	2	3	

FEBA - Fragebogen zum Erleben und Bewerten von Auswahlsituationen (Teil 3)

Kennwort:_____   Datum:_____
(Bitte tragen Sie hier Ihr persönliches Kennwort ein.)

Sie haben sich bei diesem Unternehmen persönlich vorgestellt. Wie oft haben Sie sich **davor** schon bei Organisationen persönlich vorgestellt (einschl. Musterung, Berufsberatung, Bewerbungen um Praktika oder Ferienjobs, Aufnahmeprüfungen etc.)?

❏ noch nie   ❏ 1mal   ❏ 2mal   ❏ 3mal   ❏ 4mal   ❏ 5mal   ❏ 6mal oder öfter

Hinweise: Auf den folgenden Seiten finden Sie eine Reihe von Aussagen, die sich zur Beschreibung Ihrer Eindrücke bezüglich des **gesamten bei dieser Firma erlebten Auswahlverfahrens** eignen könnten. Lesen Sie bitte jede Aussage aufmerksam durch und überlegen Sie, ob die jeweilige Aussage Ihre Eindrücke bezüglich des hier erlebten Auswahlverfahrens zutreffend beschreibt oder nicht. Zur Beurteilung jeder der Aussagen steht Ihnen eine fünffach abgestufte Skala zur Verfügung. Kreuzen Sie bitte an:

	völlig unzutreffend	unzutreffend	weder noch	zutreffend	völlig zutreffend

1 (**völlig unzutreffend**), wenn Sie die Aussage für völlig unzutreffend halten oder ihr auf keinen Fall zustimmen. ....

1	2	3	4	5
❏	❏	❏	❏	❏

2 (**unzutreffend**), wenn Sie die Aussage für unzutreffend halten oder ihr eher nicht zustimmen. ....

1	2	3	4	5
❏	❏	❏	❏	❏

3 (**weder noch**), wenn die Aussage weder zutreffend noch unzutreffend, also weder richtig noch falsch ist. ....

1	2	3	4	5
❏	❏	❏	❏	❏

4 (**zutreffend**), wenn Sie die Aussage für zutreffend halten oder ihr eher zustimmen. ....

1	2	3	4	5
❏	❏	❏	❏	❏

5 (**völlig zutreffend**), wenn Sie die Aussage für völlig zutreffend halten oder ihr nachdrücklich zustimmen. ....

1	2	3	4	5
❏	❏	❏	❏	❏

Wenn Sie beispielsweise die Aussage 'Im Rahmen des Auswahlverfahrens bin ich gut über das Unternehmen informiert worden' für völlig zutreffend hielten, so würden Sie hier die Ziffer 5 ankreuzen. Hielten Sie hingegen die Aussage für völlig unzutreffend, so wäre die Ziffer 1 anzukreuzen. Wäre die Aussage Ihrer Ansicht nach weder zutreffend noch unzutreffend, so würden Sie dies dadurch ausdrücken, daß Sie die Ziffer 3 ankreuzen.

Bitte lesen Sie jede Aussage genau durch und kreuzen Sie als Antwort die Kategorie an, die Ihre Sichtweise am besten ausdrückt. Falls Sie Ihre Meinung nach dem Ankreuzen einmal ändern sollten, streichen Sie Ihre erste Antwort bitte deutlich durch. Auch wenn Ihnen einmal die Entscheidung schwerfallen sollte, kreuzen Sie trotzdem immer eine Antwort an, und zwar die, welche noch am ehesten zutrifft.

Bei diesem Fragebogen gibt es keine 'richtigen' oder 'falschen' Antworten. Sie erfüllen den Zweck der Befragung am besten, wenn Sie die Fragen so wahrheitsgemäß wie möglich beantworten. Bitte beurteilen Sie die Aussagen zügig aber sorgfältig. **Lassen Sie keine Aussage aus.**

Beginnen Sie jetzt bitte mit der Beantwortung!

Im Rahmen des Auswahlverfahrens ...

	völlig unzutreffend	unzutreffend	weder noch	zutreffend	völlig zutreffend

1. ... bin ich gut über den Arbeitsplatz informiert worden. ....

	1	2	3	4	5
	❏	❏	❏	❏	❏

2. ... sind mir die Aufgabenbereiche der Tätigkeit genau dargestellt worden. ....

	1	2	3	4	5
	❏	❏	❏	❏	❏

3. ... ist mir mein Zuständigkeitsbereich nicht gut veranschaulicht worden. ....

	1	2	3	4	5
	❏	❏	❏	❏	❏

4. ... ist mir genau erläutert worden, auf welcher Hierarchieebene des Unternehmens der Arbeitsplatz angesiedelt ist. ....

	1	2	3	4	5
	❏	❏	❏	❏	❏

5. ... bin ich genau über die Anforderungen des Arbeitsplatzes informiert worden, also darüber, welche Fähigkeiten diese Tätigkeit von mir verlangt. ....

	1	2	3	4	5
	❏	❏	❏	❏	❏

6. ... sind mir die Leistungsanforderungen in der Tätigkeit nicht klar aufgezeigt worden. ....

	1	2	3	4	5
	❏	❏	❏	❏	❏

7. ... bin ich nicht gut über die Unternehmensmerkmale informiert worden. ....

	1	2	3	4	5
	❏	❏	❏	❏	❏

8. ... sind mir die Unternehmensziele genau dargestellt worden. ....

	1	2	3	4	5
	❏	❏	❏	❏	❏

9. ... sind mir Unternehmenskultur und -stil gut veranschaulicht worden. ....

	1	2	3	4	5
	❏	❏	❏	❏	❏

10. ... bin ich gut über Formen der Zusammenarbeit mit Kollegen informiert worden.

	1	2	3	4	5
	❏	❏	❏	❏	❏

11. ... ist mir das Betriebsklima gut veranschaulicht worden. ....

	1	2	3	4	5
	❏	❏	❏	❏	❏

12. ... bin ich gut über Möglichkeiten persönlicher Weiterentwicklung in der Tätigkeit informiert worden. ....

	1	2	3	4	5
	❏	❏	❏	❏	❏

13. ... sind mir berufliche Perspektiven bzw. Karrieremöglichkeiten im Unternehmen nicht klar aufgezeigt worden. ....

	1	2	3	4	5
	❏	❏	❏	❏	❏

14. ... sind mir Möglichkeiten der beruflichen Weiterbildung innerhalb des Unternehmens klar aufgezeigt worden. ....

	1	2	3	4	5
	❏	❏	❏	❏	❏

15. ... bin ich nicht offen und ehrlich auf Schwierigkeiten und Probleme beruflicher oder privater Art hingewiesen worden, die die Tätigkeit mit sich bringen kann.

	1	2	3	4	5
	❏	❏	❏	❏	❏

Am Ende des Auswahlverfahrens ...

16. ... wurde offen und ehrlich mit mir über die Beurteilung meiner Eignung für die Tätigkeit gesprochen. ....

	1	2	3	4	5
	❏	❏	❏	❏	❏

17. ... wurde offen und ehrlich mit mir über die Erfolgsaussichten meiner Bewerbung gesprochen. ....

	1	2	3	4	5
	❏	❏	❏	❏	❏

Die Beurteilung meiner Eignung
für die Tätigkeit ...

	völlig unzutreffend	unzutreffend	weder noch	zutreffend	völlig zutreffend
	1	2	3	4	5

18. ... wurde mir genau erläutert. ☐ ☐ ☐ ☐ ☐ (1 2 3 4 5)

19. ... wurde mir nicht sachlich begründet. ☐ ☐ ☐ ☐ ☐ (1 2 3 4 5)

20. ... wurde mir verständlich mitgeteilt. ☐ ☐ ☐ ☐ ☐ (1 2 3 4 5)

21. ... wurde mir auf rücksichtsvolle Weise mitgeteilt. ☐ ☐ ☐ ☐ ☐ (1 2 3 4 5)

22. ... stimmte nicht mit meiner Selbsteinschätzung überein. ☐ ☐ ☐ ☐ ☐ (1 2 3 4 5)

Die Besprechung meiner Ergebnisse
im Auswahlverfahren ...

23. ... hat mir eine bessere Einschätzung meiner Fähigkeiten ermöglicht. ☐ ☐ ☐ ☐ ☐ (1 2 3 4 5)

24. ... hat mir keine Hinweise auf meine Stärken und Schwächen gegeben. ☐ ☐ ☐ ☐ ☐ (1 2 3 4 5)

25. ... hat mir eine bessere Einschätzung meiner Eignung für die Tätigkeit ermöglicht. ☐ ☐ ☐ ☐ ☐ (1 2 3 4 5)

26. ... ließ sich von ihren Inhalten her problemlos zu meinem Selbstbild in Beziehung setzen. ☐ ☐ ☐ ☐ ☐ (1 2 3 4 5)

27. ... hat mir die Entscheidung für oder gegen ein etwaiges Stellenangebot nicht erleichtert. ☐ ☐ ☐ ☐ ☐ (1 2 3 4 5)

Alles in allem ...

28. ... war das Auswahlverfahren fair. ☐ ☐ ☐ ☐ ☐ (1 2 3 4 5)

29. ... wurde ich während des Auswahlverfahrens respektvoll behandelt. ☐ ☐ ☐ ☐ ☐ (1 2 3 4 5)

30. ... konnte ich die Auswahlsituation mitgestalten. ☐ ☐ ☐ ☐ ☐ (1 2 3 4 5)

31. ... konnte ich die Auswahlsituation nicht kontrollieren. ☐ ☐ ☐ ☐ ☐ (1 2 3 4 5)

32. ... habe ich meiner Einschätzung nach im Auswahlverfahren nicht gut abgeschnitten. ☐ ☐ ☐ ☐ ☐ (1 2 3 4 5)

Alles in allem ...

	völlig unzutreffend	unzutreffend	weder noch	zutreffend	völlig zutreffend

33. ... hat mir die Teilnahme am Auswahlverfahren etwas gebracht, auch falls ich kein Stellenangebot erhalte. ....

1 2 3 4 5
☐ ☐ ☐ ☐ ☐

34. ... hat das Auswahlverfahren mein Interesse an dem Arbeitsplatz erhöht. ....

1 2 3 4 5
☐ ☐ ☐ ☐ ☐

35. ... hat das Auswahlverfahren mein Interesse an dem Arbeitsplatz verringert. ....

1 2 3 4 5
☐ ☐ ☐ ☐ ☐

Meine heute hier gemachten Erfahrungen ...

36. ... haben mir einen repräsentativen Eindruck vom Personalverhalten bzw. betrieblichen Klima dieses Unternehmens geliefert. ....

1 2 3 4 5
☐ ☐ ☐ ☐ ☐

37. ... haben mir Eindrücke von diesem Unternehmen und dem Arbeitsplatz vermittelt, die maßgeblich meine Entscheidung beeinflussen werden, ob ich ein etwaiges Stellenangebot annehme. ....

1 2 3 4 5
☐ ☐ ☐ ☐ ☐

Zu welchen Unternehmensmerkmalen ...

38. ... haben Sie im Rahmen des Auswahlverfahrens Informationen erhalten?

☐ Umsatz   ☐ Aufstiegsmöglichkeiten

☐ Marktposition   ☐ Weiterbildungsangebot

☐ Produktprogramm   ☐ Mitarbeiterbetreuung

☐ Dienstleistungsprogramm   ☐ Mitarbeiterinformation

☐ Beschäftigtenzahl   ☐ Betriebliche Anreize

☐ Belegschaftsstruktur   ☐ Betriebsklima

☐ Hierarchiestruktur   ☐ Unternehmensphilosophie

☐ Sonstiges (bitte angeben): _____

_____

_____

_____

_____

Hinweise: Im folgenden finden Sie einige Fragen. Lesen Sie bitte jede dieser Fragen aufmerksam durch und antworten Sie, indem Sie auf den hierzu angegebenen Skalen denjenigen Wert ankreuzen, der Ihre Sichtweise am besten ausdrückt.

Bitte bearbeiten Sie die Fragen zügig aber sorgfältig. **Lassen Sie keine Frage aus.**

39. Wie attraktiv ist dieses Unternehmen für Sie?

$$\begin{array}{ccccccc} 1 & 2 & 3 & 4 & 5 & 6 & 7 \end{array}$$

sehr unattraktiv ☐ ☐ ☐ ☐ ☐ ☐ ☐ sehr attraktiv

40. Wie attraktiv ist für Sie der Arbeitsplatz, für den Sie sich bei diesem Unternehmen beworben haben?

$$\begin{array}{ccccccc} 1 & 2 & 3 & 4 & 5 & 6 & 7 \end{array}$$

sehr unattraktiv ☐ ☐ ☐ ☐ ☐ ☐ ☐ sehr attraktiv

41. Wie wahrscheinlich ist es Ihrer Einschätzung nach, daß Sie heute im Personalauswahlverfahren nicht gut abgeschnitten haben?

$$\begin{array}{ccccccc} 1 & 2 & 3 & 4 & 5 & 6 & 7 \end{array}$$

sehr unwahrscheinlich ☐ ☐ ☐ ☐ ☐ ☐ ☐ sehr wahrscheinlich

42. Wie wahrscheinlich ist es Ihrer Meinung nach, daß Ihnen von diesem Unternehmen die Stelle angeboten wird, für die Sie sich beworben haben?

$$\begin{array}{ccccccc} 1 & 2 & 3 & 4 & 5 & 6 & 7 \end{array}$$

sehr unwahrscheinlich ☐ ☐ ☐ ☐ ☐ ☐ ☐ sehr wahrscheinlich

43. Wenn Ihnen von diesem Unternehmen die Stelle angeboten würde, für die Sie sich beworben haben, würden Sie annehmen?

$$\begin{array}{ccccccc} 1 & 2 & 3 & 4 & 5 & 6 & 7 \end{array}$$

sehr unwahrscheinlich ☐ ☐ ☐ ☐ ☐ ☐ ☐ sehr wahrscheinlich

44. Würden Sie sofort annehmen?

$$\begin{array}{ccccccc} 1 & 2 & 3 & 4 & 5 & 6 & 7 \end{array}$$

bestimmt nicht ☐ ☐ ☐ ☐ ☐ ☐ ☐ bestimmt

45. Haben Sie nach Ihren Erfahrungen am heutigen Tag ein positiveres oder ein negativeres Bild von diesem Unternehmen als vorher?

$$\begin{array}{ccccccc} -3 & -2 & -1 & 0 & +1 & +2 & +3 \end{array}$$

viel negativer ☐ ☐ ☐ ☐ ☐ ☐ ☐ viel positiver

46. Haben Sie nach Ihren Erfahrungen am heutigen Tag ein positiveres oder ein negativeres Bild von dem Arbeitsplatz, für den Sie sich bei diesem Unternehmen beworben haben?

$$\begin{array}{ccccccc} -3 & -2 & -1 & 0 & +1 & +2 & +3 \end{array}$$

viel negativer ☐ ☐ ☐ ☐ ☐ ☐ ☐ viel positiver

Hinweise: Im folgenden finden Sie acht Aussagen, die verschiedene Anforderungen beschreiben, die Sie vielleicht an ein Personalauswahlverfahren stellen. Bitte lesen Sie sich zunächst alle Aussagen einmal aufmerksam durch und überlegen Sie sich dabei, welche Punkte Ihnen bei einem Vorstellungstermin wichtig und welche weniger wichtig sind. Bringen Sie anschließend die Aussagen gemäß ihrer Wichtigkeit in eine Rangfolge, indem Sie ihnen die Ziffern 1 bis 8 zuordnen. Hierbei erhält die wichtigste Aussage die Ziffer 1, die am wenigsten wichtige die Ziffer 8. **Bitte vergeben Sie alle acht Ziffern, und jede Ziffer nur einmal.**

Wenn ich mich bei einer Organisation vorstelle ist mir wichtig, daß ...

Rangplatz (1-8)

... ich gut über den Arbeitsplatz und die Tätigkeitsanforderungen informiert werde. ....

... mir die verwendeten Beurteilungsverfahren genau erläutert werden. ....

... am Ende des Auswahlverfahrens offen und ehrlich mit mir über die Beurteilung meiner Eignung für die Tätigkeit und die Erfolgsaussichten meiner Bewerbung gesprochen wird. ....

... ich während der Durchführung des Auswahlverfahrens die Situation mitgestalten kann. ....

... mir die Kriterien für die Beurteilung meiner Eignung für die Tätigkeit offengelegt werden. ....

... mir am Ende des Auswahlverfahrens die Beurteilung meiner Eignung für die Tätigkeit genau erläutert und sachlich begründet wird. ....

... ich gut über die Merkmale und Ziele der Organisation informiert werde. ....

... ich während der Durchführung des Auswahlverfahrens die Kontrolle über die Situation behalte und nicht unangemessen Macht über mich ausgeübt wird. .....

Und wie stehen Sie zu dieser Untersuchung?

Ich halte die Durchführung dieser Untersuchung zum Erleben und Bewerten von Auswahlsituationen durch Bewerber für ...

☐ ... sinnvoll.   ☐ ... nicht sinnvoll.

Vielen Dank für Ihre Teilnahme!

Andreas Köchling
- TH Darmstadt -

8.1.2 Großunternehmen des Maschinen- und Anlagenbaus

FEBA - Fragebogen zum Erleben und Bewerten von Auswahlsituationen (Teil 1)

Kennwort:_____   Datum:_____
(Bitte tragen Sie hier Ihr persönliches Kennwort ein.)

Guten Tag!

Sie nehmen heute an einem Personalauswahlverfahren teil. In diesem Zusammenhang möchte ich gerne einige Fragen an Sie richten. Ich führe eine Studie durch, die Aufschluß darüber geben soll, wie Personen Auswahlsituationen erleben und bewerten. Im Rahmen dieser Untersuchung werden Bewerber verschiedener Organisationen unmittelbar in Auswahlsituationen zu ihren diesbezüglichen Eindrücken befragt. Die Ergebnisse der Studie sind wichtig für die Entwicklung und Anwendung von Beurteilungsverfahren und tragen über die Berücksichtigung der Teilnehmerperspektive zu einer verbesserten und akzeptableren Personalauswahl bei.

Konkret möchte ich Sie bitten, die Fragebögen auszufüllen, die ich Ihnen zu Ihren Auswahlinterviews vorlegen werde. Diese Fragebögen stehen in keinerlei Zusammenhang mit der Beurteilung Ihrer Eignung für die Stelle, für die Sie sich bei diesem Unternehmen beworben haben.

Die Befragung erfolgt anonym, d. h. Sie brauchen auf den Formularen nicht Ihren Namen anzugeben, sondern lediglich ein beliebiges Kennwort, das mir die Zuordnung der verschiedenen Fragebögen einer Person zueinander ermöglichen soll. Bitte verwenden Sie daher stets dasselbe Kennwort. Die Fragebögen werden dem Unternehmen, bei dem Sie sich beworben haben, nicht zugänglich gemacht. Die Angaben zur Person dienen lediglich der Zuordnung zu sinnvoll auswertbaren Gruppen.

Vielen Dank für Ihre Kooperation!

Andreas Köchling
- TH Darmstadt -

Angaben zur Person

Geschlecht: Alter:_____
  männlich.................☐
  weiblich.................☐   Beruf:_____

Schulbildung: Derzeitige Tätigkeit:_____
  Hauptschule.............☐
  Realschule................☐   Bewerbung als:_____
  Gymnasium...............☐

Berufsausbildung:
  keine...☐   J N
  Lehre (z. B. handwerklich, technisch, kaufmännisch)..........☐   E....☐ ☐
  Fachschule (z. B. Meister, Techniker, Betriebswirt).............☐   S....☐ ☐
  Studium (Hochschule, Fachhochschule)...........................☐   (bitte freilassen)

Hinweise: Im folgenden finden Sie einige Fragen. Lesen Sie bitte jede dieser Fragen aufmerksam durch und antworten Sie, indem Sie auf den hierzu angegebenen Skalen denjenigen Wert ankreuzen, der Ihre Sichtweise am besten ausdrückt. Falls Sie Ihre Meinung nach dem Ankreuzen einmal ändern sollten, streichen Sie Ihre erste Antwort bitte deutlich durch. Auch wenn Ihnen einmal die Entscheidung schwerfallen sollte, kreuzen Sie trotzdem immer eine Antwort an, und zwar die, welche noch am ehesten zutrifft.

Bei diesem Fragebogen gibt es keine 'richtigen' oder 'falschen' Antworten. Sie erfüllen den Zweck der Befragung am besten, wenn Sie die Fragen so wahrheitsgemäß wie möglich beantworten. Bitte bearbeiten Sie die Fragen zügig aber sorgfältig. **Lassen Sie keine Frage aus.**

Beginnen Sie jetzt bitte mit der Beantwortung!

1. Wie attraktiv ist dieses Unternehmen für Sie?

$$1 \quad 2 \quad 3 \quad 4 \quad 5 \quad 6 \quad 7$$
sehr unattraktiv ❑ ❑ ❑ ❑ ❑ ❑ ❑ sehr attraktiv

2. Wie gut können Sie sich vorstellen, dauerhaft bei diesem Unternehmen zu arbeiten?

$$1 \quad 2 \quad 3 \quad 4 \quad 5 \quad 6 \quad 7$$
sehr schlecht ❑ ❑ ❑ ❑ ❑ ❑ ❑ sehr gut

3. Wie attraktiv ist für Sie der Arbeitsplatz, für den Sie sich bei diesem Unternehmen beworben haben?

$$1 \quad 2 \quad 3 \quad 4 \quad 5 \quad 6 \quad 7$$
sehr unattraktiv ❑ ❑ ❑ ❑ ❑ ❑ ❑ sehr attraktiv

4. Wie wahrscheinlich ist es Ihrer Ansicht nach, daß diese Tätigkeit Sie auf längere Sicht nicht zufriedenstellt?

$$1 \quad 2 \quad 3 \quad 4 \quad 5 \quad 6 \quad 7$$
sehr unwahrscheinlich ❑ ❑ ❑ ❑ ❑ ❑ ❑ sehr wahrscheinlich

5. Wie wahrscheinlich ist es Ihrer Einschätzung nach, daß Sie in den Vorstellungsgesprächen, die Sie hier im Hause haben, nicht gut abschneiden?

$$1 \quad 2 \quad 3 \quad 4 \quad 5 \quad 6 \quad 7$$
sehr unwahrscheinlich ❑ ❑ ❑ ❑ ❑ ❑ ❑ sehr wahrscheinlich

6. Wie wahrscheinlich ist es Ihrer Meinung nach, daß Ihnen von diesem Unternehmen die Stelle angeboten wird, für die Sie sich beworben haben?

$$1 \quad 2 \quad 3 \quad 4 \quad 5 \quad 6 \quad 7$$
sehr unwahrscheinlich ❑ ❑ ❑ ❑ ❑ ❑ ❑ sehr wahrscheinlich

7. Wenn Ihnen von diesem Unternehmen die Stelle angeboten würde, für die Sie sich beworben haben, würden Sie annehmen?

$$1 \quad 2 \quad 3 \quad 4 \quad 5 \quad 6 \quad 7$$
sehr unwahrscheinlich ❑ ❑ ❑ ❑ ❑ ❑ ❑ sehr wahrscheinlich

8. Würden Sie sofort annehmen?

$$1 \quad 2 \quad 3 \quad 4 \quad 5 \quad 6 \quad 7$$
bestimmt nicht ❑ ❑ ❑ ❑ ❑ ❑ ❑ bestimmt

FEBA - Fragebogen zum Erleben und Bewerten von Auswahlsituationen (Teil 2)

Kennwort:_____   Datum:_____

(Bitte tragen Sie hier Ihr persönliches Kennwort ein.)

(z. B. ' _4 mal_')

➲ Sie haben sich bei diesem Unternehmen persönlich vorgestellt. Wie oft haben Sie sich **davor** schon bei Organisationen persönlich vorgestellt? .... ____mal

➲ Sie haben hier im Hause gerade an einem oder mehreren Vorstellungsgesprächen teilgenommen. Wie oft haben Sie **davor** schon an Vorstellungsgesprächen teilgenommen? .... ____mal

Hinweise: Auf den folgenden Seiten finden Sie eine Reihe von Aussagen, die sich zur Beschreibung Ihrer Eindrücke bezüglich der **bei diesem Unternehmen erlebten Vorstellungsgespräche** eignen. Lesen Sie bitte jede Aussage aufmerksam durch und überlegen Sie, ob die jeweilige Aussage Ihre Eindrücke bezüglich der Vorstellungsgespräche zutreffend beschreibt oder nicht. Zur Beurteilung jeder der Aussagen steht Ihnen eine fünffach abgestufte Skala zur Verfügung. Kreuzen Sie bitte an:

	völlig unzutreffend	unzutreffend	weder noch	zutreffend	völlig zutreffend
	1	2	3	4	5

1 (völlig unzutreffend), wenn Sie die Aussage für völlig unzutreffend halten oder ihr auf keinen Fall zustimmen. ....

1	2	3	4	5
☐	☐	☐	☐	☐

2 (unzutreffend), wenn Sie die Aussage für unzutreffend halten oder ihr eher nicht zustimmen. ....

1	2	3	4	5
☐	☐	☐	☐	☐

3 (weder noch), wenn die Aussage weder zutreffend noch unzutreffend, also weder richtig noch falsch ist. ....

1	2	3	4	5
☐	☐	☐	☐	☐

4 (zutreffend), wenn Sie die Aussage für zutreffend halten oder ihr eher zustimmen. ....

1	2	3	4	5
☐	☐	☐	☐	☐

5 (völlig zutreffend), wenn Sie die Aussage für völlig zutreffend halten oder ihr nachdrücklich zustimmen. ....

1	2	3	4	5
☐	☐	☐	☐	☐

Wenn Sie beispielsweise die Aussage 'In den Vorstellungsgesprächen bin ich gut über das Unternehmen informiert worden' für völlig zutreffend hielten, so würden Sie hier die Ziffer 5 ankreuzen. Hielten Sie hingegen die Aussage für völlig unzutreffend, so wäre die Ziffer 1 anzukreuzen. Wäre die Aussage Ihrer Ansicht nach weder zutreffend noch unzutreffend, so würden Sie dies dadurch ausdrücken, daß Sie die Ziffer 3 ankreuzen.

Bitte lesen Sie jede Aussage genau durch und kreuzen Sie als Antwort die Kategorie an, die Ihre Sichtweise am besten ausdrückt. Falls Sie Ihre Meinung nach dem Ankreuzen einmal ändern sollten, streichen Sie Ihre erste Antwort bitte deutlich durch. Auch wenn Ihnen einmal die Entscheidung schwerfallen sollte, kreuzen Sie trotzdem immer eine Antwort an, und zwar die, welche noch am ehesten zutrifft.

Bei diesem Fragebogen gibt es keine 'richtigen' oder 'falschen' Antworten. Sie erfüllen den Zweck der Befragung am besten, wenn Sie die Fragen so wahrheitsgemäß wie möglich beantworten. Bitte beurteilen Sie die Aussagen zügig aber sorgfältig. **Lassen Sie keine Aussage aus.**

Beginnen Sie jetzt bitte mit der Beantwortung!

In den Vorstellungsgesprächen ...

Skala: 1 = völlig unzutreffend, 2 = unzutreffend, 3 = weder noch, 4 = zutreffend, 5 = völlig zutreffend

1. ... herrschte eine angenehme Atmosphäre. ☐ ☐ ☐ ☐ ☐

2. ... bin ich gut über die Tätigkeit informiert worden. ☐ ☐ ☐ ☐ ☐

3. ... hat man sich zu wenig Zeit für mich genommen. ☐ ☐ ☐ ☐ ☐

4. ... konnte ich die Situation mitgestalten. ☐ ☐ ☐ ☐ ☐

5. ... wurde ich auf meine fachliche Kompetenz beurteilt. ☐ ☐ ☐ ☐ ☐

6. ... hatte ich die Situation nicht unter Kontrolle. ☐ ☐ ☐ ☐ ☐

7. ... bin ich gut über die Unternehmensmerkmale und -ziele informiert worden. ☐ ☐ ☐ ☐ ☐

8. ... hatte ich den Eindruck, daß meine Bewerbungsunterlagen bekannt waren. ☐ ☐ ☐ ☐ ☐

9. ... konnte ich Einfluß darauf nehmen, welchen Eindruck meine Gesprächspartner von mir gewannen. ☐ ☐ ☐ ☐ ☐

10. ... hatte ich Gelegenheit, meinerseits Fragen zu stellen. ☐ ☐ ☐ ☐ ☐

11. ... stand ich so unter Anspannung und Streß, daß ich nicht meine besten Leistungen zeigen konnte. ☐ ☐ ☐ ☐ ☐

12. ... bin ich genau über die Anforderungen des Arbeitsplatzes informiert worden, also darüber, welche Fähigkeiten diese Tätigkeit von mir verlangt. ☐ ☐ ☐ ☐ ☐

13. ... wurden konkrete Fragen zu mir und meinem Werdegang gestellt. ☐ ☐ ☐ ☐ ☐

14. ... wußte ich nicht, was ich tun mußte, um gut abzuschneiden. ☐ ☐ ☐ ☐ ☐

15. ... signalisierte mir das Verhalten meiner Gesprächspartner, daß die Gespräche mit mir wichtig genommen wurden. ☐ ☐ ☐ ☐ ☐

16. ... hatte ich so starke Prüfungsangst, daß meine Leistungen hierdurch beeinträchtigt wurden. ☐ ☐ ☐ ☐ ☐

17. ... wurden mir Fragen gestellt, die der Situation angemessen waren. ☐ ☐ ☐ ☐ ☐

18. ... war mir nicht klar, welche Rollen die beteiligten Personen spielten. ☐ ☐ ☐ ☐ ☐

19. ... hatte ich den Eindruck, daß man mir gegenüber ehrlich war. ☐ ☐ ☐ ☐ ☐

20. ... sind mir Unternehmenskultur und -stil gut veranschaulicht worden. ☐ ☐ ☐ ☐ ☐

21. ... hatte ich fachlich kompetente Gesprächspartner. ☐ ☐ ☐ ☐ ☐

In den Vorstellungsgesprächen ...

völlig unzutreffend   unzutreffend   weder noch   zutreffend   völlig zutreffend

22. ... wurde offen und ehrlich mit mir über die Beurteilung meiner Eignung für die Tätigkeit gesprochen. ......   1 2 3 4 5   ☐ ☐ ☐ ☐ ☐

23. ... war mir nicht klar, nach welchen Kriterien meine Gesprächsbeiträge beurteilt wurden. ......   1 2 3 4 5   ☐ ☐ ☐ ☐ ☐

24. ... sind mir berufliche Perspektiven bzw. Karrieremöglichkeiten im Unternehmen klar aufgezeigt worden. ......   1 2 3 4 5   ☐ ☐ ☐ ☐ ☐

25. ... konnte ich meine Fähigkeiten nicht optimal darstellen. ......   1 2 3 4 5   ☐ ☐ ☐ ☐ ☐

26. ... bin ich auf Schwierigkeiten und Probleme beruflicher oder privater Art hingewiesen worden, die die Tätigkeit mit sich bringen kann. ......   1 2 3 4 5   ☐ ☐ ☐ ☐ ☐

27. ... wurde offen und ehrlich mit mir über die Erfolgsaussichten meiner Bewerbung gesprochen. ......   1 2 3 4 5   ☐ ☐ ☐ ☐ ☐

Die geführten Vorstellungsgespräche ...

28. ... sind meiner Einschätzung nach zur Ermittlung meiner Eignung für die Tätigkeit geeignet. ......   1 2 3 4 5   ☐ ☐ ☐ ☐ ☐

29. ... haben mir eine bessere Einschätzung meiner Eignung für die Tätigkeit ermöglicht. ......   1 2 3 4 5   ☐ ☐ ☐ ☐ ☐

Alles in allem ...

30. ... hatte ich einen positiven Eindruck von meinen Gesprächspartnern. ......   1 2 3 4 5   ☐ ☐ ☐ ☐ ☐

31. ... haben die Gespräche mein Interesse an dem Arbeitsplatz erhöht. ......   1 2 3 4 5   ☐ ☐ ☐ ☐ ☐

32. ... hat mir die Teilnahme an den Gesprächen etwas gebracht, auch falls ich kein Stellenangebot erhalte. ......   1 2 3 4 5   ☐ ☐ ☐ ☐ ☐

33. ... fanden die Vorstellungsgespräche in einem angemessenen Rahmen statt. ......   1 2 3 4 5   ☐ ☐ ☐ ☐ ☐

34. ... haben die Gespräche mein Interesse an dem Arbeitsplatz verringert. ......   1 2 3 4 5   ☐ ☐ ☐ ☐ ☐

35. ... habe ich einen repräsentativen Eindruck von diesem Unternehmen erhalten. ......   1 2 3 4 5   ☐ ☐ ☐ ☐ ☐

36. ... wurden mir Eindrücke von diesem Unternehmen und dem Arbeitsplatz vermittelt, die maßgeblich meine Entscheidung beeinflussen werden, ob ich ein etwaiges Stellenangebot annehme. ......   1 2 3 4 5   ☐ ☐ ☐ ☐ ☐

Hinweise: Bitte beurteilen Sie abschließend Ihre hier im Hause erlebten Vorstellungsgespräche, indem Sie auf jeder der folgenden Skalen denjenigen Wert ankreuzen, der Ihre Ansicht am besten ausdrückt.

Ich empfand die Vorstellungsgespräche als ...

	3	2	1	0	1	2	3	
durchschaubar	☐	☐	☐	☐	☐	☐	☐	undurchschaubar
einfach	☐	☐	☐	☐	☐	☐	☐	schwierig
nutzlos	☐	☐	☐	☐	☐	☐	☐	nützlich
entlastend	☐	☐	☐	☐	☐	☐	☐	belastend
aufregend	☐	☐	☐	☐	☐	☐	☐	beruhigend
unangenehm	☐	☐	☐	☐	☐	☐	☐	angenehm
erholsam	☐	☐	☐	☐	☐	☐	☐	anstrengend
eindeutig	☐	☐	☐	☐	☐	☐	☐	uneindeutig
ungerecht	☐	☐	☐	☐	☐	☐	☐	gerecht
erfreulich	☐	☐	☐	☐	☐	☐	☐	unerfreulich
langweilig	☐	☐	☐	☐	☐	☐	☐	spannend
demokratisch	☐	☐	☐	☐	☐	☐	☐	undemokratisch
unsympathisch	☐	☐	☐	☐	☐	☐	☐	sympathisch
ineffizient	☐	☐	☐	☐	☐	☐	☐	effizient
respektierend	☐	☐	☐	☐	☐	☐	☐	respektlos
rücksichtslos	☐	☐	☐	☐	☐	☐	☐	rücksichtsvoll
wichtig	☐	☐	☐	☐	☐	☐	☐	unwichtig
positiv	☐	☐	☐	☐	☐	☐	☐	negativ
informationslos	☐	☐	☐	☐	☐	☐	☐	informativ
unfair	☐	☐	☐	☐	☐	☐	☐	fair
	3	2	1	0	1	2	3	

37. Wieviele Vorstellungsgespräche hatten Sie hier im Hause? .... Anzahl:____

38. Wieviele verschiedene Gesprächspartner hatten Sie dabei insgesamt? .... Anzahl:____

Hinweise: Im folgenden finden Sie einige Fragen. Lesen Sie bitte jede dieser Fragen aufmerksam durch und antworten Sie, indem Sie auf den hierzu angegebenen Skalen denjenigen Wert ankreuzen, der Ihre Sichtweise am besten ausdrückt.

39. Wie attraktiv ist dieses Unternehmen für Sie?

1 2 3 4 5 6 7

sehr unattraktiv ❑ ❑ ❑ ❑ ❑ ❑ ❑ sehr attraktiv

40. Wie gut können Sie sich vorstellen, dauerhaft bei diesem Unternehmen zu arbeiten?

1 2 3 4 5 6 7

sehr schlecht ❑ ❑ ❑ ❑ ❑ ❑ ❑ sehr gut

41. Wie attraktiv ist für Sie der Arbeitsplatz, für den Sie sich bei diesem Unternehmen beworben haben?

1 2 3 4 5 6 7

sehr unattraktiv ❑ ❑ ❑ ❑ ❑ ❑ ❑ sehr attraktiv

42. Wie wahrscheinlich ist es Ihrer Ansicht nach, daß diese Tätigkeit Sie auf längere Sicht nicht zufriedenstellt?

1 2 3 4 5 6 7

sehr unwahrscheinlich ❑ ❑ ❑ ❑ ❑ ❑ ❑ sehr wahrscheinlich

43. Wie wahrscheinlich ist es Ihrer Einschätzung nach, daß Sie in den hier im Hause geführten Vorstellungsgesprächen nicht gut abgeschnitten haben?

1 2 3 4 5 6 7

sehr unwahrscheinlich ❑ ❑ ❑ ❑ ❑ ❑ ❑ sehr wahrscheinlich

44. Wie wahrscheinlich ist es Ihrer Meinung nach, daß Ihnen von diesem Unternehmen die Stelle angeboten wird, für die Sie sich beworben haben?

1 2 3 4 5 6 7

sehr unwahrscheinlich ❑ ❑ ❑ ❑ ❑ ❑ ❑ sehr wahrscheinlich

45. Wenn Ihnen von diesem Unternehmen die Stelle angeboten würde, für die Sie sich beworben haben, würden Sie annehmen?

1 2 3 4 5 6 7

sehr unwahrscheinlich ❑ ❑ ❑ ❑ ❑ ❑ ❑ sehr wahrscheinlich

46. Würden Sie sofort annehmen?

1 2 3 4 5 6 7

bestimmt nicht ❑ ❑ ❑ ❑ ❑ ❑ ❑ bestimmt

47. Haben Sie nach Ihren hier im Hause gemachten Erfahrungen ein positiveres oder ein negativeres Bild von diesem Unternehmen als vorher?

-3 -2 -1 0 +1 +2 +3

viel negativer ❑ ❑ ❑ ❑ ❑ ❑ ❑ viel positiver

48. Haben Sie nach Ihren hier im Hause gemachten Erfahrungen ein positiveres oder ein negativeres Bild von dem Arbeitsplatz, für den Sie sich bei diesem Unternehmen beworben haben?

-3 -2 -1 0 +1 +2 +3

viel negativer ❑ ❑ ❑ ❑ ❑ ❑ ❑ viel positiver

49. Wieviele Bewerbungen haben Sie bisher verschickt? .... Anzahl:____

50. Wieviele Stellenangebote haben Sie bisher erhalten? .... Anzahl:____

51. Mit wievielen Stellenangeboten rechnen Sie insgesamt? .... Anzahl:____

Hinweise: Im folgenden finden Sie acht Aussagen, die verschiedene Anforderungen beschreiben, die Sie vielleicht an ein Personalauswahlverfahren stellen. Bitte lesen Sie sich zunächst alle Aussagen einmal aufmerksam durch und überlegen Sie sich dabei, welche Punkte Ihnen bei einem Vorstellungstermin wichtig und welche weniger wichtig sind. Bringen Sie anschließend die Aussagen gemäß ihrer Wichtigkeit in eine Rangfolge, indem Sie ihnen die Ziffern 1 bis 8 zuordnen. **Hierbei erhält die wichtigste Aussage die Ziffer 1, die am wenigsten wichtige die Ziffer 8. Bitte vergeben Sie alle acht Ziffern, und jede Ziffer nur einmal.**

Wenn ich mich bei einer Organisation vorstelle ist mir wichtig, daß ...

Rangplatz (1-8)

... ich gut über den Arbeitsplatz und die Tätigkeitsanforderungen informiert werde. .... ☐

... mir die verwendeten Beurteilungsverfahren genau erläutert werden. .... ☐

... am Ende des Auswahlverfahrens offen und ehrlich mit mir über die Beurteilung meiner Eignung für die Tätigkeit und die Erfolgsaussichten meiner Bewerbung gesprochen wird. .... ☐

... ich während der Durchführung des Auswahlverfahrens die Situation mitgestalten kann. .... ☐

... mir die Kriterien für die Beurteilung meiner Eignung für die Tätigkeit offengelegt werden. .... ☐

... mir am Ende des Auswahlverfahrens die Beurteilung meiner Eignung für die Tätigkeit genau erläutert und sachlich begründet wird. .... ☐

... ich gut über die Merkmale und Ziele der Organisation informiert werde. .... ☐

... ich während der Durchführung des Auswahlverfahrens die Kontrolle über die Situation behalte und nicht unangemessen Macht über mich ausgeübt wird. .... ☐

Und wie stehen Sie zu dieser Untersuchung?

Ich halte die Durchführung dieser Untersuchung zum Erleben und Bewerten von Auswahlsituationen durch Bewerber für ...

☐ ... sinnvoll.   ☐ ... nicht sinnvoll.

Vielen Dank für Ihre Teilnahme!

Andreas Köchling
- TH Darmstadt -

Andreas Curt Köchling
Diplom-Psychologe

Mariahallstraße 6
63303 Dreieich
☎ 06103 / 61788
(auch Fax)

Kennwort:_____ Datum:_____
(Bitte tragen Sie hier Ihr persönliches Kennwort ein.)

Ihre Bewerbung bei der (...) AG

Sehr geehrte Dame, sehr geehrter Herr,

nochmals vielen Dank für Ihre Teilnahme an der Befragung zu Ihren Vorstellungsgesprächen bei der (...) AG.

Für eine optimale Auswertbarkeit der Ergebnisse benötige ich noch Ihre Antworten auf die folgenden beiden Fragen:

1. Haben Sie von der (...) AG ein Stellenangebot erhalten?

❑ ja   ❑ nein

2. Falls ja: Werden Sie dieses Angebot annehmen?

❑ ja   ❑ nein   ❑ weiß noch nicht

Bitte übersenden Sie mir dieses Schreiben in dem beigefügten Rückumschlag, sobald Ihnen Ihr Ergebnis von der (...) AG mitgeteilt wurde.

Ich wünsche Ihnen weiterhin alles Gute und viel Erfolg. Vielen Dank!

Mit freundlichen Grüßen

Andreas Curt Köchling

PS: Ganz wichtig! Bitte geben Sie oben dasselbe Kennwort an, das Sie bei der Befragung verwendet haben.

8.1.3 Hochschule für Musik und Darstellende Kunst

FEBA - Fragebogen zum Erleben und Bewerten von Auswahlsituationen (Teil 1)

Kennwort:_____   Datum:_____
(Bitte tragen Sie hier Ihr persönliches Kennwort ein.)

Guten Tag!

Sie nehmen heute an einer Aufnahmeprüfung teil. In diesem Zusammenhang möchte ich gerne einige Fragen an Sie richten. Ich führe eine Untersuchung durch, die Aufschluß darüber geben soll, wie Personen Auswahlsituationen erleben und bewerten. Im Rahmen dieser Studie werden Bewerber verschiedener Organisationen unmittelbar in Auswahlsituationen zu ihren diesbezüglichen Eindrücken befragt. Die Ergebnisse der Untersuchung sind wichtig für die Entwicklung und Anwendung von Beurteilungsverfahren und tragen über die Berücksichtigung der Teilnehmerperspektive zu einer verbesserten und akzeptableren Personalauswahl bei.

Konkret möchte ich Sie bitten, die Fragebögen auszufüllen, die ich Ihnen zu Ihrer Aufnahmeprüfung vorlegen werde. Diese Fragebögen stehen in keinerlei Zusammenhang mit der Beurteilung Ihrer Eignung für den Studiengang, für den Sie sich bei dieser Hochschule beworben haben.

Die Befragung erfolgt anonym, d. h. Sie brauchen auf den Formularen nicht Ihren Namen anzugeben, sondern lediglich ein beliebiges Kennwort, das mir die Zuordnung der verschiedenen Fragebögen einer Person zueinander ermöglichen soll. Die Fragebögen werden der Hochschule, bei der Sie sich beworben haben, nicht zugänglich gemacht. Die Angaben zur Person dienen lediglich der Zuordnung zu sinnvoll auswertbaren Gruppen.

Vielen Dank für Ihre Kooperation!

Andreas Köchling
- TH Darmstadt -

Angaben zur Person

Geschlecht: Alter:_____
 männlich...................❑
 weiblich...................❑   Beruf:_____

Schulbildung: Derzeitige Tätigkeit:_____
 Hauptschule.............. ❑
 Realschule................. ❑   Studiengang, für den Sie
 Gymnasium............... ❑   sich beworben haben:_____

Berufsausbildung:
 keine..❑   J N
 Lehre (z. B. handwerklich, technisch, kaufmännisch)...........❑   E....❑ ❑
 Fachschule (z. B. Meister, Techniker, Betriebswirt)..............❑   S....❑ ❑
 Studium (Hochschule, Fachhochschule)............................❑   (bitte freilassen)

Hinweise: Im folgenden finden Sie einige Fragen. Lesen Sie bitte jede dieser Fragen aufmerksam durch und antworten Sie, indem Sie auf den hierzu angegebenen Skalen denjenigen Wert ankreuzen, der Ihre Sichtweise am besten ausdrückt. Falls Sie Ihre Meinung nach dem Ankreuzen einmal ändern sollten, streichen Sie Ihre erste Antwort bitte deutlich durch. Auch wenn Ihnen einmal die Entscheidung schwerfallen sollte, kreuzen Sie trotzdem immer eine Antwort an, und zwar die, welche noch am ehesten zutrifft.

Bei diesem Fragebogen gibt es keine 'richtigen' oder 'falschen' Antworten. Sie erfüllen den Zweck der Befragung am besten, wenn Sie die Fragen so wahrheitsgemäß wie möglich beantworten. Bitte bearbeiten Sie die Fragen zügig aber sorgfältig. **Lassen Sie keine Frage aus.**

Beginnen Sie jetzt bitte mit der Beantwortung!

1. Wie attraktiv ist diese Hochschule für Sie?

1 2 3 4 5 6 7

sehr unattraktiv ❑ ❑ ❑ ❑ ❑ ❑ ❑ sehr attraktiv

2. Wie attraktiv ist für Sie der Studienplatz, für den Sie sich bei dieser Hochschule beworben haben?

1 2 3 4 5 6 7

sehr unattraktiv ❑ ❑ ❑ ❑ ❑ ❑ ❑ sehr attraktiv

3. Wie wahrscheinlich ist es Ihrer Einschätzung nach, daß Sie heute in der Hauptfachprüfung nicht gut abschneiden?

1 2 3 4 5 6 7

sehr unwahrscheinlich ❑ ❑ ❑ ❑ ❑ ❑ ❑ sehr wahrscheinlich

4. Wie wahrscheinlich ist es Ihrer Meinung nach, daß Ihnen von dieser Hochschule der Studienplatz angeboten wird, für den Sie sich beworben haben?

1 2 3 4 5 6 7

sehr unwahrscheinlich ❑ ❑ ❑ ❑ ❑ ❑ ❑ sehr wahrscheinlich

5. Wenn Ihnen von dieser Hochschule der Studienplatz angeboten würde, für den Sie sich beworben haben, würden Sie annehmen?

1 2 3 4 5 6 7

sehr unwahrscheinlich ❑ ❑ ❑ ❑ ❑ ❑ ❑ sehr wahrscheinlich

6. Würden Sie sofort annehmen?

1 2 3 4 5 6 7

bestimmt nicht ❑ ❑ ❑ ❑ ❑ ❑ ❑ bestimmt

7. Wieviele Studienplatzangebote haben Sie bisher erhalten?

❑ 0 ❑ 1 ❑ 2 ❑ 3 ❑ 4 ❑ 5 ❑ 6 oder mehr

8. Mit wievielen Studienplatzangeboten rechnen Sie insgesamt?

❑ 0 ❑ 1 ❑ 2 ❑ 3 ❑ 4 ❑ 5 ❑ 6 oder mehr

FEBA - Fragebogen zum Erleben und Bewerten von Auswahlsituationen (Teil 2-HP)

Kennwort:_____   Datum:_____
(Bitte tragen Sie hier Ihr persönliches Kennwort ein.)

Sie haben gerade an einer Hochschulaufnahmeprüfung teilgenommen. Wie oft haben Sie **davor** schon an Hochschulaufnahmeprüfungen teilgenommen?

❑ noch nie ❑ 1mal   ❑ 2mal   ❑ 3mal   ❑ 4mal   ❑ 5mal   ❑ 6mal oder öfter

Hinweise: Auf den folgenden Seiten finden Sie eine Reihe von Aussagen, die sich zur Beschreibung Ihrer Eindrücke bezüglich der **gerade erlebten Hauptfachprüfung** eignen könnten. Lesen Sie bitte jede Aussage aufmerksam durch und überlegen Sie, ob die jeweilige Aussage Ihre Eindrücke bezüglich der soeben erlebten Hauptfachprüfung zutreffend beschreibt oder nicht. Zur Beurteilung jeder der Aussagen steht Ihnen eine fünffach abgestufte Skala zur Verfügung. Kreuzen Sie bitte an:

		völlig unzutreffend	unzutreffend	weder noch	zutreffend	völlig zutreffend

1 (**völlig unzutreffend**), wenn Sie die Aussage für völlig unzutreffend halten oder ihr auf keinen Fall zustimmen. ....
1 2 3 4 5
❑ ❑ ❑ ❑ ❑

2 (**unzutreffend**), wenn Sie die Aussage für unzutreffend halten oder ihr eher nicht zustimmen. ....
1 2 3 4 5
❑ ❑ ❑ ❑ ❑

3 (**weder noch**), wenn die Aussage weder zutreffend noch unzutreffend, also weder richtig noch falsch ist. ....
1 2 3 4 5
❑ ❑ ❑ ❑ ❑

4 (**zutreffend**), wenn Sie die Aussage für zutreffend halten oder ihr eher zustimmen. ....
1 2 3 4 5
❑ ❑ ❑ ❑ ❑

5 (**völlig zutreffend**), wenn Sie die Aussage für völlig zutreffend halten oder ihr nachdrücklich zustimmen. ....
1 2 3 4 5
❑ ❑ ❑ ❑ ❑

Wenn Sie beispielsweise die Aussage 'Die Prüfer schienen mir für ihre Aufgabe kompetent zu sein' für völlig zutreffend hielten, so würden Sie hier die Ziffer 5 ankreuzen. Hielten Sie hingegen die Aussage für völlig unzutreffend, so wäre die Ziffer 1 anzukreuzen. Wäre die Aussage Ihrer Ansicht nach weder zutreffend noch unzutreffend, so würden Sie dies dadurch ausdrücken, daß Sie die Ziffer 3 ankreuzen.

Bitte lesen Sie jede Aussage genau durch und kreuzen Sie als Antwort die Kategorie an, die Ihre Sichtweise am besten ausdrückt. Falls Sie Ihre Meinung nach dem Ankreuzen einmal ändern sollten, streichen Sie Ihre erste Antwort bitte deutlich durch. Auch wenn Ihnen einmal die Entscheidung schwerfallen sollte, kreuzen Sie trotzdem immer eine Antwort an, und zwar, welche noch am ehesten zutrifft.

Bei diesem Fragebogen gibt es keine 'richtigen' oder 'falschen' Antworten. Sie erfüllen den Zweck der Befragung am besten, wenn Sie die Fragen so wahrheitsgemäß wie möglich beantworten. Bitte beurteilen Sie die Aussagen zügig aber sorgfältig. **Lassen Sie keine Aussage aus.**

Beginnen Sie jetzt bitte mit der Beantwortung!

Die Inhalte der Hauptfachprüfung ...

	völlig unzutreffend	unzutreffend	weder noch	zutreffend	völlig zutreffend

1. ... haben mir Aufschluß über die Merkmale des Studiengangs gegeben. ....

	1	2	3	4	5
	☐	☐	☐	☐	☐

2. ... haben mir die inhaltlichen Bereiche des Studiengangs aufgezeigt. ....

	1	2	3	4	5
	☐	☐	☐	☐	☐

3. ... haben mir Informationen über die Anforderungen des Studiengangs geliefert, also darüber, welche Fähigkeiten dieser Studiengang von mir verlangt. ....

	1	2	3	4	5
	☐	☐	☐	☐	☐

4. ... haben mir keinen Aufschluß über die Leistungsanforderungen in dem Studiengang gegeben. ....

	1	2	3	4	5
	☐	☐	☐	☐	☐

5. ... haben mein Interesse an dem Studienplatz erhöht. ....

	1	2	3	4	5
	☐	☐	☐	☐	☐

6. ... haben mein Interesse an dem Studienplatz verringert. ....

	1	2	3	4	5
	☐	☐	☐	☐	☐

In der Hauptfachprüfung ...

7. ... konnte ich die Situation mitgestalten. ....

	1	2	3	4	5
	☐	☐	☐	☐	☐

8. ... konnte ich die Situation nicht kontrollieren. ....

	1	2	3	4	5
	☐	☐	☐	☐	☐

9. ... konnte ich mein Abschneiden selbst beeinflussen. ....

	1	2	3	4	5
	☐	☐	☐	☐	☐

10. ... wurde mein Verhalten stark von außen bestimmt. ....

	1	2	3	4	5
	☐	☐	☐	☐	☐

11. ... konnte ich das Verhalten meiner Prüfer beeinflussen. ....

	1	2	3	4	5
	☐	☐	☐	☐	☐

12. ... konnte ich Einfluß darauf nehmen, welchen Eindruck meine Prüfer von mir gewannen. ....

	1	2	3	4	5
	☐	☐	☐	☐	☐

13. ... war ich nicht in meinen Verhaltensmöglichkeiten eingeschränkt. ....

	1	2	3	4	5
	☐	☐	☐	☐	☐

14. ... stand ich so unter Anspannung und Streß, daß ich nicht meine besten Leistungen zeigen konnte. ....

	1	2	3	4	5
	☐	☐	☐	☐	☐

15. ... hatte ich so starke Prüfungsangst, daß meine Leistungen hierdurch beeinträchtigt wurden. ....

	1	2	3	4	5
	☐	☐	☐	☐	☐

16. ... spielte ich eine aktive Rolle. ....

	1	2	3	4	5
	☐	☐	☐	☐	☐

17. ... wußte ich, was ich tun mußte, um gut abzuschneiden. ....

	1	2	3	4	5
	☐	☐	☐	☐	☐

18. ... wurde ich nicht fair behandelt. ....

	1	2	3	4	5
	☐	☐	☐	☐	☐

19. ... wurde ich respektvoll behandelt. ....

	1	2	3	4	5
	☐	☐	☐	☐	☐

In der Hauptfachprüfung ...

	völlig unzutreffend	unzutreffend	weder noch	zutreffend	völlig zutreffend
	1	2	3	4	5

20. ... konnte ich meine Fähigkeiten nicht optimal darstellen. ...... □ □ □ □ □

21. ... habe ich meiner Einschätzung nach nicht gut abgeschnitten. ...... □ □ □ □ □

22. ... empfand ich die Situation als übersichtlich und überschaubar. ...... □ □ □ □ □

23. ... war mir klar, welche Rollen die beteiligten Personen spielten. ...... □ □ □ □ □

24. ... war mir nicht klar, welche Absichten meine Prüfer verfolgten. ...... □ □ □ □ □

25. ... wußte ich nicht, was von mir erwartet wurde. ...... □ □ □ □ □

26. ... war mir klar, nach welchen Kriterien meine Prüfungsleistungen beurteilt werden. ...... □ □ □ □ □

Die durchgeführte Hauptfachprüfung ...

27. ... erfaßt meiner Ansicht nach Fähigkeiten, die nicht für den Studiengang relevant sind. ...... □ □ □ □ □

28. ... ist meiner Einschätzung nach zur Ermittlung meiner Eignung für den Studiengang geeignet. ...... □ □ □ □ □

29. ... ist meiner Meinung nach zur Vorhersage meiner Leistungen in dem Studiengang geeignet. ...... □ □ □ □ □

Ich verstehe, wie von meinen Prüfungsleistungen ...

30. ... auf meine Fähigkeiten geschlossen wird. ...... □ □ □ □ □

31. ... meine Eignung für den Studiengang abgeleitet wird. ...... □ □ □ □ □

Die Teilnahme an der Hauptfachprüfung ...

32. ... hat mir eine bessere Einschätzung meiner Fähigkeiten ermöglicht. ...... □ □ □ □ □

33. ... hat mir keine Hinweise auf meine Stärken und Schwächen gegeben. ...... □ □ □ □ □

34. ... hat mir eine bessere Einschätzung meiner Eignung für den Studiengang ermöglicht. ...... □ □ □ □ □

35. ... hat mir in jedem Fall etwas gebracht, also auch, falls ich kein Studienplatzangebot erhalte. ...... □ □ □ □ □

Hinweise: Im folgenden finden Sie zwanzig siebenfach abgestufte Skalen, deren Enden jeweils durch zwei gegensätzliche Adjektive markiert sind. Bitte beurteilen Sie abschließend Ihre gerade erlebte Hauptfachprüfung, indem Sie auf jeder dieser Skalen denjenigen Wert ankreuzen, der Ihre Ansicht am besten ausdrückt.

Bitte bearbeiten Sie die Skalen zügig aber sorgfältig. **Lassen Sie keine Skala aus.**

Ich empfand die Hauptfachprüfung als ...

	3	2	1	0	1	2	3	
durchschaubar	☐	☐	☐	☐	☐	☐	☐	undurchschaubar
einfach	☐	☐	☐	☐	☐	☐	☐	schwierig
nutzlos	☐	☐	☐	☐	☐	☐	☐	nützlich
entlastend	☐	☐	☐	☐	☐	☐	☐	belastend
aufregend	☐	☐	☐	☐	☐	☐	☐	beruhigend
unangenehm	☐	☐	☐	☐	☐	☐	☐	angenehm
erholsam	☐	☐	☐	☐	☐	☐	☐	anstrengend
eindeutig	☐	☐	☐	☐	☐	☐	☐	uneindeutig
ungerecht	☐	☐	☐	☐	☐	☐	☐	gerecht
erfreulich	☐	☐	☐	☐	☐	☐	☐	unerfreulich
langweilig	☐	☐	☐	☐	☐	☐	☐	spannend
demokratisch	☐	☐	☐	☐	☐	☐	☐	undemokratisch
unsympathisch	☐	☐	☐	☐	☐	☐	☐	sympathisch
ineffizient	☐	☐	☐	☐	☐	☐	☐	effizient
respektierend	☐	☐	☐	☐	☐	☐	☐	respektlos
rücksichtslos	☐	☐	☐	☐	☐	☐	☐	rücksichtsvoll
wichtig	☐	☐	☐	☐	☐	☐	☐	unwichtig
positiv	☐	☐	☐	☐	☐	☐	☐	negativ
informationslos	☐	☐	☐	☐	☐	☐	☐	informativ
unfair	☐	☐	☐	☐	☐	☐	☐	fair
	3	2	1	0	1	2	3	

FEBA - Fragebogen zum Erleben und Bewerten von Auswahlsituationen (Teil 3)

Kennwort:_____   Datum:_____
(Bitte tragen Sie hier Ihr persönliches Kennwort ein.)

Sie haben sich bei dieser Hochschule persönlich vorgestellt. Wie oft haben Sie sich **davor** schon bei Organisationen persönlich vorgestellt (einschl. Musterung, Berufsberatung, Bewerbungen um Praktika oder Ferienjobs, Stellenbewerbungen etc.)?

❑ noch nie   ❑ 1mal   ❑ 2mal   ❑ 3mal   ❑ 4mal   ❑ 5mal   ❑ 6mal oder öfter

Hinweise: Auf den folgenden Seiten finden Sie eine Reihe von Aussagen, die sich zur Beschreibung Ihrer Eindrücke bezüglich des **heute bei dieser Hochschule erlebten Auswahlverfahrens** eignen könnten. Lesen Sie bitte jede Aussage aufmerksam durch und überlegen Sie, ob die jeweilige Aussage Ihre Eindrücke bezüglich des hier erlebten Auswahlverfahrens zutreffend beschreibt oder nicht. Zur Beurteilung jeder der Aussagen steht Ihnen eine fünffach abgestufte Skala zur Verfügung. Kreuzen Sie bitte an:

	völlig unzutreffend	unzutreffend	weder noch	zutreffend	völlig zutreffend

1 (**völlig unzutreffend**), wenn Sie die Aussage für völlig unzutreffend halten oder ihr auf keinen Fall zustimmen. ....

1 2 3 4 5
❑ ❑ ❑ ❑ ❑

2 (**unzutreffend**), wenn Sie die Aussage für unzutreffend halten oder ihr eher nicht zustimmen. ....

1 2 3 4 5
❑ ❑ ❑ ❑ ❑

3 (**weder noch**), wenn die Aussage weder zutreffend noch unzutreffend, also weder richtig noch falsch ist. ....

1 2 3 4 5
❑ ❑ ❑ ❑ ❑

4 (**zutreffend**), wenn Sie die Aussage für zutreffend halten oder ihr eher zustimmen. ....

1 2 3 4 5
❑ ❑ ❑ ❑ ❑

5 (**völlig zutreffend**), wenn Sie die Aussage für völlig zutreffend halten oder ihr nachdrücklich zustimmen. ....

1 2 3 4 5
❑ ❑ ❑ ❑ ❑

Wenn Sie beispielsweise die Aussage 'Im Rahmen des Auswahlverfahrens bin ich gut über die Hochschule informiert worden' für völlig zutreffend hielten, so würden Sie hier die Ziffer 5 ankreuzen. Hielten Sie hingegen die Aussage für völlig unzutreffend, so wäre die Ziffer 1 anzukreuzen. Wäre die Aussage Ihrer Ansicht nach weder zutreffend noch unzutreffend, so würden Sie dies dadurch ausdrücken, daß Sie die Ziffer 3 ankreuzen.

Bitte lesen Sie jede Aussage genau durch und kreuzen Sie als Antwort die Kategorie an, die Ihre Sichtweise am besten ausdrückt. Falls Sie Ihre Meinung nach dem Ankreuzen einmal ändern sollten, streichen Sie Ihre erste Antwort bitte deutlich durch. Auch wenn Ihnen einmal die Entscheidung schwerfallen sollte, kreuzen Sie trotzdem immer eine Antwort an, und zwar die, welche noch am ehesten zutrifft.

Bei diesem Fragebogen gibt es keine 'richtigen' oder 'falschen' Antworten. Sie erfüllen den Zweck der Befragung am besten, wenn Sie die Fragen so wahrheitsgemäß wie möglich beantworten. Bitte beurteilen Sie die Aussagen zügig aber sorgfältig. **Lassen Sie keine Aussage aus.**

Beginnen Sie jetzt bitte mit der Beantwortung!

	völlig unzutreffend	unzutreffend	weder noch	zutreffend	völlig zutreffend

Im Rahmen des Auswahlverfahrens ...

1. ... wurde offen und ehrlich mit mir über die Beurteilung meiner Fähigkeiten gesprochen. ....
1 2 3 4 5 ☐ ☐ ☐ ☐ ☐

2. ... wurde offen und ehrlich mit mir über die Erfolgsaussichten meiner Bewerbung gesprochen. ....
1 2 3 4 5 ☐ ☐ ☐ ☐ ☐

Die Beurteilung meiner Fähigkeiten ...

3. ... wurde mir genau erläutert. ....
1 2 3 4 5 ☐ ☐ ☐ ☐ ☐

4. ... wurde mir nicht sachlich begründet. ....
1 2 3 4 5 ☐ ☐ ☐ ☐ ☐

5. ... wurde mir verständlich mitgeteilt. ....
1 2 3 4 5 ☐ ☐ ☐ ☐ ☐

6. ... wurde mir auf rücksichtsvolle Weise mitgeteilt. ....
1 2 3 4 5 ☐ ☐ ☐ ☐ ☐

7. ... stimmte nicht mit meiner Selbsteinschätzung überein. ....
1 2 3 4 5 ☐ ☐ ☐ ☐ ☐

Die Besprechung meiner Prüfungsergebnisse ...

8. ... hat mir eine bessere Einschätzung meiner Fähigkeiten ermöglicht. ....
1 2 3 4 5 ☐ ☐ ☐ ☐ ☐

9. ... hat mir keine Hinweise auf meine Stärken und Schwächen gegeben. ....
1 2 3 4 5 ☐ ☐ ☐ ☐ ☐

10. ... hat mir eine bessere Einschätzung meiner Eignung für den Studiengang ermöglicht. ....
1 2 3 4 5 ☐ ☐ ☐ ☐ ☐

11. ... ließ sich von ihren Inhalten her problemlos zu meinem Selbstbild in Beziehung setzen. ....
1 2 3 4 5 ☐ ☐ ☐ ☐ ☐

12. ... hat mir die Entscheidung für oder gegen ein etwaiges Studienplatzangebot nicht erleichtert. ....
1 2 3 4 5 ☐ ☐ ☐ ☐ ☐

Meine heute hier gemachten Erfahrungen ...

13. ... haben mir einen repräsentativen Eindruck vom in dieser Hochschule herrschenden Klima geliefert. ....
1 2 3 4 5 ☐ ☐ ☐ ☐ ☐

14. ... haben mir Eindrücke von dieser Hochschule und den Studienmöglichkeiten vermittelt, die maßgeblich meine Entscheidung beeinflussen werden, ob ich ein etwaiges Studienplatzangebot annehme. ....
1 2 3 4 5 ☐ ☐ ☐ ☐ ☐

Hinweise: Im folgenden finden Sie einige Fragen. Lesen Sie bitte jede dieser Fragen aufmerksam durch und antworten Sie, indem Sie auf den hierzu angegebenen Skalen denjenigen Wert ankreuzen, der Ihre Sichtweise am besten ausdrückt.

Bitte bearbeiten Sie die Fragen zügig aber sorgfältig. **Lassen Sie keine Frage aus.**

15. Wie attraktiv ist diese Hochschule für Sie?

1 2 3 4 5 6 7
sehr unattraktiv ❑ ❑ ❑ ❑ ❑ ❑ ❑ sehr attraktiv

16. Wie attraktiv ist für Sie der Studienplatz, für den Sie sich bei dieser Hochschule beworben haben?

1 2 3 4 5 6 7
sehr unattraktiv ❑ ❑ ❑ ❑ ❑ ❑ ❑ sehr attraktiv

17. Haben Sie heute in der Hauptfachprüfung bestanden?

❑ ja ❑ nein

18. Falls ja: Wie wahrscheinlich ist es Ihrer Meinung nach, daß Ihnen nach Abschluß der Pflichtfach-prüfungen von dieser Hochschule der Studienplatz angeboten wird, für den Sie sich beworben haben? (Bitte antworten Sie nur, falls Sie an weiteren Prüfungen teilnehmen, z. B. in Musiklehre.)

1 2 3 4 5 6 7
sehr unwahrscheinlich ❑ ❑ ❑ ❑ ❑ ❑ ❑ sehr wahrscheinlich

19. Wenn Ihnen von dieser Hochschule der Studienplatz angeboten würde, für den Sie sich beworben haben, würden Sie annehmen? (Bitte antworten Sie auch dann, wenn Sie heute nicht bestanden haben.)

1 2 3 4 5 6 7
sehr unwahrscheinlich ❑ ❑ ❑ ❑ ❑ ❑ ❑ sehr wahrscheinlich

20. Würden Sie sofort annehmen? (Bitte antworten Sie auch dann, wenn Sie heute nicht bestanden haben.)

1 2 3 4 5 6 7
bestimmt nicht ❑ ❑ ❑ ❑ ❑ ❑ ❑ bestimmt

21. Haben Sie nach Ihren Erfahrungen am heutigen Tag ein positiveres oder ein negativeres Bild von dieser Hochschule als vorher?

-3 -2 -1 0 +1 +2 +3
viel negativer ❑ ❑ ❑ ❑ ❑ ❑ ❑ viel positiver

22. Haben Sie nach Ihren Erfahrungen am heutigen Tag ein positiveres oder ein negativeres Bild von dem Studienplatz, für den Sie sich bei dieser Hochschule beworben haben?

-3 -2 -1 0 +1 +2 +3
viel negativer ❑ ❑ ❑ ❑ ❑ ❑ ❑ viel positiver

Hinweise: Im folgenden finden Sie acht Aussagen, die verschiedene Anforderungen beschreiben, die Sie vielleicht an eine Hochschulaufnahmeprüfung stellen. Bitte lesen Sie sich zunächst alle Aussagen einmal aufmerksam durch und überlegen Sie sich dabei, welche Punkte Ihnen bei einer Hochschulaufnahmeprüfung wichtig und welche weniger wichtig sind. Bringen Sie anschließend die Aussagen gemäß ihrer Wichtigkeit in eine Rangfolge, indem Sie ihnen die Ziffern 1 bis 8 zuordnen. Hierbei erhält die wichtigste Aussage die Ziffer 1, die am wenigsten wichtige die Ziffer 8. **Bitte vergeben Sie alle acht Ziffern, und jede Ziffer nur einmal.**

Wenn ich an einer Hochschulaufnahmeprüfung teilnehme ist mir wichtig, daß ...

Rangplatz
(1-8)

... ich gut über den Studiengang und dessen Anforderungen informiert werde. ....

... mir die verwendeten Beurteilungsverfahren genau erläutert werden. ....

... am Ende der Aufnahmeprüfung offen und ehrlich mit mir über die Beurteilung meiner Eignung für den Studiengang und die Erfolgsaussichten meiner Bewerbung gesprochen wird. ....

... ich während der Durchführung der Aufnahmeprüfung die Situation mitgestalten kann. ....

... mir die Kriterien für die Beurteilung meiner Eignung für den Studiengang offengelegt werden. ....

... mir am Ende der Aufnahmeprüfung die Beurteilung meiner Eignung für den Studiengang genau erläutert und sachlich begründet wird. ....

... ich gut über die Merkmale und Ziele der Hochschule informiert werde. ....

... ich während der Durchführung der Aufnahmeprüfung die Kontrolle über die Situation behalte und nicht unangemessen Macht über mich ausgeübt wird. .....

Und wie stehen Sie zu dieser Untersuchung?

Ich halte die Durchführung dieser Untersuchung zum Erleben und Bewerten von Auswahlsituationen durch Bewerber für ...

☐ ... sinnvoll.   ☐ ... nicht sinnvoll.

Vielen Dank für Ihre Teilnahme!

Andreas Köchling
- TH Darmstadt -

8.1.4 Schweizer Großbank

FEBA - Fragebogen zum Erleben und Bewerten von Auswahlsituationen (Teil 1)

Kennwort:_____   Datum:_____
(Bitte tragen Sie hier Ihr persönliches Kennwort ein.)

Guten Tag!

Sie haben heute ein Vorstellungsgespräch. In diesem Zusammenhang möchten wir gerne einige Fragen an Sie richten. Im Auftrag des Personaldienstes der (...) führen wir eine Studie durch, die Aufschluss darüber geben soll, wie Bewerber die Personalauswahl in diesem Unternehmen erleben und bewerten. Im Rahmen dieser Untersuchung werden Bewerber verschiedener Bereiche unmittelbar in Auswahlsituationen zu ihren diesbezüglichen Eindrücken befragt. Die Ergebnisse der Studie sind wichtig für die Entwicklung und Anwendung von Beurteilungsverfahren und tragen über die Berücksichtigung der Teilnehmerperspektive zu einer verbesserten und akzeptableren Personalauswahl bei.

Konkret möchten wir Sie bitten, den Fragebogen auszufüllen, der Ihnen zu Ihrem Auswahlinterview vorgelegt wird. Dieser Fragebogen steht in keinerlei Zusammenhang mit der Beurteilung Ihrer Eignung für die Stelle, für die Sie sich bei der (...) bzw. innerhalb der (...) Holding-Gruppe beworben haben.

Die Befragung erfolgt anonym, d. h. Sie brauchen auf den Formularen nicht Ihren Namen anzugeben, sondern lediglich ein beliebiges Kennwort, das uns die Zuordnung der beiden Fragebogenteile einer Person (vor und nach dem Interview) zueinander ermöglichen soll. **Bitte verwenden Sie daher stets dasselbe Kennwort.** Die Fragebögen selbst werden der (...) nicht zugänglich gemacht. Die Angaben zur Person dienen lediglich der Zuordnung zu sinnvoll auswertbaren Gruppen.

Vielen Dank für Ihre freundliche Unterstützung!

Ihre   ~

VfU-Unternehmens- und Personalberatung AG

Angaben zur Person

Geschlecht:
männlich........................❑   Geboren im (Monat/Jahr):_____
weiblich........................❑
                                       Erlernter Beruf:_____
Bewerbung für:
(...)..............................❑   Derzeit ausgeübte Tätigkeit:_____
anderes Unternehmen
der (...) Holding-Gruppe... ❑   Bewerbung als:_____

Berufsausbildung: Sind Sie bereits Mitarbeiter des
keine...❑   (...)-Konzerns oder einer anderen
Lehre...❑   Gesellschaft der (...) Holding-
Lehre mit Zusatzausbildung............................❑   Gruppe? ....❑ ja
Studium (Hochschule, HWV/HTL)...................❑   ....❑ nein

Hinweise: Im folgenden finden Sie einige Fragen. Lesen Sie bitte jede dieser Fragen aufmerksam durch und antworten Sie, indem Sie auf den hierzu angegebenen Skalen denjenigen Wert ankreuzen, der Ihre Sichtweise am besten ausdrückt. Falls Sie Ihre Meinung nach dem Ankreuzen einmal ändern sollten, streichen Sie Ihre erste Antwort bitte deutlich durch. Auch wenn Ihnen einmal die Entscheidung schwerfallen sollte, kreuzen Sie trotzdem immer eine Antwort an, und zwar die, welche noch am ehesten zutrifft.

Bei diesem Fragebogen gibt es keine 'richtigen' oder 'falschen' Antworten. Sie erfüllen den Zweck der Befragung am besten, wenn Sie die Fragen so wahrheitsgemäss wie möglich beantworten. Bitte bearbeiten Sie die Fragen zügig aber sorgfältig. **Lassen Sie keine Frage aus.**

Die Fragen 1-4 beziehen sich auf das Unternehmen, für das Sie sich beworben haben. Dies kann die (...) oder ein anderes Unternehmen der (...) Holding-Gruppe sein.

1. Wie attraktiv ist dieses Unternehmen für Sie?

           1 2 3 4 5 6 7

sehr unattraktiv ❑ ❑ ❑ ❑ ❑ ❑ ❑ sehr attraktiv

2. Wie gut können Sie sich vorstellen, dauerhaft bei diesem Unternehmen zu arbeiten?

           1 2 3 4 5 6 7

sehr schlecht ❑ ❑ ❑ ❑ ❑ ❑ ❑ sehr gut

3. Wie attraktiv ist für Sie der Arbeitsplatz, für den Sie sich bei diesem Unternehmen beworben haben?

           1 2 3 4 5 6 7

sehr unattraktiv ❑ ❑ ❑ ❑ ❑ ❑ ❑ sehr attraktiv

4. Wie wahrscheinlich ist es Ihrer Ansicht nach, dass diese Tätigkeit Sie auf längere Sicht nicht zufriedenstellt?

           1 2 3 4 5 6 7

sehr unwahrscheinlich ❑ ❑ ❑ ❑ ❑ ❑ ❑ sehr wahrscheinlich

5. Wie wahrscheinlich ist es Ihrer Einschätzung nach, dass Sie im heutigen Vorstellungsgespräch nicht gut abschneiden?

           1 2 3 4 5 6 7

sehr unwahrscheinlich ❑ ❑ ❑ ❑ ❑ ❑ ❑ sehr wahrscheinlich

6. Wie wahrscheinlich ist es Ihrer Meinung nach, dass Ihnen von dem Unternehmen, für das Sie sich beworben haben, die gewünschte Stelle angeboten wird?

           1 2 3 4 5 6 7

sehr unwahrscheinlich ❑ ❑ ❑ ❑ ❑ ❑ ❑ sehr wahrscheinlich

7. Wenn Ihnen die gewünschte Stelle angeboten würde, würden Sie annehmen?

           1 2 3 4 5 6 7

sehr unwahrscheinlich ❑ ❑ ❑ ❑ ❑ ❑ ❑ sehr wahrscheinlich

8. Würden Sie sofort annehmen?

           1 2 3 4 5 6 7

bestimmt nicht ❑ ❑ ❑ ❑ ❑ ❑ ❑ bestimmt

FEBA - Fragebogen zum Erleben und Bewerten von Auswahlsituationen (Teil 2)

Kennwort:_____   Datum:_____
(Bitte tragen Sie hier Ihr persönliches Kennwort ein.)

(z. B. ' 4 mal')

➲ Sie haben sich heute hier persönlich vorgestellt. Wie oft haben Sie sich in Ihrem Leben schon bei Unternehmen persönlich vorgestellt? ....   ____mal

Anleitung zum Ausfüllen

Auf den folgenden Seiten finden Sie eine Reihe von Aussagen, die sich zur Beschreibung Ihrer Eindrücke bezüglich des **gerade erlebten Vorstellungsgespräches** eignen könnten. Lesen Sie bitte jede Aussage aufmerksam durch und überlegen Sie, ob die jeweilige Aussage Ihre Eindrücke bezüglich des Vorstellungsgespräches zutreffend beschreibt oder nicht. Zur Beurteilung jeder der Aussagen steht Ihnen eine fünffach abgestufte Skala zur Verfügung. Kreuzen Sie bitte an:

	völlig unzutreffend	unzutreffend	weder noch	zutreffend	völlig zutreffend

1 (**völlig unzutreffend**), wenn Sie die Aussage für völlig unzutreffend halten oder ihr auf keinen Fall zustimmen. ....

1	2	3	4	5
☐	☐	☐	☐	☐

2 (**unzutreffend**), wenn Sie die Aussage für unzutreffend halten oder ihr eher nicht zustimmen. ....

1	2	3	4	5
☐	☐	☐	☐	☐

3 (**weder noch**), wenn die Aussage weder zutreffend noch unzutreffend, also weder richtig noch falsch ist. ....

1	2	3	4	5
☐	☐	☐	☐	☐

4 (**zutreffend**), wenn Sie die Aussage für zutreffend halten oder ihr eher zustimmen. ....

1	2	3	4	5
☐	☐	☐	☐	☐

5 (**völlig zutreffend**), wenn Sie die Aussage für völlig zutreffend halten oder ihr nachdrücklich zustimmen. ....

1	2	3	4	5
☐	☐	☐	☐	☐

Wenn Sie beispielsweise die Aussage 'Im Vorstellungsgespräch bin ich gut über das Unternehmen informiert worden' für völlig zutreffend hielten, so würden Sie hier die Ziffer 5 ankreuzen. Hielten Sie hingegen die Aussage für völlig unzutreffend, so wäre die Ziffer 1 anzukreuzen. Wäre die Aussage Ihrer Ansicht nach weder zutreffend noch unzutreffend, so würden Sie dies dadurch ausdrücken, dass Sie die Ziffer 3 ankreuzen.

Bitte lesen Sie jede Aussage genau durch und kreuzen Sie als Antwort die Kategorie an, die Ihre Sichtweise am besten ausdrückt. Falls Sie Ihre Meinung nach dem Ankreuzen einmal ändern sollten, streichen Sie Ihre erste Antwort bitte deutlich durch. Auch wenn Ihnen einmal die Entscheidung schwerfallen sollte, kreuzen Sie trotzdem immer eine Antwort an, und zwar die, welche noch am ehesten zutrifft.

Bei diesem Fragebogen gibt es keine 'richtigen' oder 'falschen' Antworten. Sie erfüllen den Zweck der Befragung am besten, wenn Sie die Fragen so wahrheitsgemäss wie möglich beantworten. Bitte beurteilen Sie die Aussagen zügig aber sorgfältig. **Lassen Sie keine Aussage aus.**

Beginnen Sie jetzt bitte mit der Beantwortung!

Im Vorstellungsgespräch ...

Skala: **völlig unzutreffend (1)** – **unzutreffend (2)** – **weder noch (3)** – **zutreffend (4)** – **völlig zutreffend (5)**

1. ... herrschte eine angenehme Atmosphäre. 1 2 3 4 5 ☐☐☐☐☐

2. ... bin ich gut über die Tätigkeit informiert worden. 1 2 3 4 5 ☐☐☐☐☐

3. ... hat man sich zu wenig Zeit für mich genommen. 1 2 3 4 5 ☐☐☐☐☐

4. ... konnte ich die Situation mitgestalten. 1 2 3 4 5 ☐☐☐☐☐

5. ... wurde ich auf meine Persönlichkeit beurteilt. 1 2 3 4 5 ☐☐☐☐☐

6. ... hatte ich die Situation nicht unter Kontrolle. 1 2 3 4 5 ☐☐☐☐☐

7. ... bin ich gut über die Unternehmensmerkmale und -ziele informiert worden. 1 2 3 4 5 ☐☐☐☐☐

8. ... hatte ich den Eindruck, dass meine Bewerbungsunterlagen bekannt waren. 1 2 3 4 5 ☐☐☐☐☐

9. ... konnte ich Einfluss darauf nehmen, welchen Eindruck mein Gesprächspartner von mir gewann. 1 2 3 4 5 ☐☐☐☐☐

10. ... hatte ich Gelegenheit, meinerseits Fragen zu stellen. 1 2 3 4 5 ☐☐☐☐☐

11. ... stand ich so unter Anspannung und Stress, dass ich mich nicht von meiner besten Seite zeigen konnte. 1 2 3 4 5 ☐☐☐☐☐

12. ... bin ich genau über die Anforderungen des Arbeitsplatzes informiert worden, also darüber, welche Fähigkeiten diese Tätigkeit von mir verlangt. 1 2 3 4 5 ☐☐☐☐☐

13. ... wurden konkrete Fragen zu mir und meinem Werdegang gestellt. 1 2 3 4 5 ☐☐☐☐☐

14. ... wusste ich nicht, was ich tun musste, um gut abzuschneiden. 1 2 3 4 5 ☐☐☐☐☐

15. ... signalisierte mir das Verhalten meines Gesprächspartners, dass das Gespräch mit mir wichtig genommen wurde. 1 2 3 4 5 ☐☐☐☐☐

16. ... war ich so nervös, dass ich mich nicht optimal präsentiert habe. 1 2 3 4 5 ☐☐☐☐☐

17. ... wurden mir Fragen gestellt, die der Situation angemessen waren. 1 2 3 4 5 ☐☐☐☐☐

18. ... stand das Urteil bezüglich meiner Eignung eigentlich nach fünf Minuten fest. 1 2 3 4 5 ☐☐☐☐☐

19. ... hatte ich den Eindruck, dass man mir gegenüber ehrlich war. 1 2 3 4 5 ☐☐☐☐☐

20. ... sind mir Unternehmenskultur und -stil gut veranschaulicht worden. 1 2 3 4 5 ☐☐☐☐☐

21. ... hatte ich einen fachlich kompetenten Gesprächspartner. 1 2 3 4 5 ☐☐☐☐☐

| | völlig unzutreffend | unzutreffend | weder noch | zutreffend | völlig zutreffend |

Im Vorstellungsgespräch ...

22. ... war mir nicht klar, nach welchen Kriterien mein Verhalten und meine Gesprächsbeiträge beurteilt wurden. ....

1 2 3 4 5
☐ ☐ ☐ ☐ ☐

23. ... sind mir berufliche Perspektiven bzw. Karrieremöglichkeiten im Unternehmen klar aufgezeigt worden. ....

1 2 3 4 5
☐ ☐ ☐ ☐ ☐

24. ... konnte ich meine Fähigkeiten nicht optimal darstellen. ....

1 2 3 4′ 5
☐ ☐ ☐ ☐ ☐

25. ... hat mein Gesprächspartner zuviel geredet. ....

1 2 3 4 5
☐ ☐ ☐ ☐ ☐

26. ... bin ich auf Schwierigkeiten und Probleme beruflicher oder privater Art hingewiesen worden, die die Tätigkeit mit sich bringen kann. ....

1 2 3 4 5
☐ ☐ ☐ ☐ ☐

Das geführte Vorstellungsgespräch ...

27. ... fand in einem angemessenen Rahmen statt. ....

1 2 3 4 5
☐ ☐ ☐ ☐ ☐

28. ... ist meiner Einschätzung nach zur Ermittlung meiner Eignung für die Tätigkeit geeignet. ....

1 2 3 4 5
☐ ☐ ☐ ☐ ☐

29. ... erschien mir wenig strukturiert. ....

1 2 3 4 5
☐ ☐ ☐ ☐ ☐

30. ... hat mir eine bessere Einschätzung meiner Eignung für die Tätigkeit ermöglicht. ....

1 2 3 4 5
☐ ☐ ☐ ☐ ☐

31. ... begann pünktlich und verlief ohne Störungen oder Unterbrechungen. ....

1 2 3 4 5
☐ ☐ ☐ ☐ ☐

Alles in allem ...

32. ... hatte ich einen positiven Eindruck von meinem Gesprächspartner. ....

1 2 3 4 5
☐ ☐ ☐ ☐ ☐

33. ... hat das Gespräch mein Interesse an dem Arbeitsplatz erhöht. ....

1 2 3 4 5
☐ ☐ ☐ ☐ ☐

34. ... hat mir die Teilnahme am Interview etwas gebracht, auch falls ich kein Stellenangebot erhalte. ....

1 2 3 4 5
☐ ☐ ☐ ☐ ☐

35. ... hat das Gespräch mein Interesse an dem Arbeitsplatz verringert. ....

1 2 3 4 5
☐ ☐ ☐ ☐ ☐

36. ... habe ich einen repräsentativen Eindruck von diesem Unternehmen erhalten. .....

1 2 3 4 5
☐ ☐ ☐ ☐ ☐

37. ... wurden mir Eindrücke und Informationen vermittelt, die massgeblich meine Entscheidung beeinflussen werden, ob ich ein allfälliges Stellenangebot annehme. ....

1 2 3 4 5
☐ ☐ ☐ ☐ ☐

Hinweis: Bitte beurteilen Sie abschliessend Ihr heute hier erlebtes Vorstellungsgespräch, indem Sie auf jeder der folgenden Skalen denjenigen Wert ankreuzen, der Ihre Ansicht am besten ausdrückt.

Ich empfand das Vorstellungsgespräch als ...

	3	2	1	0	1	2	3	
durchschaubar	☐	☐	☐	☐	☐	☐	☐	undurchschaubar
einfach	☐	☐	☐	☐	☐	☐	☐	schwierig
nutzlos	☐	☐	☐	☐	☐	☐	☐	nützlich
entlastend	☐	☐	☐	☐	☐	☐	☐	belastend
aufregend	☐	☐	☐	☐	☐	☐	☐	beruhigend
unangenehm	☐	☐	☐	☐	☐	☐	☐	angenehm
erholsam	☐	☐	☐	☐	☐	☐	☐	anstrengend
eindeutig	☐	☐	☐	☐	☐	☐	☐	uneindeutig
ungerecht	☐	☐	☐	☐	☐	☐	☐	gerecht
erfreulich	☐	☐	☐	☐	☐	☐	☐	unerfreulich
langweilig	☐	☐	☐	☐	☐	☐	☐	spannend
demokratisch	☐	☐	☐	☐	☐	☐	☐	undemokratisch
unsympathisch	☐	☐	☐	☐	☐	☐	☐	sympathisch
ineffizient	☐	☐	☐	☐	☐	☐	☐	effizient
respektierend	☐	☐	☐	☐	☐	☐	☐	respektlos
rücksichtslos	☐	☐	☐	☐	☐	☐	☐	rücksichtsvoll
wichtig	☐	☐	☐	☐	☐	☐	☐	unwichtig
positiv	☐	☐	☐	☐	☐	☐	☐	negativ
informationslos	☐	☐	☐	☐	☐	☐	☐	informativ
unfair	☐	☐	☐	☐	☐	☐	☐	fair
	3	2	1	0	1	2	3	

38. Wie lange hat Ihr Vorstellungsgespräch gedauert? .... Minuten:____

39. Wieviele Gesprächspartner hatten Sie dabei? .... Anzahl:____

Hinweis: Bitte kreuzen Sie im folgenden denjenigen Wert an, der Ihre Sichtweise am besten ausdrückt.

Die Fragen 40-43 beziehen sich auf das Unternehmen, für das Sie sich beworben haben. Dies kann die (...) oder ein anderes Unternehmen der (...) Holding-Gruppe sein.

40. Wie attraktiv ist dieses Unternehmen für Sie?

	1	2	3	4	5	6	7	
sehr unattraktiv	❑	❑	❑	❑	❑	❑	❑	sehr attraktiv

41. Wie gut können Sie sich vorstellen, dauerhaft bei diesem Unternehmen zu arbeiten?

	1	2	3	4	5	6	7	
sehr schlecht	❑	❑	❑	❑	❑	❑	❑	sehr gut

42. Wie attraktiv ist für Sie der Arbeitsplatz, für den Sie sich bei diesem Unternehmen beworben haben?

	1	2	3	4	5	6	7	
sehr unattraktiv	❑	❑	❑	❑	❑	❑	❑	sehr attraktiv

43. Wie wahrscheinlich ist es Ihrer Ansicht nach, dass diese Tätigkeit Sie auf längere Sicht nicht zufriedenstellt?

	1	2	3	4	5	6	7	
sehr unwahrscheinlich	❑	❑	❑	❑	❑	❑	❑	sehr wahrscheinlich

44. Wie wahrscheinlich ist es Ihrer Einschätzung nach, dass Sie im heutigen Vorstellungsgespräch nicht gut abgeschnitten haben?

	1	2	3	4	5	6	7	
sehr unwahrscheinlich	❑	❑	❑	❑	❑	❑	❑	sehr wahrscheinlich

45. Wie wahrscheinlich ist es Ihrer Meinung nach, dass Ihnen von dem Unternehmen, für das Sie sich beworben haben, die gewünschte Stelle angeboten wird?

	1	2	3	4	5	6	7	
sehr unwahrscheinlich	❑	❑	❑	❑	❑	❑	❑	sehr wahrscheinlich

46. Wenn Ihnen die gewünschte Stelle angeboten würde, würden Sie annehmen?

	1	2	3	4	5	6	7	
sehr unwahrscheinlich	❑	❑	❑	❑	❑	❑	❑	sehr wahrscheinlich

47. Würden Sie sofort annehmen?

	1	2	3	4	5	6	7	
bestimmt nicht	❑	❑	❑	❑	❑	❑	❑	bestimmt

48. Haben Sie nach Ihren heute gemachten Erfahrungen ein positiveres oder ein negativeres Bild von dem Unternehmen, für das Sie sich beworben haben?

	-3	-2	-1	0	+1	+2	+3	
viel negativer	❑	❑	❑	❑	❑	❑	❑	viel positiver

49. Haben Sie nach Ihren heute gemachten Erfahrungen ein positiveres oder ein negativeres Bild von dem Arbeitsplatz, für den Sie sich beworben haben?

	-3	-2	-1	0	+1	+2	+3	
viel negativer	❑	❑	❑	❑	❑	❑	❑	viel positiver

50. Wieviele Bewerbungen haben Sie verschickt, seit Sie auf Jobsuche sind? ...... Anzahl:___

51. Wieviele Stellenangebote haben Sie erhalten, seit Sie auf Jobsuche sind? ...... Anzahl:___

52. Mit wievielen Stellenangeboten rechnen Sie insgesamt? .... Anzahl:___

Hinweise: Im folgenden finden Sie acht Aussagen, die verschiedene Anforderungen beschreiben, die Sie vielleicht an ein Personalauswahlverfahren stellen. Bitte lesen Sie sich zunächst alle Aussagen einmal aufmerksam durch und überlegen Sie sich dabei, welche Punkte Ihnen bei einem Vorstellungstermin wichtig und welche weniger wichtig sind. Bringen Sie anschliessend die Aussagen gemäss ihrer Wichtigkeit in eine **Rangfolge,** indem Sie ihnen die Ziffern 1 bis 8 zuordnen. **Hierbei erhält die wichtigste der acht Aussagen die Ziffer 1, die am wenigsten wichtige die Ziffer 8. Bitte vergeben Sie alle acht Ziffern, und jede Ziffer nur insgesamt einmal.** Nachdem Sie also einer Aussage z. B. die 3 zugewiesen haben, können Sie die 3 keiner weiteren Aussage mehr zuteilen.

Wenn ich mich bei einem Unternehmen vorstelle ist mir wichtig, dass ...

Rangplatz
(1-8)

... ich gut über den Arbeitsplatz und die Tätigkeitsanforderungen informiert werde. ....

... mir die verwendeten Beurteilungsverfahren genau erläutert werden. ....

... am Ende des Auswahlverfahrens offen und ehrlich mit mir über die Beurteilung meiner Eignung für die Tätigkeit und die Erfolgsaussichten meiner Bewerbung gesprochen wird. ....

... ich während der Durchführung des Auswahlverfahrens die Situation mitgestalten kann. ....

... mir die Kriterien für die Beurteilung meiner Eignung für die Tätigkeit offengelegt werden. ....

... mir am Ende des Auswahlverfahrens die Beurteilung meiner Eignung für die Tätigkeit genau erläutert und sachlich begründet wird. ....

... ich gut über die Merkmale und Ziele des Unternehmens informiert werde. .....

... ich während der Durchführung des Auswahlverfahrens die Kontrolle über die Situation behalte und nicht unangemessen Macht über mich ausgeübt wird. ...

Hinweis: Wie wünschen Sie sich Ihren Arbeitsplatz? Nachfolgend finden Sie zu diesem Thema einige Punkte, die Ihnen mehr oder weniger wichtig sein können. Bitte geben Sie durch Ankreuzen des entsprechenden Wertes an, wie wichtig Ihnen der jeweilige Aspekt an Ihrem Arbeitsplatz ist (s. Skala rechts).

	sehr unwichtig	unwichtig	weder noch	wichtig	sehr wichtig
	1	2	3	4	5
gutes Verhältnis zu den Arbeitskollegen	☐	☐	☐	☐	☐
beruflicher Aufstieg	☐	☐	☐	☐	☐
gute Sozialleistungen/zusätzliche Nebenleistungen	☐	☐	☐	☐	☐
verständnisvolle Vorgesetzte	☐	☐	☐	☐	☐
Entwicklung/Förderung der eigenen Fähigkeiten	☐	☐	☐	☐	☐
Anerkennung für gute Leistungen	☐	☐	☐	☐	☐
guter Lohn	☐	☐	☐	☐	☐
klar definierte Aufgaben	☐	☐	☐	☐	☐
interessante Tätigkeit	☐	☐	☐	☐	☐
straffe Führung	☐	☐	☐	☐	☐
guter Ruf des Unternehmens	☐	☐	☐	☐	☐
selbständiges Arbeiten/Eigenverantwortung	☐	☐	☐	☐	☐

Und wie stehen Sie zu dieser Befragung?

Ich halte die Durchführung dieser Befragung für ...

☐ ... sinnvoll.   ☐ ... nicht sinnvoll.

Vielen Dank für Ihre Teilnahme!

Ihre

VfU-Unternehmens- und Personalberatung AG

Projekt 'Personalauswahl und Bewerbererleben' Interviewerbogen zum FEBA

Interviewdatum:_____

Sehr geehrte Dame, sehr geehrter Herr,

Sie haben gerade ein Auswahlinterview mit einem Bewerber/einer Bewerberin geführt. Für eine optimale Auswertbarkeit der Ergebnisse der laufenden Bewerberbefragung benötigen wir, wie bereits angekündigt, noch Ihre Antworten auf die folgenden Fragen:

1. Wieviele Interviewer haben am Gespräch teilgenommen? .... Anzahl:_____

2. Wie lange hat das Interview gedauert? .... Minuten:_____

3. Stand Ihr Urteil bezüglich der Eignung des Bewerbers/der Bewerberin nach fünf Minuten Gesprächsdauer fest? .... ❑ ja ❑ nein

4. Ist der Bewerber/die Bewerberin prinzipiell für das Unternehmen geeignet, für das er/sie sich beworben hat? .... ❑ ja ❑ nein

5. Ist der Bewerber/die Bewerberin für die Tätigkeit geeignet, für die er/sie sich beworben hat? .... ❑ ja ❑ nein

Bitte machen Sie die folgenden Angaben zur Person des Bewerbers/der Bewerberin, die für die Zuordnung dieses Formulars zu dessen/deren Fragebogen benötigt werden.

Angaben zum Bewerber/zur Bewerberin

Geschlecht:
  männlich...................... ❑
  weiblich...................... ❑

Geboren im (Monat/Jahr):_____

Erlernter Beruf:_____

Bewerbung für:
  (...)...................... ❑
  anderes Unternehmen
  der (...) Holding-Gruppe... ❑

Derzeit ausgeübte Tätigkeit:_____

Bewerbung als:_____

Berufsausbildung:
  keine...................... ❑
  Lehre...................... ❑
  Lehre mit Zusatzausbildung...................... ❑
  Studium (Hochschule, HWV/HTL)...................... ❑

Bereits Mitarbeiter/-in des (...)-Konzerns oder einer anderen Gesellschaft der (...) Holding-Gruppe? .... ❑ ja
  .... ❑ nein

Vielen Dank für Ihre Mitarbeit!

Ihre

VfU-Unternehmens- und Personalberatung AG

8.1.5 Software- und Systemhaus

FEBA - Fragebogen zum Erleben und Bewerten von Auswahlsituationen (Teil 1)

Kennwort:_____   Datum:_____
(Bitte tragen Sie hier Ihr persönliches Kennwort ein.)

Guten Tag!

Sie nehmen heute an einem Personalauswahlverfahren teil. In diesem Zusammenhang möchte ich gerne einige Fragen an Sie richten. Ich führe eine Studie durch, die Aufschluß darüber geben soll, wie Personen Auswahlsituationen erleben und bewerten. Im Rahmen dieser Untersuchung werden Bewerber verschiedener Organisationen unmittelbar in Auswahlsituationen zu ihren diesbezüglichen Eindrücken befragt. Die Ergebnisse der Studie sind wichtig für die Entwicklung und Anwendung von Beurteilungsverfahren und tragen über die Berücksichtigung der Teilnehmerperspektive zu einer verbesserten und akzeptableren Personalauswahl bei.

Konkret möchte ich Sie bitten, die Fragebögen auszufüllen, die ich Ihnen zu Ihrem Auswahlverfahren vorlegen werde. Diese Fragebögen stehen in keinerlei Zusammenhang mit der Beurteilung Ihrer Eignung für die Stelle, für die Sie sich bei diesem Unternehmen beworben haben.

Die Befragung erfolgt anonym, d. h. Sie brauchen auf den Formularen nicht Ihren Namen anzugeben, sondern lediglich ein beliebiges Kennwort, das mir die Zuordnung der verschiedenen Fragebögen einer Person zueinander ermöglichen soll. Die Fragebögen werden dem Unternehmen, bei dem Sie sich beworben haben, nicht zugänglich gemacht. Die Angaben zur Person dienen lediglich der Zuordnung zu sinnvoll auswertbaren Gruppen.

Vielen Dank für Ihre Kooperation!

Andreas Köchling
- TH Darmstadt -

Angaben zur Person

Geschlecht: Alter:_____
    männlich..................❑
    weiblich...................❑   Beruf:_____

Schulbildung: Derzeitige Tätigkeit:_____
    Hauptschule.............. ❑
    Realschule.................❑   Bewerbung als:_____
    Gymnasium............... ❑

Berufsausbildung:
    keine...❑   J N
    Lehre (z. B. handwerklich, technisch, kaufmännisch)..........❑   E....❑ ❑
    Fachschule (z. B. Meister, Techniker, Betriebswirt).............❑   S....❑ ❑
    Studium (Hochschule, Fachhochschule)............................❑   (bitte freilassen)

Hinweise: Im folgenden finden Sie einige Fragen. Lesen Sie bitte jede dieser Fragen aufmerksam durch und antworten Sie, indem Sie auf den hierzu angegebenen Skalen denjenigen Wert ankreuzen, der Ihre Sichtweise am besten ausdrückt. Falls Sie Ihre Meinung nach dem Ankreuzen einmal ändern sollten, streichen Sie Ihre erste Antwort bitte deutlich durch. Auch wenn Ihnen einmal die Entscheidung schwerfallen sollte, kreuzen Sie trotzdem immer eine Antwort an, und zwar die, welche noch am ehesten zutrifft.

Bei diesem Fragebogen gibt es keine 'richtigen' oder 'falschen' Antworten. Sie erfüllen den Zweck der Befragung am besten, wenn Sie die Fragen so wahrheitsgemäß wie möglich beantworten. Bitte bearbeiten Sie die Fragen zügig aber sorgfältig. **Lassen Sie keine Frage aus.**

Beginnen Sie jetzt bitte mit der Beantwortung!

1. Wie attraktiv ist dieses Unternehmen für Sie?

1 2 3 4 5 6 7

sehr unattraktiv ☐ ☐ ☐ ☐ ☐ ☐ ☐ sehr attraktiv

2. Wie gut können Sie sich vorstellen, dauerhaft bei diesem Unternehmen zu arbeiten?

1 2 3 4 5 6 7

sehr schlecht ☐ ☐ ☐ ☐ ☐ ☐ ☐ sehr gut

3. Wie attraktiv ist für Sie der Arbeitsplatz, für den Sie sich bei diesem Unternehmen beworben haben?

1 2 3 4 5 6 7

sehr unattraktiv ☐ ☐ ☐ ☐ ☐ ☐ ☐ sehr attraktiv

4. Wie wahrscheinlich ist es Ihrer Ansicht nach, daß diese Tätigkeit Sie auf längere Sicht nicht zufriedenstellt?

1 2 3 4 5 6 7

sehr unwahrscheinlich ☐ ☐ ☐ ☐ ☐ ☐ ☐ sehr wahrscheinlich

5. Wie wahrscheinlich ist es Ihrer Einschätzung nach, daß Sie heute im Personalauswahlverfahren nicht gut abschneiden?

1 2 3 4 5 6 7

sehr unwahrscheinlich ☐ ☐ ☐ ☐ ☐ ☐ ☐ sehr wahrscheinlich

6. Wie wahrscheinlich ist es Ihrer Meinung nach, daß Ihnen von diesem Unternehmen die Stelle angeboten wird, für die Sie sich beworben haben?

1 2 3 4 5 6 7

sehr unwahrscheinlich ☐ ☐ ☐ ☐ ☐ ☐ ☐ sehr wahrscheinlich

7. Wenn Ihnen von diesem Unternehmen die Stelle angeboten würde, für die Sie sich beworben haben, würden Sie annehmen?

1 2 3 4 5 6 7

sehr unwahrscheinlich ☐ ☐ ☐ ☐ ☐ ☐ ☐ sehr wahrscheinlich

8. Würden Sie sofort annehmen?

1 2 3 4 5 6 7

bestimmt nicht ☐ ☐ ☐ ☐ ☐ ☐ ☐ bestimmt

FEBA - Fragebogen zum Erleben und Bewerten von Auswahlsituationen (Teil 2)

Kennwort:_____   Datum:_____
(Bitte tragen Sie hier Ihr persönliches Kennwort ein.)

(z. B. ' 4 mal')

➲ Sie haben sich bei diesem Unternehmen persönlich vorgestellt. Wie oft haben
Sie sich **davor** schon bei Organisationen persönlich vorgestellt? ...._____mal

➲ Im Rahmen des Auswahlverfahrens haben Sie heute an einem oder mehreren
Vorstellungsgesprächen teilgenommen. Wie oft haben Sie **davor** schon an Vorstellungsgesprächen teilgenommen? ...._____mal

Hinweise: Auf den folgenden Seiten finden Sie eine Reihe von Aussagen, die sich zur
Beschreibung Ihrer Eindrücke bezüglich des **heute erlebten Auswahlverfahrens** eignen könnten. Lesen Sie bitte jede Aussage aufmerksam durch und überlegen Sie, ob
die jeweilige Aussage Ihre Eindrücke bezüglich des Auswahlverfahrens zutreffend beschreibt oder nicht. Zur Beurteilung jeder der Aussagen steht Ihnen eine fünffach abgestufte Skala zur Verfügung. Kreuzen Sie bitte an:

	völlig unzutreffend	unzutreffend	weder noch	zutreffend	völlig zutreffend

1 (**völlig unzutreffend**), wenn Sie die Aussage für völlig unzutreffend
halten oder ihr auf keinen Fall zustimmen. ....

1	2	3	4	5
☐	☐	☐	☐	☐

2 (**unzutreffend**), wenn Sie die Aussage für unzutreffend halten oder ihr
eher nicht zustimmen. ....

1	2	3	4	5
☐	☐	☐	☐	☐

3 (**weder noch**), wenn die Aussage weder zutreffend noch unzutreffend,
also weder richtig noch falsch ist. ....

1	2	3	4	5
☐	☐	☐	☐	☐

4 (**zutreffend**), wenn Sie die Aussage für zutreffend halten oder ihr eher
zustimmen. ....

1	2	3	4	5
☐	☐	☐	☐	☐

5 (**völlig zutreffend**), wenn Sie die Aussage für völlig zutreffend halten
oder ihr nachdrücklich zustimmen. ....

1	2	3	4	5
☐	☐	☐	☐	☐

Wenn Sie beispielsweise die Aussage 'Im Rahmen des Auswahlverfahrens bin ich gut über das Unternehmen informiert worden' für völlig zutreffend hielten, so würden Sie hier die Ziffer 5 ankreuzen. Hielten Sie hingegen die Aussage für völlig unzutreffend, so wäre die Ziffer 1 anzukreuzen. Wäre die Aussage Ihrer Ansicht nach weder zutreffend noch unzutreffend, so würden Sie dies dadurch ausdrücken,
daß Sie die Ziffer 3 ankreuzen.

Bitte lesen Sie jede Aussage genau durch und kreuzen Sie als Antwort die Kategorie an, die Ihre Sichtweise am besten ausdrückt. Falls Sie Ihre Meinung nach dem Ankreuzen einmal ändern sollten, streichen Sie Ihre erste Antwort bitte deutlich durch. Auch wenn Ihnen einmal die Entscheidung schwerfallen sollte, kreuzen Sie trotzdem immer eine Antwort an, und zwar die, welche noch am ehesten zutrifft.

Bei diesem Fragebogen gibt es keine 'richtigen' oder 'falschen' Antworten. Sie erfüllen den Zweck der
Befragung am besten, wenn Sie die Fragen so wahrheitsgemäß wie möglich beantworten. Bitte beurteilen Sie die Aussagen zügig aber sorgfältig. **Lassen Sie keine Aussage aus.**

Beginnen Sie jetzt bitte mit der Beantwortung!

	völlig unzutreffend	unzutreffend	weder noch	zutreffend	völlig zutreffend

Während der Bewerberpräsentationen bzw. bei meiner eigenen Präsentation ...

1. ... herrschte eine angenehme Atmosphäre. .... 1 2 3 4 5 ☐ ☐ ☐ ☐ ☐

2. ... konnte ich die Situation mitgestalten. .... 1 2 3 4 5 ☐ ☐ ☐ ☐ ☐

3. ... hatte ich die Situation nicht unter Kontrolle. .... 1 2 3 4 5 ☐ ☐ ☐ ☐ ☐

4. ... konnte ich Einfluß darauf nehmen, welchen Eindruck die Firmenbeobachter von mir gewannen. .... 1 2 3 4 5 ☐ ☐ ☐ ☐ ☐

5. ... stand ich so unter Anspannung und Streß, daß ich nicht meine besten Leistungen zeigen konnte. .... 1 2 3 4 5 ☐ ☐ ☐ ☐ ☐

6. ... wußte ich, was ich tun mußte, um gut abzuschneiden. .... 1 2 3 4 5 ☐ ☐ ☐ ☐ ☐

7. ... hatte ich so starke Prüfungsangst, daß meine Leistungen hierdurch beeinträchtigt wurden. .... 1 2 3 4 5 ☐ ☐ ☐ ☐ ☐

8. ... habe ich meiner Einschätzung nach gut abgeschnitten. .... 1 2 3 4 5 ☐ ☐ ☐ ☐ ☐

9. ... war mir klar, welche Rollen die anwesenden Personen spielten. .... 1 2 3 4 5 ☐ ☐ ☐ ☐ ☐

10. ... hat man sich zu wenig Zeit für mich genommen. .... 1 2 3 4 5 ☐ ☐ ☐ ☐ ☐

11. ... wurde ich auf meine fachliche Kompetenz beurteilt. .... 1 2 3 4 5 ☐ ☐ ☐ ☐ ☐

12. ... wußte ich, was von mir erwartet wurde. .... 1 2 3 4 5 ☐ ☐ ☐ ☐ ☐

13. ... konnte ich meine Fähigkeiten nicht optimal darstellen. .... 1 2 3 4 5 ☐ ☐ ☐ ☐ ☐

Die durchgeführte Präsentationsrunde ...

14. ... ist meiner Einschätzung nach zur Ermittlung meiner Eignung für die Tätigkeit geeignet. .... 1 2 3 4 5 ☐ ☐ ☐ ☐ ☐

15. ... hat mir eine bessere Einschätzung meiner Eignung für die Tätigkeit ermöglicht. .... 1 2 3 4 5 ☐ ☐ ☐ ☐ ☐

16. ... hat mir keine Hinweise auf meine Starken und Schwächen gegeben. .... 1 2 3 4 5 ☐ ☐ ☐ ☐ ☐

(z. B. ' 4 mal')

➜ Im Rahmen des Auswahlverfahrens haben Sie heute eine Präsentation gehalten. Wie oft haben Sie **davor** schon Präsentationen gehalten? .... _____mal

➜ Und wie oft davon im Rahmen von Personalauswahlverfahren? .... _____mal

Hinweise: Im folgenden finden Sie zwanzig siebenfach abgestufte Skalen, deren Enden jeweils durch zwei gegensätzliche Adjektive markiert sind. Bitte beurteilen Sie abschließend die heute erlebte Bewerberpräsentationsrunde, indem Sie auf jeder dieser Skalen denjenigen Wert ankreuzen, der Ihre Ansicht am besten ausdrückt.

Bitte bearbeiten Sie die Skalen zügig aber sorgfältig. **Lassen Sie keine Skala aus.**

Ich empfand die Bewerberpräsentationsrunde als ...

	3	2	1	0	1	2	3	
durchschaubar	☐	☐	☐	☐	☐	☐	☐	undurchschaubar
einfach	☐	☐	☐	☐	☐	☐	☐	schwierig
nutzlos	☐	☐	☐	☐	☐	☐	☐	nützlich
entlastend	☐	☐	☐	☐	☐	☐	☐	belastend
aufregend	☐	☐	☐	☐	☐	☐	☐	beruhigend
unangenehm	☐	☐	☐	☐	☐	☐	☐	angenehm
erholsam	☐	☐	☐	☐	☐	☐	☐	anstrengend
eindeutig	☐	☐	☐	☐	☐	☐	☐	uneindeutig
ungerecht	☐	☐	☐	☐	☐	☐	☐	gerecht
erfreulich	☐	☐	☐	☐	☐	☐	☐	unerfreulich
langweilig	☐	☐	☐	☐	☐	☐	☐	spannend
demokratisch	☐	☐	☐	☐	☐	☐	☐	undemokratisch
unsympathisch	☐	☐	☐	☐	☐	☐	☐	sympathisch
ineffizient	☐	☐	☐	☐	☐	☐	☐	effizient
respektierend	☐	☐	☐	☐	☐	☐	☐	respektlos
rücksichtslos	☐	☐	☐	☐	☐	☐	☐	rücksichtsvoll
wichtig	☐	☐	☐	☐	☐	☐	☐	unwichtig
positiv	☐	☐	☐	☐	☐	☐	☐	negativ
informationslos	☐	☐	☐	☐	☐	☐	☐	informativ
unfair	☐	☐	☐	☐	☐	☐	☐	fair
	3	2	1	0	1	2	3	

	völlig unzutreffend	unzutreffend	weder noch	zutreffend	völlig zutreffend

In den Einzelgesprächen ...

17. ... herrschte eine angenehme Atmosphäre. ....

   1 2 3 4 5 ☐ ☐ ☐ ☐ ☐

18. ... konnte ich die Situation mitgestalten. ....

   1 2 3 4 5 ☐ ☐ ☐ ☐ ☐

19. ... hatte ich die Situation nicht unter Kontrolle. ....

   1 2 3 4 5 ☐ ☐ ☐ ☐ ☐

20. ... konnte ich Einfluß darauf nehmen, welchen Eindruck meine Gesprächspartner von mir gewannen. ....

   1 2 3 4 5 ☐ ☐ ☐ ☐ ☐

21. ... stand ich so unter Anspannung und Streß, daß ich nicht meine besten Leistungen zeigen konnte. ....

   1 2 3 4 5 ☐ ☐ ☐ ☐ ☐

22. ... wußte ich, was ich tun mußte, um gut abzuschneiden. ....

   1 2 3 4 5 ☐ ☐ ☐ ☐ ☐

23. ... hatte ich so starke Prüfungsangst, daß meine Leistungen hierdurch beeinträchtigt wurden. ....

   1 2 3 4 5 ☐ ☐ ☐ ☐ ☐

24. ... habe ich meiner Einschätzung nach gut abgeschnitten. ....

   1 2 3 4 5 ☐ ☐ ☐ ☐ ☐

25. ... war mir klar, welche Rollen die anwesenden Personen spielten. ....

   1 2 3 4 5 ☐ ☐ ☐ ☐ ☐

26. ... hat man sich zu wenig Zeit für mich genommen. ....

   1 2 3 4 5 ☐ ☐ ☐ ☐ ☐

27. ... wurde ich auf meine fachliche Kompetenz beurteilt. ....

   1 2 3 4 5 ☐ ☐ ☐ ☐ ☐

28. ... hatte ich den Eindruck, daß meine Bewerbungsunterlagen bekannt waren. ....

   1 2 3 4 5 ☐ ☐ ☐ ☐ ☐

29. ... bin ich gut über die Tätigkeit informiert worden. ....

   1 2 3 4 5 ☐ ☐ ☐ ☐ ☐

30. ... hatte ich Gelegenheit, meinerseits Fragen zu stellen. ....

   1 2 3 4 5 ☐ ☐ ☐ ☐ ☐

31. ... bin ich nicht gut über die Unternehmensmerkmale und -ziele informiert worden. ....

   1 2 3 4 5 ☐ ☐ ☐ ☐ ☐

32. ... wurden konkrete Fragen zu mir und meinem Werdegang gestellt. ....

   1 2 3 4 5 ☐ ☐ ☐ ☐ ☐

Die geführten Einzelgespräche ...

33. ... sind meiner Einschätzung nach zur Ermittlung meiner Eignung für die Tätigkeit geeignet. ....

   1 2 3 4 5 ☐ ☐ ☐ ☐ ☐

34. ... haben mir eine bessere Einschätzung meiner Eignung für die Tätigkeit ermöglicht. ....

   1 2 3 4 5 ☐ ☐ ☐ ☐ ☐

Hinweise: Bitte beurteilen Sie abschließend Ihre heute erlebten Einzelgespräche, indem Sie auf jeder der folgenden Skalen denjenigen Wert ankreuzen, der Ihre Ansicht am besten ausdrückt.

Ich empfand die Einzelgespräche als ...

	3	2	1	0	1	2	3	
durchschaubar	☐	☐	☐	☐	☐	☐	☐	undurchschaubar
einfach	☐	☐	☐	☐	☐	☐	☐	schwierig
nutzlos	☐	☐	☐	☐	☐	☐	☐	nützlich
entlastend	☐	☐	☐	☐	☐	☐	☐	belastend
aufregend	☐	☐	☐	☐	☐	☐	☐	beruhigend
unangenehm	☐	☐	☐	☐	☐	☐	☐	angenehm
erholsam	☐	☐	☐	☐	☐	☐	☐	anstrengend
eindeutig	☐	☐	☐	☐	☐	☐	☐	uneindeutig
ungerecht	☐	☐	☐	☐	☐	☐	☐	gerecht
erfreulich	☐	☐	☐	☐	☐	☐	☐	unerfreulich
langweilig	☐	☐	☐	☐	☐	☐	☐	spannend
demokratisch	☐	☐	☐	☐	☐	☐	☐	undemokratisch
unsympathisch	☐	☐	☐	☐	☐	☐	☐	sympathisch
ineffizient	☐	☐	☐	☐	☐	☐	☐	effizient
respektierend	☐	☐	☐	☐	☐	☐	☐	respektlos
rücksichtslos	☐	☐	☐	☐	☐	☐	☐	rücksichtsvoll
wichtig	☐	☐	☐	☐	☐	☐	☐	unwichtig
positiv	☐	☐	☐	☐	☐	☐	☐	negativ
informationslos	☐	☐	☐	☐	☐	☐	☐	informativ
unfair	☐	☐	☐	☐	☐	☐	☐	fair
	3	2	1	0	1	2	3	

35. Wieviele Einzelgespräche hatten Sie heute? .... Anzahl:____

36. Wieviele verschiedene Gesprächspartner hatten Sie dabei insgesamt? .... Anzahl:____

Im Rahmen des heutigen Auswahlverfahrens ...

	völlig unzutreffend	unzutreffend	weder noch	zutreffend	völlig zutreffend
	1	2	3	4	5

37. ... bin ich gut über die Tätigkeit informiert worden. .... ☐ ☐ ☐ ☐ ☐

38. ... bin ich genau über die Anforderungen des Arbeitsplatzes informiert worden, also darüber, welche Fähigkeiten diese Tätigkeit von mir verlangt. .... ☐ ☐ ☐ ☐ ☐

39. ... bin ich nicht gut über die Unternehmensmerkmale und -ziele informiert worden. .... ☐ ☐ ☐ ☐ ☐

40. ... sind mir Unternehmenskultur und -stil gut veranschaulicht worden. .... ☐ ☐ ☐ ☐ ☐

41. ... sind mir berufliche Perspektiven bzw. Karrieremöglichkeiten im Unternehmen klar aufgezeigt worden. .... ☐ ☐ ☐ ☐ ☐

42. ... bin ich nicht offen und ehrlich auf Schwierigkeiten und Probleme beruflicher oder privater Art hingewiesen worden, die die Tätigkeit mit sich bringen kann. ☐ ☐ ☐ ☐ ☐

43. ... wurde offen und ehrlich mit mir über die Beurteilung meiner Eignung für die Tätigkeit gesprochen. .... ☐ ☐ ☐ ☐ ☐

44. ... wurde offen und ehrlich mit mir über die Erfolgsaussichten meiner Bewerbung gesprochen. .... ☐ ☐ ☐ ☐ ☐

Die Beurteilung meiner Eignung für die Tätigkeit ...

45. ... wurde mir verständlich mitgeteilt. .... ☐ ☐ ☐ ☐ ☐

46. ... wurde mir auf rücksichtsvolle Weise mitgeteilt. .... ☐ ☐ ☐ ☐ ☐

Alles in allem ...

47. ... hat das Auswahlverfahren mein Interesse an dem Arbeitsplatz erhöht. .... ☐ ☐ ☐ ☐ ☐

48. ... hat mir die Teilnahme am Auswahlverfahren etwas gebracht, auch falls ich kein Stellenangebot erhalte. .... ☐ ☐ ☐ ☐ ☐

49. ... hat das Auswahlverfahren mein Interesse an dem Arbeitsplatz verringert. .... ☐ ☐ ☐ ☐ ☐

50. ... habe ich einen repräsentativen Eindruck von diesem Unternehmen erhalten. ..... ☐ ☐ ☐ ☐ ☐

51. ... wurden mir Eindrücke von diesem Unternehmen und dem Arbeitsplatz vermittelt, die maßgeblich meine Entscheidung beeinflussen werden, ob ich ein etwaiges Stellenangebot annehme. .... ☐ ☐ ☐ ☐ ☐

Hinweise: Im folgenden finden Sie einige Fragen. Lesen Sie bitte jede dieser Fragen aufmerksam durch und antworten Sie, indem Sie auf den hierzu angegebenen Skalen denjenigen Wert ankreuzen, der Ihre Sichtweise am besten ausdrückt.

52. Wie attraktiv ist dieses Unternehmen für Sie?

1 2 3 4 5 6 7

sehr unattraktiv ❏ ❏ ❏ ❏ ❏ ❏ ❏ sehr attraktiv

53. Wie gut können Sie sich vorstellen, dauerhaft bei diesem Unternehmen zu arbeiten?

1 2 3 4 5 6 7

sehr schlecht ❏ ❏ ❏ ❏ ❏ ❏ ❏ sehr gut

54. Wie attraktiv ist für Sie der Arbeitsplatz, für den Sie sich bei diesem Unternehmen beworben haben?

1 2 3 4 5 6 7

sehr unattraktiv ❏ ❏ ❏ ❏ ❏ ❏ ❏ sehr attraktiv

55. Wie wahrscheinlich ist es Ihrer Ansicht nach, daß diese Tätigkeit Sie auf längere Sicht nicht zufriedenstellt?

1 2 3 4 5 6 7

sehr unwahrscheinlich ❏ ❏ ❏ ❏ ❏ ❏ ❏ sehr wahrscheinlich

56. Wie wahrscheinlich ist es Ihrer Einschätzung nach, daß Sie heute im Personalauswahlverfahren nicht gut abgeschnitten haben?

1 2 3 4 5 6 7

sehr unwahrscheinlich ❏ ❏ ❏ ❏ ❏ ❏ ❏ sehr wahrscheinlich

57. Wie wahrscheinlich ist es Ihrer Meinung nach, daß Ihnen von diesem Unternehmen die Stelle angeboten wird, für die Sie sich beworben haben?

1 2 3 4 5 6 7

sehr unwahrscheinlich ❏ ❏ ❏ ❏ ❏ ❏ ❏ sehr wahrscheinlich

58. Wenn Ihnen von diesem Unternehmen die Stelle angeboten würde, für die Sie sich beworben haben, würden Sie annehmen?

1 2 3 4 5 6 7

sehr unwahrscheinlich ❏ ❏ ❏ ❏ ❏ ❏ ❏ sehr wahrscheinlich

59. Würden Sie sofort annehmen?

1 2 3 4 5 6 7

bestimmt nicht ❏ ❏ ❏ ❏ ❏ ❏ ❏ bestimmt

60. Haben Sie nach Ihren Erfahrungen am heutigen Tag ein positiveres oder ein negativeres Bild von diesem Unternehmen als vorher?

-3 -2 -1 0 +1 +2 +3

viel negativer ❏ ❏ ❏ ❏ ❏ ❏ ❏ viel positiver

61. Haben Sie nach Ihren Erfahrungen am heutigen Tag ein positiveres oder ein negativeres Bild von dem Arbeitsplatz, für den Sie sich bei diesem Unternehmen beworben haben?

-3 -2 -1 0 +1 +2 +3

viel negativer ❏ ❏ ❏ ❏ ❏ ❏ ❏ viel positiver

62. Wieviele Bewerbungen haben Sie bisher verschickt? .... Anzahl:____

63. Wieviele Stellenangebote haben Sie bisher erhalten? .... Anzahl:____

64. Mit wievielen Stellenangeboten rechnen Sie insgesamt? .... Anzahl:____

Hinweise: Im folgenden finden Sie acht Aussagen, die verschiedene Anforderungen beschreiben, die Sie vielleicht an ein Personalauswahlverfahren stellen. Bitte lesen Sie sich zunächst alle Aussagen einmal aufmerksam durch und überlegen Sie sich dabei, welche Punkte Ihnen bei einem Vorstellungstermin wichtig und welche weniger wichtig sind. Bringen Sie anschließend die Aussagen gemäß ihrer Wichtigkeit in eine Rangfolge, indem Sie ihnen die Ziffern 1 bis 8 zuordnen. Hierbei erhält die wichtigste Aussage die Ziffer 1, die am wenigsten wichtige die Ziffer 8. Bitte vergeben Sie alle acht Ziffern, und jede Ziffer nur einmal.

Wenn ich mich bei einer Organisation vorstelle ist mir wichtig, daß ...

Rangplatz (1-8)

... ich gut über den Arbeitsplatz und die Tätigkeitsanforderungen informiert werde. ...... ☐

... mir die verwendeten Beurteilungsverfahren genau erläutert werden. .... ☐

... am Ende des Auswahlverfahrens offen und ehrlich mit mir über die Beurteilung meiner Eignung für die Tätigkeit und die Erfolgsaussichten meiner Bewerbung gesprochen wird. .... ☐

... ich während der Durchführung des Auswahlverfahrens die Situation mitgestalten kann. .... ☐

... mir die Kriterien für die Beurteilung meiner Eignung für die Tätigkeit offengelegt werden. .... ☐

... mir am Ende des Auswahlverfahrens die Beurteilung meiner Eignung für die Tätigkeit genau erläutert und sachlich begründet wird. .... ☐

... ich gut über die Merkmale und Ziele der Organisation informiert werde. .... ☐

... ich während der Durchführung des Auswahlverfahrens die Kontrolle über die Situation behalte und nicht unangemessen Macht über mich ausgeübt wird. .... ☐

Und wie stehen Sie zu dieser Untersuchung?

Ich halte die Durchführung dieser Untersuchung zum Erleben und Bewerten von Auswahlsituationen durch Bewerber für ...

☐ ... sinnvoll.   ☐ ... nicht sinnvoll.

Vielen Dank für Ihre Teilnahme!

Andreas Köchling
- TH Darmstadt -

176

Andreas Curt Köchling
Diplom-Psychologe

Bernhard-Mannfeld-Weg 5
D-60599 Frankfurt am Main
Tel. + Fax (0 69) 68 26 33
Mobilfunk (01 71) 7 53 55 74
E-Mail ac.koechling@t-online.de

Kennwort:_____   Datum:_____
(Bitte tragen Sie hier Ihr persönliches Kennwort ein.)

Ihre Bewerbung bei der (...) GmbH

Sehr geehrte Dame, sehr geehrter Herr,

nochmals vielen Dank für Ihre Teilnahme an der Befragung zum Bewerbertag der Firma (...) am (...).

Für eine optimale Auswertbarkeit der Ergebnisse benötige ich, wie bereits angekündigt, noch Ihre Antworten auf die folgenden beiden Fragen:

1. Haben Sie von der Firma (...) ein Stellenangebot erhalten?

        ❑ ja   ❑ nein

2. Falls ja: Werden Sie dieses Angebot annehmen?

        ❑ ja   ❑ nein   ❑ weiß noch nicht

Bitte übersenden Sie mir dieses Schreiben in dem beigefügten Rückumschlag, sobald Ihnen Ihr Ergebnis von der Firma (...) mitgeteilt wurde.

Ich wünsche Ihnen weiterhin alles Gute und viel Erfolg. Vielen Dank!

Mit freundlichen Grüßen

Andreas Curt Köchling

PS: Ganz wichtig! Bitte geben Sie oben dasselbe Kennwort an, das Sie bei der Befragung am (...) verwendet haben. Falls es Ihnen nicht mehr einfällt, hier eine Liste der benutzten Kennwörter: (...)

8.2 Ergebnisse der Faktorenanalysen des FEBA

8.2.1 Großunternehmen der chemischen Industrie

Rotierte Faktorenmatrix des Hauptteils (Teil 2-ET – Eignungstest)

Item	F 1	F 2	F 3	F 4	F 5	F 6	F 7	F 8	F 9	F 10	F 11	h²
1					.76							.67
2					.81							.72
3					.67							.61
4								.60				.53
5			.53		.48							.61
6			.75									.63
7					.60							.55
8											−.40	.60
9									.61			.53
10				.43								.54
11				−.53	.45							.62
12				−.72								.67
13											.81	.72
14		.77										.63
15		.80										.68
16										.59		.53
17				−.41			.49					.63
18			.48			.44						.58
19									.62			.49
20		.65										.56
21		.64										.52
22							.50					.52
23							.77					.64
24												.54
25			.48				.44					.60
26								.55				.52
27												.49
28	.47				.47							.58
29					.43							.58
30	.80											.69
31	.83											.74
32						.53						.71
33						.79						.65
34					.56							.62
35	.42									.59		.64
Erkl. V.	2.58	2.82	1.81	1.56	3.65	1.58	1.63	1.42	1.44	1.41	1.24	
% Ges.	7,4	8,0	5,2	4,4	10,4	4,5	4,7	4,1	4,1	4,0	3,5	

Anmerkungen: Antworten auf einer fünfstufigen Skala. Die Antworten auf invers formulierte Fragen wurden nachträglich umgepolt, so daß ein hoher Wert stets eine positive Ausprägung bedeutet. F 1 – F 11: Ladungen auf orthogonalen Faktoren und Varianzaufklärung nach Hauptkomponentenanalyse und Varimaxrotation; Faktorenanzahl nach Kaiser-Guttman-Kriterium. Nur Ladungen > .40 oder < −.40 sind wiedergegeben.

Rotierte Faktorenmatrix des Hauptteils (Teil 2-VG – Vorstellungsgespräch)

Item	F 1	F 2	F 3	F 4	F 5	F 6	F 7	F 8	F 9	F 10	F 11	h²
1						.76						.62
2						.80						.70
3						.74						.63
4						.59						.52
5				.70								.67
6				.80								.74
7			.45	.49								.68
8				.54								.60
9			.58									.56
10							–.51					.49
11			.68									.60
12			.47		.42							.54
13										–.80		.70
14	.81											.73
15	.81											.72
16								.57				.55
17			.54									.63
18												.50
19								.61				.51
20	.57											.59
21	.49								.56			.72
22					.52			.41				.58
23					.70							.61
24					.50							.58
25					.63							.62
26	.61											.54
27											.79	.70
28									.66			.60
29									.58			.58
30	.80											.75
31	.82											.75
32												.51
33							.71					.60
34												.54
35									.50			.47
Erkl. V.	2.49	2.41	2.01	2.17	1.92	2.97	1.27	1.91	1.77	1.14	1.38	
% Ges.	7,1	6,9	5,8	6,2	5,5	8,5	3,6	5,5	5,1	3,2	3,9	

Anmerkungen: Antworten auf einer fünfstufigen Skala. Die Antworten auf invers formulierte Fragen wurden nachträglich umgepolt, so daß ein hoher Wert stets eine positive Ausprägung bedeutet. F 1 – F 11: Ladungen auf orthogonalen Faktoren und Varianzaufklärung nach Hauptkomponentenanalyse und Varimaxrotation; Faktorenanzahl nach Kaiser-Guttman-Kriterium. Nur Ladungen > .40 oder < –.40 sind wiedergegeben.

Rotierte Faktorenmatrix des Hauptteils (Teil 3)

Item	F 1	F 2	F 3	F 4	F 5	F 6	F 7	F 8	F 9	F 10	h²
1	.68										.65
2	.73										.67
3		.65									.63
4	.67										.53
5	.71										.61
6		.67									.57
7		.71									.56
8	.63										.55
9	.56										.53
10	.67										.64
11	.61										.53
12	.45					.70					.70
13		.63				.43					.60
14						.79					.75
15		.53							.52		.63
16				.77							.70
17				.72							.61
18				.69							.67
19								.49			.49
20				.76							.71
21				.69							.56
22								.70			.64
23										.63	.56
24							.64				.55
25										.62	.60
26										.65	.53
27								.59			.53
28			.80								.72
29			.81								.69
30					.56						.61
31					.76						.67
32					.62						.61
33											.51
34	.55						.51				.62
35							.74				.70
36	.44								.61		.61
37									.57		.58
Erkl. V.	5.16	2.41	1.81	3.12	1.59	1.97	1.79	1.52	1.35	1.86	
% Ges.	14,0	6,5	4,9	8,4	4,3	5,3	4,8	4,1	3,7	5,0	

Anmerkungen: Antworten auf einer fünfstufigen Skala. Die Antworten auf invers formulierte Fragen wurden nachträglich umgepolt, so daß ein hoher Wert stets eine positive Ausprägung bedeutet. F 1 – F 10: Ladungen auf orthogonalen Faktoren und Varianzaufklärung nach Hauptkomponentenanalyse und Varimaxrotation; Faktorenanzahl nach Kaiser-Guttman-Kriterium. Nur Ladungen > .40 oder < –.40 sind wiedergegeben.

Rotierte Faktorenmatrix des semantischen Differentials
(Teil 2-ET – Eignungstest)

Item	F 1 generelle Bewertung	F 2 Belastung	F 3 Akzeptanz	F 4 Transparenz	h² Kommunalität
Ich empfand den Eignungstest als ...					
durchschaubar – undurchschaubar				.77	.73
einfach – schwierig		.49		.42	.45
nützlich – nutzlos	.60		.44		.55
entlastend – belastend		.64			.51
beruhigend – aufregend		.69			.58
angenehm – unangenehm		.59			.58
erholsam – anstrengend		.77			.67
eindeutig – uneindeutig			.58		.47
gerecht – ungerecht			.61		.47
erfreulich – unerfreulich		.47	.50		.53
spannend – langweilig			.48	–.45	.57
demokratisch – undemokratisch			.52		.33
sympathisch – unsympathisch	.59				.51
effizient – ineffizient	.72				.55
respektierend – respektlos			.64		.43
rücksichtsvoll – rücksichtslos			.67		.50
wichtig – unwichtig	.56		.41		.49
positiv – negativ	.46	.42			.52
informativ – informationslos	.54				.39
fair – unfair			.61		.54
Erklärte Varianz	2.69	2.69	3.71	1.29	
% Gesamtvarianz	13,5	13,4	18,6	6,4	

Anmerkungen: Antworten auf einem siebenstufigen semantischen Differential, wobei ein hoher Wert eine positive Ausprägung bedeutet. F 1 – F 4: Ladungen auf orthogonalen Faktoren und Varianzaufklärung nach Hauptkomponentenanalyse und Varimaxrotation; Faktorenanzahl nach Kaiser-Guttman-Kriterium. Nur Ladungen > .40 oder < –.40 sind wiedergegeben.

Rotierte Faktorenmatrix des semantischen Differentials
(Teil 2-VG – Vorstellungsgespräch)

Item	F 1 generelle Bewertung	F 2 Belastung	F 3 Akzeptanz	F 4 Transparenz	h² Kommunalität
Ich empfand das Vorstellungsgespräch als ...					
durchschaubar – undurchschaubar				.72	.64
einfach – schwierig		.55		.43	.58
nützlich – nutzlos	.44		.62		.59
entlastend – belastend		.69			.55
beruhigend – aufregend		.59			.60
angenehm – unangenehm		.64			.59
erholsam – anstrengend		.83			.70
eindeutig – uneindeutig				.78	.65
gerecht – ungerecht	.67				.61
erfreulich – unerfreulich	.57				.55
spannend – langweilig	.70				.52
demokratisch – undemokratisch	.54				.37
sympathisch – unsympathisch	.64				.57
effizient – ineffizient			.68		.51
respektierend – respektlos	.66				.45
rücksichtsvoll – rücksichtslos	.69				.56
wichtig – unwichtig	.42		.60		.57
positiv – negativ	.46				.49
informativ – informationslos			.52		.45
fair – unfair	.62				.52
Erklärte Varianz	4.47	2.63	2.11	1.87	
% Gesamtvarianz	22,3	13,1	10,6	9,3	

Anmerkungen: Antworten auf einem siebenstufigen semantischen Differential, wobei ein hoher Wert eine positive Ausprägung bedeutet. F 1 – F 4: Ladungen auf orthogonalen Faktoren und Varianzaufklärung nach Hauptkomponentenanalyse und Varimaxrotation; Faktorenanzahl nach Kaiser-Guttman-Kriterium. Nur Ladungen > .40 oder < –.40 sind wiedergegeben.

Rotierte Faktorenmatrizen der Meßwiederholungseinheit (Teil 1 und Teil 3)

Item	F 1 Attraktivität/ Annahme- bereitschaft	F 2 Erfolgs- erwartung	h² Kommunalität
Zu Beginn des Bewerbertages (Teil 1):			
1. Wie attraktiv ist dieses Unternehmen für Sie?	.63		.48
2. Wie attraktiv ist für Sie der Arbeitsplatz, für den Sie sich bei diesem Unternehmen beworben haben?	.71		.55
3. Wie wahrscheinlich ist es Ihrer Einschätzung nach, daß Sie heute im Personalauswahlverfahren nicht gut abschneiden?		.86	.74
4. Wie wahrscheinlich ist es Ihrer Meinung nach, daß Ihnen von diesem Unternehmen die Stelle angeboten wird, für die Sie sich beworben haben?		.82	.71
5. Wenn Ihnen von diesem Unternehmen die Stelle angeboten würde, für die Sie sich beworben haben, würden Sie annehmen?	.88		.77
6. Würden Sie sofort annehmen?	.83		.69
Erklärte Varianz	2.39	1.55	
% Gesamtvarianz	39,8	25,9	

Item	F 1 Attraktivität/ Annahme- bereitschaft	F 2 Erfolgs- erwartung	h² Kommunalität
Am Ende des Bewerbertages (Teil 3):			
39. Wie attraktiv ist dieses Unternehmen für Sie?	.74		.55
40. Wie attraktiv ist für Sie der Arbeitsplatz, für den Sie sich bei diesem Unternehmen beworben haben?	.79		.62
41. Wie wahrscheinlich ist es Ihrer Einschätzung nach, daß Sie heute im Personalauswahlverfahren nicht gut abgeschnitten haben?		.72	.53
42. Wie wahrscheinlich ist es Ihrer Meinung nach, daß Ihnen von diesem Unternehmen die Stelle angeboten wird, für die Sie sich beworben haben?		.76	.59
43. Wenn Ihnen von diesem Unternehmen die Stelle angeboten würde, für die Sie sich beworben haben, würden Sie annehmen?	.81		.66
44. Würden Sie sofort annehmen?	.74		.56
45. Haben Sie nach Ihren Erfahrungen am heutigen Tag ein positiveres oder ein negativeres Bild von diesem Unternehmen als vorher?	.55	.51	.57
46. Haben Sie nach Ihren Erfahrungen am heutigen Tag ein positiveres oder ein negativeres Bild von dem Arbeitsplatz, für den Sie sich bei diesem Unternehmen beworben haben?	.60	.50	.60
Erklärte Varianz	3.05	1.62	
% Gesamtvarianz	38,2	20,3	

Anmerkungen: Antworten auf einer siebenstufigen Skala. Die Antworten auf invers formulierte Fragen wurden nachträglich umgepolt, so daß ein hoher Wert stets eine positive Ausprägung bedeutet. F 1 – F 2: Ladungen auf orthogonalen Faktoren und Varianzaufklärung nach Hauptkomponentenanalyse und Varimaxrotation; Faktorenanzahl nach Kaiser-Guttman-Kriterium. Nur Ladungen > .40 oder < –.40 sind wiedergegeben.

8.2.2 Großunternehmen des Maschinen- und Anlagenbaus

188

Rotierte Faktorenmatrizen der Meßwiederholungseinheit (Teil 1 und Teil 2)

Item	F 1 Annahme-bereitschaft	F 2 Erfolgs-erwartung	F 3 Attraktivität	h² Kommunalität
Vor Beginn der Vorstellungsgespräche (Teil 1):				
1. Wie attraktiv ist dieses Unternehmen für Sie?			.82	.76
2. Wie gut können Sie sich vorstellen, dauerhaft bei diesem Unternehmen zu arbeiten?	.67		.43	.64
3. Wie attraktiv ist für Sie der Arbeitsplatz, für den Sie sich bei diesem Unternehmen beworben haben?			.54	.34
4. Wie wahrscheinlich ist es Ihrer Ansicht nach, daß diese Tätigkeit Sie auf längere Sicht nicht zufriedenstellt?		-.74		.56
5. Wie wahrscheinlich ist es Ihrer Einschätzung nach, daß Sie in den Vorstellungsgesprächen, die Sie hier im Hause haben, nicht gut abschneiden?		.46	.71	.73
6. Wie wahrscheinlich ist es Ihrer Meinung nach, daß Ihnen von diesem Unternehmen die Stelle angeboten wird, für die Sie sich beworben haben?		.78		.73
7. Wenn Ihnen von diesem Unternehmen die Stelle angeboten würde, für die Sie sich beworben haben, würden Sie annehmen?	.76			.65
8. Würden Sie sofort annehmen?	.82			.82
Erklärte Varianz	1.84	1.59	1.78	
% Gesamtvarianz	23,0	19,9	22,2	

Item	F 1 subjektive Veränderung	F 2 Annahme-bereitschaft	F 3 Erfolgs-erwartung	F 4 Attrak-tivität	h² Kommu-nalität
Nach Beendigung der Vorstellungsgespräche (Teil 2):					
39. Wie attraktiv ist dieses Unternehmen für Sie?	.77				.66
40. Wie gut können Sie sich vorstellen, dauerhaft bei diesem Unternehmen zu arbeiten?				.86	.87
41. Wie attraktiv ist für Sie der Arbeitsplatz, für den Sie sich bei diesem Unternehmen beworben haben?		.46		.68	.80
42. Wie wahrscheinlich ist es Ihrer Ansicht nach, daß diese Tätigkeit Sie auf längere Sicht nicht zufriedenstellt?	-.41			.66	.82
43. Wie wahrscheinlich ist es Ihrer Einschätzung nach, daß Sie in den hier im Hause geführten Vorstellungsgesprächen nicht gut abgeschnitten haben?			.88		.79
44. Wie wahrscheinlich ist es Ihrer Meinung nach, daß Ihnen von diesem Unternehmen die Stelle angeboten wird, für die Sie sich beworben haben?			.79		.77
45. Wenn Ihnen von diesem Unternehmen die Stelle angeboten würde, für die Sie sich beworben haben, würden Sie annehmen?		.78			.66
46. Würden Sie sofort annehmen?		.90			.84
47. Haben Sie nach Ihren hier im Hause gemachten Erfahrungen ein positiveres oder ein negativeres Bild von diesem Unternehmen als vorher?	.85				.82
48. Haben Sie nach Ihren hier im Hause gemachten Erfahrungen ein positiveres oder ein negativeres Bild von dem Arbeitsplatz, für die Sie sich bei diesem Unternehmen beworben haben?	.61				.58
Erklärte Varianz	2.02	1.93	1.94	1.72	
% Gesamtvarianz	20,2	19,3	19,4	17,2	

Anmerkungen: Antworten auf einer siebenstufigen Skala. Die Antworten auf invers formulierte Fragen wurden nachträglich umgepolt, so daß ein hoher Wert stets eine positive Ausprägung bedeutet. F 1 – F 3 / F 4: Ladungen auf orthogonalen Faktoren und Varianzaufklärung nach Hauptkomponentenanalyse und Varimaxrotation; Faktorenzahl nach Kaiser-Guttman-Kriterium. Nur Ladungen > .40 oder < –.40 sind wiedergegeben.

8.2.3 Hochschule für Musik und Darstellende Kunst

Rotierte Faktorenmatrix des Hauptteils (Teil 2-HP – Hauptfachprüfung)

Item	F 1	F 2	F 3	F 4	F 5	F 6	F 7	F 8	F 9	F 10	F 11	h²
1		.80										.72
2		.84										.77
3									.67			.66
4									.81			.75
5					.62							.56
6					.81							.69
7											-.45	.64
8	.44				.49							.66
9				.70								.57
10	.48											.41
11						.68						.64
12				.78								.71
13											.70	.56
14	.82											.72
15	.81											.70
16					.67							.62
17					.63							.61
18						.43		.57				.62
19												.53
20	.69											.56
21	.66											.58
22												.60
23										.82		.74
24								.63				.58
25								.64				.61
26								.54				.42
27							-.44	.42				.67
28			.51									.64
29			.50									.59
30			.85									.79
31			.83									.78
32					.75							.66
33					.54							.56
34					.62							.57
35					.66							.56
Erkl. V.	3.25	1.93	2.41	2.62	2.12	2.16	1.25	2.44	1.56	1.19	1.15	
% Ges.	9,3	5,5	6,9	7,5	6,1	6,2	3,6	7,0	4,4	3,4	3,3	

Anmerkungen: Antworten auf einer fünfstufigen Skala. Die Antworten auf invers formulierte Fragen wurden nachträglich umgepolt, so daß ein hoher Wert stets eine positive Ausprägung bedeutet. F 1 – F 11: Ladungen auf orthogonalen Faktoren und Varianzaufklärung nach Hauptkomponentenanalyse und Varimaxrotation; Faktorenanzahl nach Kaiser-Guttman-Kriterium. Nur Ladungen > .40 oder < –.40 sind wiedergegeben.

Rotierte Faktorenmatrix des Hauptteils (Teil 3)

Item	F 1	F 2	F 3	F 4	h²
1	.88				.79
2	.82				.69
3	.73				.66
4			.48		.29
5	.63				.58
6			.50		.34
7			.76		.59
8				.78	.72
9				.55	.41
10				.80	.70
11			.60	.44	.57
12			.49		.29
13		.86			.74
14		.86			.75
Erklärte Varianz	2.58	1.59	1.90	2.04	
% Gesamtvarianz	18,4	11,4	13,5	14,6	

Anmerkungen: Antworten auf einer fünfstufigen Skala. Die Antworten auf invers formulierte Fragen wurden nachträglich umgepolt, so daß ein hoher Wert stets eine positive Ausprägung bedeutet. F 1 – F 4: Ladungen auf orthogonalen Faktoren und Varianzaufklärung nach Hauptkomponentenanalyse und Varimaxrotation; Faktorenanzahl nach Kaiser-Guttman-Kriterium. Nur Ladungen > .40 oder < –.40 sind wiedergegeben.

Rotierte Faktorenmatrix des semantischen Differentials
(Teil 2-HP – Hauptfachprüfung)

Item	F 1 Akzeptanz	F 2 Belastung	F 3 generelle Bewertung	F 4 Transparenz	h² Kommunalität
Ich empfand die Hauptfachprüfung als ...					
durchschaubar – undurchschaubar				.62	.56
einfach – schwierig		.43		.48	.43
nützlich – nutzlos			.72		.56
entlastend – belastend		.69			.54
beruhigend – aufregend		.70			.53
angenehm – unangenehm		.68			.66
erholsam – anstrengend		.78			.66
eindeutig – uneindeutig				.81	.71
gerecht – ungerecht	.70				.67
erfreulich – unerfreulich			.41	.47	.56
spannend – langweilig			.65		.50
demokratisch – undemokratisch	.62				.47
sympathisch – unsympathisch	.57		.49		.64
effizient – ineffizient			.51		.40
respektierend – respektlos	.77				.67
rücksichtsvoll – rücksichtslos	.80				.77
wichtig – unwichtig			.64		.49
positiv – negativ			.55		.58
informativ – informationslos			.57		.37
fair – unfair	.83				.75
Erklärte Varianz	3.81	2.46	3.23	2.00	
% Gesamtvarianz	19,0	12,3	16,1	10,0	

Anmerkungen: Antworten auf einem siebenstufigen semantischen Differential, wobei ein hoher Wert eine positive Ausprägung bedeutet. F 1 – F 4: Ladungen auf orthogonalen Faktoren und Varianzaufklärung nach Hauptkomponentenanalyse und Varimaxrotation; Faktorenanzahl nach Kaiser-Guttman-Kriterium. Nur Ladungen > .40 oder < –.40 sind wiedergegeben.

Rotierte Faktorenmatrizen der Meßwiederholungseinheit (Teil 1 und Teil 3)

Item	F 1 Attraktivität/ Annahme- bereitschaft	F 2 Erfolgs- erwartung	h² Kommunalität
Vor Beginn der Hauptfachprüfung (Teil 1):			
1. Wie attraktiv ist diese Hochschule für Sie?	.55		.40
2. Wie attraktiv ist für Sie der Studienplatz, für den Sie sich bei dieser Hochschule beworben haben?	.65		.45
3. Wie wahrscheinlich ist es Ihrer Einschätzung nach, daß Sie heute in der Hauptfachprüfung nicht gut abschneiden?		.85	.72
4. Wie wahrscheinlich ist es Ihrer Meinung nach, daß Ihnen von dieser Hochschule der Studienplatz angeboten wird, für den Sie sich beworben haben?		.86	.74
5. Wenn Ihnen von dieser Hochschule der Studienplatz angeboten würde, für den Sie sich beworben haben, würden Sie annehmen?	.85		.75
6. Würden Sie sofort annehmen?	.84		.72
Erklärte Varianz	2.18	1.61	
% Gesamtvarianz	36,3	26,8	

Item	F 1 Attraktivität/ Annahme- bereitschaft	F 2 Attraktivität/ subjektive Veränderung	h² Kommunalität
Nach Beendigung der Hauptfachprüfung (Teil 3):			
15. Wie attraktiv ist diese Hochschule für Sie?	.50	.60	.61
16. Wie attraktiv ist für Sie der Studienplatz, für den Sie sich bei dieser Hochschule beworben haben?	.60	.51	.62
19. Wenn Ihnen von dieser Hochschule der Studienplatz angeboten würde, für den Sie sich beworben haben, würden Sie annehmen?	.92		.84
20. Würden Sie sofort annehmen?	.92		.84
21. Haben Sie nach Ihren Erfahrungen am heutigen Tag ein positiveres oder ein negativeres Bild von dieser Hochschule als vorher?		.88	.78
22. Haben Sie nach Ihren Erfahrungen am heutigen Tag ein positiveres oder ein negativeres Bild von dem Studienplatz, für den Sie sich bei dieser Hochschule beworben haben?		.86	.73
Erklärte Varianz	2.30	2.13	
% Gesamtvarianz	38,3	35,4	

Anmerkungen: Antworten auf einer siebenstufigen Skala. Die Antworten auf invers formulierte Fragen wurden nachträglich umgepolt, so daß ein hoher Wert stets eine positive Ausprägung bedeutet. F 1 – F 2: Ladungen auf orthogonalen Faktoren und Varianzaufklärung nach Hauptkomponentenanalyse und Varimaxrotation; Faktorenzahl nach Kaiser-Guttman-Kriterium. Nur Ladungen > .40 oder < –.40 sind wiedergegeben.

8.2.4 Schweizer Großbank

Rotierte Faktorenmatrix des Hauptteils (Teil 2)

Item	F 1	F 2	F 3	F 4	F 5	F 6	F 7	F 8	F 9	F 10	F 11	h²
1			.69									.55
2	.69											.54
3										−.76		.66
4												.46
5				.73								.61
6		.62										.57
7	.68											.66
8									.42	.46		.52
9				.54								.50
10							−.44					.52
11		.80										.70
12	.72											.63
13												.53
14		.57										.59
15			.64									.60
16		.80										.67
17			.66									.56
18									.65			.48
19			.58									.57
20	.73											.64
21	.52											.50
22							.59					.62
23												.42
24		.64										.57
25								.46				.54
26											.67	.59
27			.45						.48			.52
28												.55
29									.51			.57
30					.41		.49					.58
31								.78				.65
32			.46									.60
33						.86						.82
34					.74							.70
35						.81						.78
36	.63											.60
37					.70							.66
Erkl. V.	3.67	2.99	2.97	1.43	1.82	1.99	1.36	1.32	1.80	1.19	1.27	
% Ges.	9,9	8,1	8,0	3,9	4,9	5,4	3,7	3,6	4,9	3,2	3,4	

Anmerkungen: Antworten auf einer fünfstufigen Skala. Die Antworten auf invers formulierte Fragen wurden nachträglich umgepolt, so daß ein hoher Wert stets eine positive Ausprägung bedeutet. F 1 – F 11: Ladungen auf orthogonalen Faktoren und Varianzaufklärung nach Hauptkomponentenanalyse und Varimaxrotation; Faktorenanzahl nach Kaiser-Guttman-Kriterium. Nur Ladungen > .40 oder < −.40 sind wiedergegeben.

Rotierte Faktorenmatrix des semantischen Differentials (Teil 2)

Item	F 1 generelle Bewertung	F 2 Belastung	F 3 Akzeptanz	F 4 Transparenz	h² Kommunalität
Ich empfand das Vorstellungsgespräch als ...					
durchschaubar – undurchschaubar				.65	.66
einfach – schwierig		.70			.55
nützlich – nutzlos	.60		.42		.55
entlastend – belastend		.69			.57
beruhigend – aufregend		.48			.32
angenehm – unangenehm	.46	.59			.64
erholsam – anstrengend		.73			.55
eindeutig – uneindeutig				.64	.60
gerecht – ungerecht			.72		.59
erfreulich – unerfreulich	.50	.49			.57
spannend – langweilig	.58				.46
demokratisch – undemokratisch			.51	.51	.54
sympathisch – unsympathisch	.61				.56
effizient – ineffizient	.70				.55
respektierend – respektlos			.75		.62
rücksichtsvoll – rücksichtslos			.65		.55
wichtig – unwichtig	.69				.56
positiv – negativ	.65				.65
informativ – informationslos	.64				.50
fair – unfair			.65		.55
Erklärte Varianz	3.88	2.92	2.87	1.46	
% Gesamtvarianz	19,4	14,6	14,3	7,3	

Anmerkungen: Antworten auf einem siebenstufigen semantischen Differential, wobei ein hoher Wert eine positive Ausprägung bedeutet. F 1 – F 4: Ladungen auf orthogonalen Faktoren und Varianzaufklärung nach Hauptkomponentenanalyse und Varimaxrotation; Faktorenanzahl nach Kaiser-Guttman-Kriterium. Nur Ladungen > .40 oder < –.40 sind wiedergegeben.

Rotierte Faktorenmatrizen der Meßwiederholungseinheit (Teil 1 und Teil 2)

Item	F 1 Attraktivität/ Annahme- bereitschaft	F 2 Erfolgs- erwartung	F 3 Attraktivität Tätigkeit	h² Kommunalität
Vor Beginn des Vorstellungsgespräches (Teil 1):				
1. Wie attraktiv ist dieses Unternehmen für Sie?	.78			.64
2. Wie gut können Sie sich vorstellen, dauerhaft bei diesem Unternehmen zu arbeiten?	.75			.62
3. Wie attraktiv ist für Sie der Arbeitsplatz, für den Sie sich bei diesem Unternehmen beworben haben?	.42		.57	.50
4. Wie wahrscheinlich ist es Ihrer Ansicht nach, dass diese Tätigkeit Sie auf längere Sicht nicht zufriedenstellt?			.86	.76
5. Wie wahrscheinlich ist es Ihrer Einschätzung nach, dass Sie im heutigen Vorstellungsgespräch nicht gut ab- schneiden?		.86		.76
6. Wie wahrscheinlich ist es Ihrer Meinung nach, dass Ihnen von dem Unternehmen, für das Sie sich beworben haben, die gewünschte Stelle angeboten wird?		.72		.57
7. Wenn Ihnen die gewünschte Stelle angeboten würde, würden Sie annehmen?	.65			.58
8. Würden Sie sofort annehmen?	.65			.60
Erklärte Varianz	2.26	1.37	1.40	
% Gesamtvarianz	28,3	17,1	17,4	

Item	F 1 Attraktivität/ Annahme- bereitschaft	F 2 Erfolgs- erwartung	F 3 subjektive Veränderung	h² Kommunalität
Nach Beendigung des Vorstellungsgespräches (Teil 2):				
40. Wie attraktiv ist dieses Unternehmen für Sie?	.56			.46
41. Wie gut können Sie sich vorstellen, dauerhaft bei diesem Unternehmen zu arbeiten?	.64			.56
42. Wie attraktiv ist für Sie der Arbeitsplatz, für den Sie sich bei diesem Unternehmen beworben haben?	.61			.53
43. Wie wahrscheinlich ist es Ihrer Ansicht nach, dass diese Tätigkeit Sie auf längere Sicht nicht zufriedenstellt?				.27
44. Wie wahrscheinlich ist es Ihrer Einschätzung nach, dass Sie im heutigen Vorstellungsgespräch nicht gut abge- schnitten haben?		.89		.81
45. Wie wahrscheinlich ist es Ihrer Meinung nach, dass Ihnen von dem Unternehmen, für das Sie sich beworben haben, die gewünschte Stelle angeboten wird?		.76		.63
46. Wenn Ihnen die gewünschte Stelle angeboten würde, würden Sie annehmen?	.84			.72
47. Würden Sie sofort annehmen?	.82			.70
48. Haben Sie nach Ihren heute gemachten Erfahrungen ein positiveres oder ein negativeres Bild von dem Unterneh- men, für das Sie sich beworben haben?			.82	.70
49. Haben Sie nach Ihren heute gemachten Erfahrungen ein positiveres oder ein negativeres Bild von dem Arbeitsplatz, für den Sie sich beworben haben?			.84	.75
Erklärte Varianz	2.69	1.56	1.87	
% Gesamtvarianz	26,9	15,6	18,7	

Anmerkungen: Antworten auf einer siebenstufigen Skala. Die Antworten auf invers formulierte Fragen wurden nachträglich umgepolt, so daß ein hoher Wert stets eine positive Ausprägung bedeutet. F 1 – F 3: Ladungen auf orthogonalen Faktoren und Varianzaufklärung nach Hauptkomponentenanalyse und Varimaxrotation; Faktorenanzahl nach Kaiser-Guttman-Kriterium. Nur Ladungen > .40 oder < –.40 sind wiedergegeben.

8.2.5 Software- und Systemhaus

Rotierte Faktorenmatrix des Hauptteils (Teil 2)

Item	F 1	F 2	F 3	F 4	F 5	F 6	F 7	F 8	F 9	F 10	F 11	F 12	F 13	F 14	F 15	h²
1														.73		.67
2			.54													66
3		.66														.69
4					.40											.53
5		.75														.82
6						.70										.73
7		.78														.79
8		.75														.77
9						.62										.73
10			.52													.64
11												.61				.75
12						.76										.78
13		.82														.77
14		40														.69
15											−.48	−.46				.73
16				.43							−.43					.72
17										.56	45					.69
18											.79					.72
19										70						.69
20																.76
21				.71												.67
22											47				.40	.77
23				.79												.74
24											71					.78
25	.48												−.45			.75
26																.73
27	.56															.65
28					.60											.60
29										64						.82
30																.69
31												.49				.74
32														.82		.80
33	.82															81
34	.82															80
37									.67							.81
38									.79							.80
39												.70				.71
40						.79										.81
41						.70										.72
42			.55													.51
43					.77											.81
44					.80											.79
45					.89											90
46					.79											.77
47								.75								.78
48										42						.74
49								.68								.71
50						.82										.80
51		.40				.52										.68
Erkl. V.	3 20	3.77	1.78	2.33	4.01	2.44	3.32	2.08	2.34	2.47	2.02	1.58	1.44	1.61	1 67	
% Ges.	6,5	7,7	3,6	4,7	8,2	5,0	6,8	4,2	4,8	5,0	4,1	3,2	2,9	3,3	3,4	

Anmerkungen: Antworten auf einer fünfstufigen Skala. Die Antworten auf invers formulierte Fragen wurden nachträglich umgepolt, so daß ein hoher Wert stets eine positive Ausprägung bedeutet. F 1 – F 15: Ladungen auf orthogonalen Faktoren und Varianzaufklärung nach Hauptkomponentenanalyse und Varimaxrotation; Faktorenanzahl nach Kaiser-Guttman-Kriterium. Nur Ladungen > .40 oder < –.40 sind wiedergegeben.

Rotierte Faktorenmatrix des semantischen Differentials
(Teil 2 – Bewerberpräsentationsrunde)

Item	F 1 generelle Bewertung	F 2 Belastung	F 3 Akzeptanz	h² Kommunalität
Ich empfand die Bewerberpräsentationsrunde als ...				
durchschaubar – undurchschaubar			.71	.55
einfach – schwierig		.75		.62
nützlich – nutzlos	.60		.55	.66
entlastend – belastend	.60	.53		.64
beruhigend – aufregend		.82		.68
angenehm – unangenehm	.51	.53		.58
erholsam – anstrengend		.83		.73
eindeutig – uneindeutig	.77			.60
gerecht – ungerecht	.73			.61
erfreulich – unerfreulich	.51		.54	.68
spannend – langweilig			.75	.62
demokratisch – undemokratisch	.55		.40	.48
sympathisch – unsympathisch	.67		.51	.81
effizient – ineffizient			.69	.58
respektierend – respektlos	.60		.48	.58
rücksichtsvoll – rücksichtslos	.50		.55	.57
wichtig – unwichtig	.44		.66	.64
positiv – negativ	.50		.72	.82
informativ – informationslos			.57	.44
fair – unfair	.60		.42	.55
Erklärte Varianz	4.73	2.96	4.73	
% Gesamtvarianz	23,7	14,8	23,6	

Anmerkungen: Antworten auf einem siebenstufigen semantischen Differential, wobei ein hoher Wert eine positive Ausprägung bedeutet. F 1 – F 3: Ladungen auf orthogonalen Faktoren und Varianzaufklärung nach Hauptkomponentenanalyse und Varimaxrotation; Faktorenanzahl nach Kaiser-Guttman-Kriterium. Nur Ladungen > .40 oder < –.40 sind wiedergegeben.

Rotierte Faktorenmatrix des semantischen Differentials
(Teil 2 – Einzelgespräche)

Item	F 1 generelle Bewertung	F 2 Belastung	F 3 Akzeptanz	h² Kommunalität
Ich empfand die Einzelgespräche als ...				
durchschaubar – undurchschaubar	.65			.55
einfach – schwierig		.71		.55
nützlich – nutzlos	.67		.42	.67
entlastend – belastend		.56	.44	.54
beruhigend – aufregend		.75		.58
angenehm – unangenehm			.68	.65
erholsam – anstrengend		.77		.60
eindeutig – uneindeutig	.78			.72
gerecht – ungerecht	.59		.52	.71
erfreulich – unerfreulich	.42		.64	.68
spannend – langweilig	.70			.62
demokratisch – undemokratisch			.61	.46
sympathisch – unsympathisch			.74	.70
effizient – ineffizient	.68			.56
respektierend – respektlos			.62	.43
rücksichtsvoll – rücksichtslos			.75	.63
wichtig – unwichtig	.68		.42	.69
positiv – negativ	.41		.71	.73
informativ – informationslos	.82			.71
fair – unfair	.52		.56	.60
Erklärte Varianz	4.81	2.85	4.72	
% Gesamtvarianz	24,1	14,3	23,6	

Anmerkungen: Antworten auf einem siebenstufigen semantischen Differential, wobei ein hoher Wert eine positive Ausprägung bedeutet. F 1 – F 3: Ladungen auf orthogonalen Faktoren und Varianzaufklärung nach Hauptkomponentenanalyse und Varimaxrotation; Faktorenanzahl nach Kaiser-Guttman-Kriterium. Nur Ladungen > .40 oder < –.40 sind wiedergegeben.

Rotierte Faktorenmatrizen der Meßwiederholungseinheit (Teil 1 und Teil 2)

Item	F 1 Attraktivität	F 2 Annahme- bereitschaft	F 3 Erfolgs- erwartung	h² Kommunalität
Zu Beginn des Bewerbertages (Teil 1):				
1. Wie attraktiv ist dieses Unternehmen für Sie?	.79			.67
2. Wie gut können Sie sich vorstellen, dauerhaft bei diesem Unternehmen zu arbeiten?	.73			.60
3. Wie attraktiv ist für Sie der Arbeitsplatz, für den Sie sich bei diesem Unternehmen beworben haben?	.76			.65
4. Wie wahrscheinlich ist es Ihrer Ansicht nach, daß diese Tätigkeit Sie auf längere Sicht zufriedenstellt?	.58		.44	.53
5. Wie wahrscheinlich ist es Ihrer Einschätzung nach, daß Sie heute im Personalauswahlverfahren nicht gut ab- schneiden?			.81	.73
6. Wie wahrscheinlich ist es Ihrer Meinung nach, daß Ihnen von diesem Unternehmen die Stelle angeboten wird, für die Sie sich beworben haben?			.85	.74
7. Wenn Ihnen von diesem Unternehmen die Stelle angebo- ten würde, für die Sie sich beworben haben, würden Sie annehmen?		.87		.82
8. Würden Sie sofort annehmen?		.91		.84
Erklärte Varianz	2.14	1.74	1.72	
% Gesamtvarianz	26,7	21,8	21,4	

Item	F 1 Attraktivität/ Annahme- bereitschaft	F 2 Attraktivität/ Erfolgs- erwartung	F 3 subjektive Veränderung	h² Kommunalität
Am Ende des Bewerbertages (Teil 2):				
52. Wie attraktiv ist dieses Unternehmen für Sie?	.57	.64		.74
53. Wie gut können Sie sich vorstellen, dauerhaft bei diesem Unternehmen zu arbeiten?	.60	.46		.59
54. Wie attraktiv ist für Sie der Arbeitsplatz, für den Sie sich bei diesem Unternehmen beworben haben?	.61			.47
55. Wie wahrscheinlich ist es Ihrer Ansicht nach, daß diese Tätigkeit Sie auf längere Sicht nicht zufriedenstellt?		.60		.41
56. Wie wahrscheinlich ist es Ihrer Einschätzung nach, daß Sie heute im Personalauswahlverfahren nicht gut abge- schnitten haben?		.85		.77
57. Wie wahrscheinlich ist es Ihrer Meinung nach, daß Ihnen von diesem Unternehmen die Stelle angeboten wird, für die Sie sich beworben haben?		.76		.62
58. Wenn Ihnen von diesem Unternehmen die Stelle angebo- ten würde, für die Sie sich beworben haben, würden Sie annehmen?	.82			.70
59. Würden Sie sofort annehmen?	.78			.68
60. Haben Sie nach Ihren Erfahrungen am heutigen Tag ein positiveres oder ein negativeres Bild von diesem Unter- nehmen als vorher?			.73	.63
61. Haben Sie nach Ihren Erfahrungen am heutigen Tag ein positiveres oder ein negativeres Bild von dem Arbeitsplatz, für den Sie sich bei diesem Unternehmen beworben haben?			.88	.81
Erklärte Varianz	2.48	2.46	1.49	
% Gesamtvarianz	24,8	24,6	14,9	

Anmerkungen: Antworten auf einer siebenstufigen Skala. Die Antworten auf invers formulierte Fragen wurden nachträglich umgepolt, so daß ein hoher Wert stets eine positive Ausprägung bedeutet. F 1 – F 3: Ladungen auf orthogonalen Faktoren und Varianzaufklärung nach Hauptkomponentenanalyse und Varimaxrotation; Faktorenanzahl nach Kaiser-Guttman-Kriterium. Nur Ladungen > .40 oder < –.40 sind wiedergegeben.

8.3 Skalen des FEBA

8.3.1 Großunternehmen der chemischen Industrie

Skalen des Hauptteils

A Information

Die Inhalte des Vorstellungsgesprächs ...
... haben mir Aufschluß über die Arbeitsplatzmerkmale gegeben.
... haben mir die Aufgabenbereiche der Tätigkeit aufgezeigt.
... haben mir Informationen über die Anforderungen des Arbeitsplatzes geliefert, also darüber,
welche Fähigkeiten diese Tätigkeit von mir verlangt.

Im Rahmen des Auswahlverfahrens ...
... bin ich gut über den Arbeitsplatz informiert worden.
... sind mir die Aufgabenbereiche der Tätigkeit genau dargestellt worden.
... bin ich genau über die Anforderungen des Arbeitsplatzes informiert worden, also darüber,
welche Fähigkeiten diese Tätigkeit von mir verlangt.
... bin ich nicht gut über die Unternehmensmerkmale informiert worden.
... sind mir die Unternehmensziele genau dargestellt worden.
... sind mir Unternehmenskultur und -stil gut veranschaulicht worden.

B Partizipation/Kontrollierbarkeit

Im Vorstellungsgespräch ...
... konnte ich die Situation mitgestalten.
... konnte ich die Situation nicht kontrollieren.
... konnte ich mein Abschneiden selbst beeinflussen.
... konnte ich das Verhalten meines Gesprächspartners beeinflussen.
... konnte ich Einfluß darauf nehmen, welchen Eindruck mein Gesprächspartner von mir
gewann.
... spielte ich eine aktive Rolle.

Alles in allem ...
... konnte ich die Auswahlsituation mitgestalten.
... konnte ich die Auswahlsituation nicht kontrollieren.

C Transparenz

Im Vorstellungsgespräch ...
... wußte ich, was ich tun mußte, um gut abzuschneiden.
... empfand ich die Situation als übersichtlich und überschaubar.
... war mir klar, welche Rollen die beteiligten Personen spielten.
... war mir nicht klar, welche Absichten mein Gesprächspartner verfolgte.
... wußte ich nicht, was von mir erwartet wurde.
... war mir klar, nach welchen Kriterien meine Gesprächsbeiträge beurteilt werden.

Ich verstehe, wie von meinen Gesprächsergebnissen ...
... auf meine Fähigkeiten geschlossen wird.
... meine Eignung für die Tätigkeit abgeleitet wird.

D Ergebniskommunikation

Am Ende des Auswahlverfahrens ...
... wurde offen und ehrlich mit mir über die Beurteilung meiner Eignung für die Tätigkeit gesprochen.
... wurde offen und ehrlich mit mir über die Erfolgsaussichten meiner Bewerbung gesprochen.

Die Beurteilung meiner Eignung für die Tätigkeit ...
... wurde mir genau erläutert.
... wurde mir verständlich mitgeteilt.

F Augenscheinvalidität

Das geführte Vorstellungsgespräch ...
... ist meiner Einschätzung nach zur Ermittlung meiner Eignung für die Tätigkeit geeignet.
... ist meiner Meinung nach zur Vorhersage meiner Leistung in der Tätigkeit geeignet.

G Belastung

Im Vorstellungsgespräch ...
... stand ich so unter Anspannung und Streß, daß ich nicht meine besten Leistungen zeigen konnte.
... hatte ich so starke Prüfungsangst, daß meine Leistungen hierdurch beeinträchtigt wurden.

I Bewerbernutzen

Die Teilnahme am Vorstellungsgespräch ...
... hat mir eine bessere Einschätzung meiner Fähigkeiten ermöglicht.
... hat mir eine bessere Einschätzung meiner Eignung für die Tätigkeit ermöglicht.
... hat mir in jedem Fall etwas gebracht, also auch, falls ich kein Stellenangebot erhalte.

Die Besprechung meiner Ergebnisse im Auswahlverfahren ...
... hat mir eine bessere Einschätzung meiner Fähigkeiten ermöglicht.
... hat mir eine bessere Einschätzung meiner Eignung für die Tätigkeit ermöglicht.

Alles in allem hat mir die Teilnahme am Auswahlverfahren etwas gebracht, auch falls ich kein Stellenangebot erhalte.

K Interesse

Die Inhalte des Vorstellungsgesprächs ...
... haben mein Interesse an dem Arbeitsplatz erhöht.
... haben mein Interesse an dem Arbeitsplatz verringert.

Alles in allem ...
... hat das Auswahlverfahren mein Interesse an dem Arbeitsplatz erhöht.
... hat das Auswahlverfahren mein Interesse an dem Arbeitsplatz verringert.

L Selbsteinschätzung

Im Vorstellungsgespräch ...
... konnte ich meine Fähigkeiten nicht optimal darstellen.
... habe ich meiner Einschätzung nach nicht gut abgeschnitten.

Alles in allem habe ich meiner Einschätzung nach im Auswahlverfahren nicht gut abgeschnitten.

Skalen des semantischen Differentials

Ich empfand das Vorstellungsgespräch als ...

A generelle Bewertung

nutzlos – nützlich
erfreulich – unerfreulich
langweilig – spannend
unsympathisch – sympathisch
ineffizient – effizient
wichtig – unwichtig
positiv – negativ
informationslos – informativ

B Belastung

einfach – schwierig
entlastend – belastend
aufregend – beruhigend
unangenehm – angenehm
erholsam – anstrengend

C Akzeptanz

ungerecht – gerecht
demokratisch – undemokratisch
respektierend – respektlos
rücksichtslos – rücksichtsvoll
unfair – fair

D Transparenz

durchschaubar – undurchschaubar
eindeutig – uneindeutig

Skalen der Meßwiederholungseinheit

A₁ Attraktivität (vor der Teilnahme)

Wie attraktiv ist ...
... dieses Unternehmen für Sie?
... für Sie der Arbeitsplatz, für den Sie sich bei diesem Unternehmen beworben haben?

B₁ Erfolgserwartung (vor der Teilnahme)

Wie wahrscheinlich ist es ...
... Ihrer Einschätzung nach, daß Sie heute im Personalauswahlverfahren nicht gut abschneiden?
... Ihrer Meinung nach, daß Ihnen von diesem Unternehmen die Stelle angeboten wird, für die Sie sich beworben haben?

C₁ Annahmebereitschaft (vor der Teilnahme)

Wenn Ihnen von diesem Unternehmen die Stelle angeboten würde, für die Sie sich beworben haben, würden Sie annehmen?
Würden Sie sofort annehmen?

A₂ Attraktivität (nach der Teilnahme)

Wie attraktiv ist ...
... dieses Unternehmen für Sie?
... für Sie der Arbeitsplatz, für den Sie sich bei diesem Unternehmen beworben haben?

B₂ Erfolgserwartung (nach der Teilnahme)

Wie wahrscheinlich ist es ...
... Ihrer Einschätzung nach, daß Sie heute im Personalauswahlverfahren nicht gut abgeschnitten haben?
... Ihrer Meinung nach, daß Ihnen von diesem Unternehmen die Stelle angeboten wird, für die Sie sich beworben haben?

C₂ Annahmebereitschaft (nach der Teilnahme)

Wenn Ihnen von diesem Unternehmen die Stelle angeboten würde, für die Sie sich beworben haben, würden Sie annehmen?
Würden Sie sofort annehmen?

D subjektive Veränderung (nach der Teilnahme)

Haben Sie nach Ihren Erfahrungen am heutigen Tag ein positiveres oder ein negativeres Bild von ...
... diesem Unternehmen als vorher?
... dem Arbeitsplatz, für den Sie sich bei diesem Unternehmen beworben haben?

8.3.2 Großunternehmen des Maschinen- und Anlagenbaus

Skalen des Hauptteils

A Information

In den Vorstellungsgesprächen ...
... bin ich gut über die Tätigkeit informiert worden.
... bin ich gut über die Unternehmensmerkmale und -ziele informiert worden.
... bin ich genau über die Anforderungen des Arbeitsplatzes informiert worden, also darüber, welche Fähigkeiten diese Tätigkeit von mir verlangt.
... sind mir Unternehmenskultur und -stil gut veranschaulicht worden.

B Partizipation/Kontrollierbarkeit

In den Vorstellungsgesprächen ...
... konnte ich die Situation mitgestalten.
... hatte ich die Situation nicht unter Kontrolle.

C Transparenz

In den Vorstellungsgesprächen ...
... wußte ich nicht, was ich tun mußte, um gut abzuschneiden.
... war mir nicht klar, nach welchen Kriterien meine Gesprächsbeiträge beurteilt wurden.

D Ergebniskommunikation

In den Vorstellungsgesprächen ...
... wurde offen und ehrlich mit mir über die Beurteilung meiner Eignung für die Tätigkeit gesprochen.
... wurde offen und ehrlich mit mir über die Erfolgsaussichten meiner Bewerbung gesprochen.

E Atmosphäre

In den Vorstellungsgesprächen ...
... herrschte eine angenehme Atmosphäre.
... signalisierte mir das Verhalten meiner Gesprächspartner, daß die Gespräche mit mir wichtig genommen wurden.
... hatte ich den Eindruck, daß man mir gegenüber ehrlich war.

Alles in allem hatte ich einen positiven Eindruck von meinen Gesprächspartnern.

F Augenscheinvalidität

Die geführten Vorstellungsgespräche sind meiner Einschätzung nach zur Ermittlung meiner Eignung für die Tätigkeit geeignet.

G Belastung

In den Vorstellungsgesprächen ...
... stand ich so unter Anspannung und Streß, daß ich nicht meine besten Leistungen zeigen konnte.
... hatte ich so starke Prüfungsangst, daß meine Leistungen hierdurch beeinträchtigt wurden.

H Beurteilerkompetenz

In den Vorstellungsgesprächen ...
... wurde ich auf meine fachliche Kompetenz beurteilt.
... hatte ich fachlich kompetente Gesprächspartner.

I Bewerbernutzen

Alles in allem hat mir die Teilnahme an den Gesprächen etwas gebracht, auch falls ich kein Stellenangebot erhalte.

J formaler Rahmen

In den Vorstellungsgesprächen ...
... hatte ich den Eindruck, daß meine Bewerbungsunterlagen bekannt waren.
... hatte ich Gelegenheit, meinerseits Fragen zu stellen.
... wurden konkrete Fragen zu mir und meinem Werdegang gestellt.
... wurden mir Fragen gestellt, die der Situation angemessen waren.

Alles in allem fanden die Vorstellungsgespräche in einem angemessenen Rahmen statt.

K Interesse

Alles in allem ...
... haben die Gespräche mein Interesse an dem Arbeitsplatz erhöht.
... haben die Gespräche mein Interesse an dem Arbeitsplatz verringert.

L Selbsteinschätzung

In den Vorstellungsgesprächen konnte ich meine Fähigkeiten nicht optimal darstellen.

Skalen des semantischen Differentials

Ich empfand die Vorstellungsgespräche als ...

A generelle Bewertung

nutzlos – nützlich
erfreulich – unerfreulich
langweilig – spannend
unsympathisch – sympathisch
ineffizient – effizient
wichtig – unwichtig
positiv – negativ
informationslos – informativ

B Belastung

einfach – schwierig
entlastend – belastend
aufregend – beruhigend
unangenehm – angenehm
erholsam – anstrengend

C Akzeptanz

ungerecht – gerecht
demokratisch – undemokratisch
respektierend – respektlos
rücksichtslos – rücksichtsvoll
unfair – fair

D Transparenz

durchschaubar – undurchschaubar
eindeutig – uneindeutig

Skalen der Meßwiederholungseinheit

A_1 Attraktivität (vor der Teilnahme)

Wie attraktiv ist dieses Unternehmen für Sie?

Wie gut können Sie sich vorstellen, dauerhaft bei diesem Unternehmen zu arbeiten?

Wie attraktiv ist für Sie der Arbeitsplatz, für den Sie sich bei diesem Unternehmen beworben haben?

Wie wahrscheinlich ist es Ihrer Ansicht nach, daß diese Tätigkeit Sie auf längere Sicht nicht zufriedenstellt?

B_1 Erfolgserwartung (vor der Teilnahme)

Wie wahrscheinlich ist es ...

... Ihrer Einschätzung nach, daß Sie in den Vorstellungsgesprächen, die Sie hier im Hause haben, nicht gut abschneiden?

... Ihrer Meinung nach, daß Ihnen von diesem Unternehmen die Stelle angeboten wird, für die Sie sich beworben haben?

C_1 Annahmebereitschaft (vor der Teilnahme)

Wenn Ihnen von diesem Unternehmen die Stelle angeboten würde, für die Sie sich beworben haben, würden Sie annehmen?

Würden Sie sofort annehmen?

A_2 Attraktivität (nach der Teilnahme)

Wie attraktiv ist dieses Unternehmen für Sie?

Wie gut können Sie sich vorstellen, dauerhaft bei diesem Unternehmen zu arbeiten?

Wie attraktiv ist für Sie der Arbeitsplatz, für den Sie sich bei diesem Unternehmen beworben haben?

Wie wahrscheinlich ist es Ihrer Ansicht nach, daß diese Tätigkeit Sie auf längere Sicht nicht zufriedenstellt?

B_2 Erfolgserwartung (nach der Teilnahme)

Wie wahrscheinlich ist es ...

... Ihrer Einschätzung nach, daß Sie in den hier im Hause geführten Vorstellungsgesprächen nicht gut abgeschnitten haben?

... Ihrer Meinung nach, daß Ihnen von diesem Unternehmen die Stelle angeboten wird, für die Sie sich beworben haben?

C₂ Annahmebereitschaft (nach der Teilnahme)

Wenn Ihnen von diesem Unternehmen die Stelle angeboten würde, für die Sie sich beworben haben, würden Sie annehmen?

Würden Sie sofort annehmen?

D subjektive Veränderung (nach der Teilnahme)

Haben Sie nach Ihren hier im Hause gemachten Erfahrungen ein positiveres oder ein negativeres Bild von ...
... diesem Unternehmen als vorher?
... dem Arbeitsplatz, für den Sie sich bei diesem Unternehmen beworben haben?

8.3.3 Hochschule für Musik und Darstellende Kunst

Skalen des Hauptteils

A Information

Die Inhalte der Hauptfachprüfung ...
... haben mir Aufschluß über die Merkmale des Studiengangs gegeben.
... haben mir die inhaltlichen Bereiche des Studiengangs aufgezeigt.
... haben mir Informationen über die Anforderungen des Studiengangs geliefert, also darüber, welche Fähigkeiten dieser Studiengang von mir verlangt.

B Partizipation/Kontrollierbarkeit

In der Hauptfachprüfung ...
... konnte ich die Situation mitgestalten.
... konnte ich die Situation nicht kontrollieren.
... konnte ich mein Abschneiden selbst beeinflussen.
... konnte ich das Verhalten meiner Prüfer beeinflussen.
... konnte ich Einfluß darauf nehmen, welchen Eindruck meine Prüfer von mir gewannen.
... spielte ich eine aktive Rolle.

C Transparenz

In der Hauptfachprüfung ...
... wußte ich, was ich tun mußte, um gut abzuschneiden.
... empfand ich die Situation als übersichtlich und überschaubar.
... war mir klar, welche Rollen die beteiligten Personen spielten.
... war mir nicht klar, welche Absichten meine Prüfer verfolgten.
... wußte ich nicht, was von mir erwartet wurde.
... war mir klar, nach welchen Kriterien meine Prüfungsleistungen beurteilt werden.

Ich verstehe, wie von meinen Prüfungsleistungen ...
... auf meine Fähigkeiten geschlossen wird.
... meine Eignung für den Studiengang abgeleitet wird.

D Ergebniskommunikation

Im Rahmen des Auswahlverfahrens ...
... wurde offen und ehrlich mit mir über die Beurteilung meiner Fähigkeiten gesprochen.
... wurde offen und ehrlich mit mir über die Erfolgsaussichten meiner Bewerbung gesprochen.

Die Beurteilung meiner Fähigkeiten ...
... wurde mir genau erläutert.
... wurde mir verständlich mitgeteilt.

F Augenscheinvalidität

Die durchgeführte Hauptfachprüfung ...
... ist meiner Einschätzung nach zur Ermittlung meiner Eignung für den Studiengang geeignet.
... ist meiner Meinung nach zur Vorhersage meiner Leistungen in dem Studiengang geeignet.

G Belastung

In der Hauptfachprüfung ...
... stand ich so unter Anspannung und Streß, daß ich nicht meine besten Leistungen zeigen konnte.
... hatte ich so starke Prüfungsangst, daß meine Leistungen hierdurch beeinträchtigt wurden.

I Bewerbernutzen

Die Teilnahme an der Hauptfachprüfung ...
... hat mir eine bessere Einschätzung meiner Fähigkeiten ermöglicht.
... hat mir eine bessere Einschätzung meiner Eignung für den Studiengang ermöglicht.
... hat mir in jedem Fall etwas gebracht, also auch, falls ich kein Studienplatzangebot erhalte.

Die Besprechung meiner Prüfungsergebnisse ...
... hat mir eine bessere Einschätzung meiner Fähigkeiten ermöglicht.
... hat mir eine bessere Einschätzung meiner Eignung für den Studiengang ermöglicht.

K Interesse

Die Inhalte der Hauptfachprüfung ...
... haben mein Interesse an dem Studienplatz erhöht.
... haben mein Interesse an dem Studienplatz verringert.

L Selbsteinschätzung

In der Hauptfachprüfung ...
... konnte ich meine Fähigkeiten nicht optimal darstellen.
... habe ich meiner Einschätzung nach nicht gut abgeschnitten.

Skalen des semantischen Differentials

Ich empfand die Hauptfachprüfung als ...

A generelle Bewertung

nutzlos – nützlich
erfreulich – unerfreulich
langweilig – spannend
unsympathisch – sympathisch
ineffizient – effizient
wichtig – unwichtig
positiv – negativ
informationslos – informativ

B Belastung

einfach – schwierig
entlastend – belastend
aufregend – beruhigend
unangenehm – angenehm
erholsam – anstrengend

C Akzeptanz

ungerecht – gerecht
demokratisch – undemokratisch
respektierend – respektlos
rücksichtslos – rücksichtsvoll
unfair – fair

D Transparenz

durchschaubar – undurchschaubar
eindeutig – uneindeutig

Skalen der Meßwiederholungseinheit

A₁ Attraktivität (vor der Teilnahme)

Wie attraktiv ist ...
... diese Hochschule für Sie?
... für Sie der Studienplatz, für den Sie sich bei dieser Hochschule beworben haben?

B₁ Erfolgserwartung (vor der Teilnahme)

Wie wahrscheinlich ist es ...
... Ihrer Einschätzung nach, daß Sie heute in der Hauptfachprüfung nicht gut abschneiden?
... Ihrer Meinung nach, daß Ihnen von dieser Hochschule der Studienplatz angeboten wird, für den Sie sich beworben haben?

C₁ Annahmebereitschaft (vor der Teilnahme)

Wenn Ihnen von dieser Hochschule der Studienplatz angeboten würde, für den Sie sich beworben haben, würden Sie annehmen?
Würden Sie sofort annehmen?

A₂ Attraktivität (nach der Teilnahme)

Wie attraktiv ist ...
... diese Hochschule für Sie?
... für Sie der Studienplatz, für den Sie sich bei dieser Hochschule beworben haben?

C₂ Annahmebereitschaft (nach der Teilnahme)

Wenn Ihnen von dieser Hochschule der Studienplatz angeboten würde, für den Sie sich beworben haben, würden Sie annehmen?
Würden Sie sofort annehmen?

D subjektive Veränderung (nach der Teilnahme)

Haben Sie nach Ihren Erfahrungen am heutigen Tag ein positiveres oder ein negativeres Bild von ...
... dieser Hochschule als vorher?
... dem Studienplatz, für den Sie sich bei dieser Hochschule beworben haben?

8.3.4 Schweizer Großbank

Skalen des Hauptteils

A Information

Im Vorstellungsgespräch ...
... bin ich gut über die Tätigkeit informiert worden.
... bin ich gut über die Unternehmensmerkmale und -ziele informiert worden.
... bin ich genau über die Anforderungen des Arbeitsplatzes informiert worden, also darüber, welche Fähigkeiten diese Tätigkeit von mir verlangt.
... sind mir Unternehmenskultur und -stil gut veranschaulicht worden.

B Partizipation/Kontrollierbarkeit

Im Vorstellungsgespräch ...
... konnte ich die Situation mitgestalten.
... hatte ich die Situation nicht unter Kontrolle.
... konnte ich Einfluss darauf nehmen, welchen Eindruck mein Gesprächspartner von mir gewann.

C Transparenz

Im Vorstellungsgespräch ...
... wusste ich nicht, was ich tun musste, um gut abzuschneiden.
... war mir nicht klar, nach welchen Kriterien mein Verhalten und meine Gesprächsbeiträge beurteilt wurden.

E Atmosphäre

Im Vorstellungsgespräch ...
... herrschte eine angenehme Atmosphäre.
... signalisierte mir das Verhalten meines Gesprächspartners, dass das Gespräch mit mir wichtig genommen wurde.
... hatte ich den Eindruck, dass man mir gegenüber ehrlich war.

Alles in allem hatte ich einen positiven Eindruck von meinem Gesprächspartner.

F Augenscheinvalidität

Das geführte Vorstellungsgespräch ist meiner Einschätzung nach zur Ermittlung meiner Eignung für die Tätigkeit geeignet.

G Belastung

Im Vorstellungsgespräch ...
... stand ich so unter Anspannung und Stress, dass ich mich nicht von meiner besten Seite zeigen konnte.
... war ich so nervös, dass ich mich nicht optimal präsentiert habe.

H Beurteilerkompetenz

Im Vorstellungsgespräch hatte ich einen fachlich kompetenten Gesprächspartner.

I Bewerbernutzen

Das geführte Vorstellungsgespräch hat mir eine bessere Einschätzung meiner Eignung für die Tätigkeit ermöglicht.

Alles in allem hat mir die Teilnahme am Interview etwas gebracht, auch falls ich kein Stellenangebot erhalte.

J formaler Rahmen

Im Vorstellungsgespräch ...
... hat man sich zu wenig Zeit für mich genommen.
... hatte ich den Eindruck, dass meine Bewerbungsunterlagen bekannt waren.
... hatte ich Gelegenheit, meinerseits Fragen zu stellen.
... wurden konkrete Fragen zu mir und meinem Werdegang gestellt.
... wurden mir Fragen gestellt, die der Situation angemessen waren.

Das geführte Vorstellungsgespräch ...
... fand in einem angemessenen Rahmen statt.
... erschien mir wenig strukturiert.

K Interesse

Alles in allem ...
... hat das Gespräch mein Interesse an dem Arbeitsplatz erhöht.
... hat das Gespräch mein Interesse an dem Arbeitsplatz verringert.

L Selbsteinschätzung

Im Vorstellungsgespräch konnte ich meine Fähigkeiten nicht optimal darstellen.

Skalen des semantischen Differentials

Ich empfand das Vorstellungsgespräch als ...

A generelle Bewertung

nutzlos – nützlich
erfreulich – unerfreulich
langweilig – spannend
unsympathisch – sympathisch
ineffizient – effizient
wichtig – unwichtig
positiv – negativ
informationslos – informativ

B Belastung

einfach – schwierig
entlastend – belastend
aufregend – beruhigend
unangenehm – angenehm
erholsam – anstrengend

C Akzeptanz

ungerecht – gerecht
demokratisch – undemokratisch
respektierend – respektlos
rücksichtslos – rücksichtsvoll
unfair – fair

D Transparenz

durchschaubar – undurchschaubar
eindeutig – uneindeutig

Skalen der Meßwiederholungseinheit

A₁ Attraktivität (vor der Teilnahme)

Wie attraktiv ist dieses Unternehmen für Sie?

Wie gut können Sie sich vorstellen, dauerhaft bei diesem Unternehmen zu arbeiten?

Wie attraktiv ist für Sie der Arbeitsplatz, für den Sie sich bei diesem Unternehmen beworben haben?

Wie wahrscheinlich ist es Ihrer Ansicht nach, dass diese Tätigkeit Sie auf längere Sicht nicht zufriedenstellt?

B₁ Erfolgserwartung (vor der Teilnahme)

Wie wahrscheinlich ist es ...
... Ihrer Einschätzung nach, dass Sie im heutigen Vorstellungsgespräch nicht gut abschneiden?
... Ihrer Meinung nach, dass Ihnen von dem Unternehmen, für das Sie sich beworben haben, die gewünschte Stelle angeboten wird?

C₁ Annahmebereitschaft (vor der Teilnahme)

Wenn Ihnen die gewünschte Stelle angeboten würde, würden Sie annehmen?

Würden Sie sofort annehmen?

A₂ Attraktivität (nach der Teilnahme)

Wie attraktiv ist dieses Unternehmen für Sie?

Wie gut können Sie sich vorstellen, dauerhaft bei diesem Unternehmen zu arbeiten?

Wie attraktiv ist für Sie der Arbeitsplatz, für den Sie sich bei diesem Unternehmen beworben haben?

Wie wahrscheinlich ist es Ihrer Ansicht nach, dass diese Tätigkeit Sie auf längere Sicht nicht zufriedenstellt?

B₂ Erfolgserwartung (nach der Teilnahme)

Wie wahrscheinlich ist es ...
... Ihrer Einschätzung nach, dass Sie im heutigen Vorstellungsgespräch nicht gut abgeschnitten haben?
... Ihrer Meinung nach, dass Ihnen von dem Unternehmen, für das Sie sich beworben haben, die gewünschte Stelle angeboten wird?

C₂ Annahmebereitschaft (nach der Teilnahme)

Wenn Ihnen die gewünschte Stelle angeboten würde, würden Sie annehmen?

Würden Sie sofort annehmen?

D subjektive Veränderung (nach der Teilnahme)

Haben Sie nach Ihren heute gemachten Erfahrungen ein positiveres oder ein negativeres Bild von ...

... dem Unternehmen, für das Sie sich beworben haben?

... dem Arbeitsplatz, für den Sie sich beworben haben?

8.3.5 Software- und Systemhaus

Skalen des Hauptteils

A Information

In den Einzelgesprächen ...
... bin ich gut über die Tätigkeit informiert worden.
... bin ich nicht gut über die Unternehmensmerkmale und -ziele informiert worden.

Im Rahmen des heutigen Auswahlverfahrens ...
... bin ich gut über die Tätigkeit informiert worden.
... bin ich genau über die Anforderungen des Arbeitsplatzes informiert worden, also darüber, welche Fähigkeiten diese Tätigkeit von mir verlangt.
... bin ich nicht gut über die Unternehmensmerkmale und -ziele informiert worden.
... sind mir Unternehmenskultur und -stil gut veranschaulicht worden.

B Partizipation/Kontrollierbarkeit

In den Einzelgesprächen ...
... konnte ich die Situation mitgestalten.
... hatte ich die Situation nicht unter Kontrolle.
... konnte ich Einfluß darauf nehmen, welchen Eindruck meine Gesprächspartner von mir gewannen.

C Transparenz

In den Einzelgesprächen ...
... wußte ich, was ich tun mußte, um gut abzuschneiden.
... war mir klar, welche Rollen die anwesenden Personen spielten.

D Ergebniskommunikation

Im Rahmen des heutigen Auswahlverfahrens ...
... wurde offen und ehrlich mit mir über die Beurteilung meiner Eignung für die Tätigkeit gesprochen.
... wurde offen und ehrlich mit mir über die Erfolgsaussichten meiner Bewerbung gesprochen.
Die Beurteilung meiner Eignung für die Tätigkeit wurde mir verständlich mitgeteilt.

E Atmosphäre

In den Einzelgesprächen herrschte eine angenehme Atmosphäre.

F Augenscheinvalidität

Die geführten Einzelgespräche sind meiner Einschätzung nach zur Ermittlung meiner Eignung für die Tätigkeit geeignet.

G Belastung

In den Einzelgesprächen ...
... stand ich so unter Anspannung und Streß, daß ich nicht meine besten Leistungen zeigen konnte.
... hatte ich so starke Prüfungsangst, daß meine Leistungen hierdurch beeinträchtigt wurden.

H Beurteilerkompetenz

In den Einzelgesprächen wurde ich auf meine fachliche Kompetenz beurteilt.

I Bewerbernutzen

Die geführten Einzelgespräche haben mir eine bessere Einschätzung meiner Eignung für die Tätigkeit ermöglicht.

Alles in allem hat mir die Teilnahme am Auswahlverfahren etwas gebracht, auch falls ich kein Stellenangebot erhalte.

J formaler Rahmen

In den Einzelgesprächen ...
... hat man sich zu wenig Zeit für mich genommen.
... hatte ich den Eindruck, daß meine Bewerbungsunterlagen bekannt waren.
... hatte ich Gelegenheit, meinerseits Fragen zu stellen.
... wurden konkrete Fragen zu mir und meinem Werdegang gestellt.

K Interesse

Alles in allem ...
... hat das Auswahlverfahren mein Interesse an dem Arbeitsplatz erhöht.
... hat das Auswahlverfahren mein Interesse an dem Arbeitsplatz verringert.

L Selbsteinschätzung

In den Einzelgesprächen habe ich meiner Einschätzung nach gut abgeschnitten.

Skalen des semantischen Differentials

Ich empfand die Einzelgespräche als ...

A generelle Bewertung

nutzlos – nützlich
erfreulich – unerfreulich
langweilig – spannend
unsympathisch – sympathisch
ineffizient – effizient
wichtig – unwichtig
positiv – negativ
informationslos – informativ

B Belastung

einfach – schwierig
entlastend – belastend
aufregend – beruhigend
unangenehm – angenehm
erholsam – anstrengend

C Akzeptanz

ungerecht – gerecht
demokratisch – undemokratisch
respektierend – respektlos
rücksichtslos – rücksichtsvoll
unfair – fair

D Transparenz

durchschaubar – undurchschaubar
eindeutig – uneindeutig

Skalen der Meßwiederholungseinheit

A_1 Attraktivität (vor der Teilnahme)

Wie attraktiv ist dieses Unternehmen für Sie?

Wie gut können Sie sich vorstellen, dauerhaft bei diesem Unternehmen zu arbeiten?

Wie attraktiv ist für Sie der Arbeitsplatz, für den Sie sich bei diesem Unternehmen beworben haben?

Wie wahrscheinlich ist es Ihrer Ansicht nach, daß diese Tätigkeit Sie auf längere Sicht nicht zufriedenstellt?

B_1 Erfolgserwartung (vor der Teilnahme)

Wie wahrscheinlich ist es ...

... Ihrer Einschätzung nach, daß Sie heute im Personalauswahlverfahren nicht gut abschneiden?

... Ihrer Meinung nach, daß Ihnen von diesem Unternehmen die Stelle angeboten wird, für die Sie sich beworben haben?

C_1 Annahmebereitschaft (vor der Teilnahme)

Wenn Ihnen von diesem Unternehmen die Stelle angeboten würde, für die Sie sich beworben haben, würden Sie annehmen?

Würden Sie sofort annehmen?

A_2 Attraktivität (nach der Teilnahme)

Wie attraktiv ist dieses Unternehmen für Sie?

Wie gut können Sie sich vorstellen, dauerhaft bei diesem Unternehmen zu arbeiten?

Wie attraktiv ist für Sie der Arbeitsplatz, für den Sie sich bei diesem Unternehmen beworben haben?

Wie wahrscheinlich ist es Ihrer Ansicht nach, daß diese Tätigkeit Sie auf längere Sicht nicht zufriedenstellt?

B_2 Erfolgserwartung (nach der Teilnahme)

Wie wahrscheinlich ist es ...

... Ihrer Einschätzung nach, daß Sie heute im Personalauswahlverfahren nicht gut abgeschnitten haben?

... Ihrer Meinung nach, daß Ihnen von diesem Unternehmen die Stelle angeboten wird, für die Sie sich beworben haben?

C₂ Annahmebereitschaft (nach der Teilnahme)

Wenn Ihnen von diesem Unternehmen die Stelle angeboten würde, für die Sie sich beworben haben, würden Sie annehmen?

Würden Sie sofort annehmen?

D subjektive Veränderung (nach der Teilnahme)

Haben Sie nach Ihren Erfahrungen am heutigen Tag ein positiveres oder ein negativeres Bild von ...
... diesem Unternehmen als vorher?
... dem Arbeitsplatz, für den Sie sich bei diesem Unternehmen beworben haben?

8.4 Interkorrelationen der Skalen des FEBA

8.4.1 Großunternehmen der chemischen Industrie

Interkorrelationen der Skalen des FEBA

FEBA-Modul/ Skala	MW Attraktivität vorher	MW Erwartung vorher	MW Bereitschaft vorher	SD Bewertung Interview	SD Akzeptanz Interview	MW Attraktivität nachher	MW Erwartung nachher	MW Bereitschaft nachher
Hauptteil								
Information	.15**	.07	.27***	.47***	.40***	.23***	.29***	.28***
Partizipation/Kontrol.	.09	.10	.14*	.40***	.39***	.28***	.26***	.21***
Transparenz	.13*	.14*	.12*	.36***	.40***	.27***	.34***	.13*
Ergebniskommunik.	.04	.11	.05	.33***	.33***	.12*	.22***	.12*
Atmosphäre[1]	—	—	—	—	—	—	—	—
Augenscheinvalidität	.11	.15**	.11	.37***	.30***	.24***	.34***	.22***
Belastung	−.06	.07	−.17**	.12*	.12*	.05	.23***	−.11
Beurteilerkompetenz[1]	—	—	—	—	—	—	—	—
Bewerbernutzen	.14*	.09	.19**	.49***	.44***	.23***	.28***	.30***
formaler Rahmen[1]	—	—	—	—	—	—	—	—
Interesse	.17**	.06	.24***	.46***	.38***	.41***	.22***	.34***
Selbsteinschätzung	−.04	.21***	−.05	.36***	.32***	.09	.56***	.07
Meßwieder- holungseinheit								
Attraktivität vorher	—	.25***	.44***	.10	.09	.44***	.03	.34***
Erwartung vorher	.25***	—	.16**	.11	.10	.07	.43***	.10
Bereitschaft vorher	.44***	.16**	—	.11	.07	.30***	−.01	.59***
Attraktivität nachher	.44***	.07	.30***	.24***	.22***	—	.10	.53***
Erwartung nachher	.03	.43***	−.01	.35***	.26***	.10	—	.08
Bereitschaft nachher	.34***	.10	.59***	.26***	.22***	.53***	.08	—
subjekt. Veränderung	.19**	.11	.28***	.53***	.41***	.38***	.24***	.45***

Anmerkungen: Pearson Produkt-Moment-Korrelationen der Skalen des FEBA (Hauptteil und Meßwiederholungseinheit) mit den zentralen Größen der vorliegenden Studie; Kernaussage stark umrandet; MW = Meßwiederholungseinheit, SD = semantisches Differential; [1] Skala wurde nicht verwendet; * p < .05, ** p < .01, *** p < .001.

8.4.2 Großunternehmen des Maschinen- und Anlagenbaus

Interkorrelationen der Skalen des FEBA

FEBA-Modul/ Skala	MW Attraktivität vorher	MW Erwartung vorher	MW Bereitschaft vorher	SD Bewertung Interview	SD Akzeptanz Interview	MW Attraktivität nachher	MW Erwartung nachher	MW Bereitschaft nachher
Hauptteil								
Information	.03	.14	-.34	.72**	.49	.41	-.08	-.36
Partizipation/Kontrol.	.28	.46	.15	.58*	.48	.62*	.43	.10
Transparenz	.29	.57*	.38	.40	.63**	.64**	.42	.28
Ergebniskommunik.	.32	.34	.74**	.04	.06	.10	.23	.34
Atmosphäre	.26	.32	.12	.65**	.76**	.73**	.23	.07
Augenscheinvalidität	.17	.13	.04	.84***	.86***	.86***	.16	.27
Belastung	-.06	.54*	-.09	.09	.31	.25	.34	.08
Beurteilerkompetenz	-.26	-.36	-.09	.34	.22	.17	-.02	.21
Bewerbernutzen	-.26	.03	.31	-.14	-.14	-.32	-.19	.27
formaler Rahmen	.11	.45	.05	.54*	.40	.46	.45	.04
Interesse	-.21	.16	-.19	.80***	.83***	.66**	.00	-.02
Selbsteinschätzung	.01	.75**	.27	.35	.43	.61*	.75**	.29
Meßwieder-holungseinheit								
Attraktivität vorher	—	-.00	.26	-.03	.05	.05	-.04	-.19
Erwartung vorher	.00	—	.20	.03	.17	.33	.82***	.05
Bereitschaft vorher	.26	.20	—	-.01	-.06	.17	.25	.62*
Attraktivität nachher	.05	.33	.17	.75**	.86***	—	.36	.41
Erwartung nachher	-.04	.82***	.25	-.11	.08	.36	—	.29
Bereitschaft nachher	-.19	.05	.62*	.13	.12	.41	.29	—
subjekt. Veränderung	-.19	.19	.03	.28	.38	.33	.37	.09

Anmerkungen: Pearson Produkt-Moment-Korrelationen der Skalen des FEBA (Hauptteil und Meßwiederholungseinheit) mit den zentralen Größen der vorliegenden Studie; Kernaussage stark umrandet; MW = Meßwiederholungseinheit, SD = semantisches Differential; * p < .05, ** p < .01, *** p < .001.

8.4.3 Hochschule für Musik und Darstellende Kunst

Interkorrelationen der Skalen des FEBA

FEBA-Modul/ Skala	MW Attraktivität vorher	MW Erwartung vorher	MW Bereitschaft vorher	SD Bewertung Prüfung	SD Akzeptanz Prüfung	MW Attraktivität nachher	MW Erwartung nachher[1]	MW Bereitschaft nachher
Hauptteil								
Information	.09	.15*	.01	.26***	.20**	.07	—	-.02
Partizipation/Kontrol.	.10	.21**	-.11	.50***	.49***	.26***	—	-.04
Transparenz	.14*	.29***	-.06	.46***	.45***	.21**	—	-.01
Ergebniskommunik.	.02	.06	-.05	.15*	.19**	.09	—	.02
Atmosphäre[1]	—	—	—	—	—	—	—	—
Augenscheinvalidität	.08	.25***	-.04	.37***	.41***	.18**	—	.04
Belastung	.06	.14*	-.07	.26***	.16**	.01	—	-.05
Beurteilerkompetenz[1]	—	—	—	—	—	—	—	—
Bewerbernutzen	.18*	.08	-.04	.55***	.41***	.30***	—	.05
formaler Rahmen[1]	—	—	—	—	—	—	—	—
Interesse	.16**	.09	.02	.45***	.33***	.30***	—	.15*
Selbsteinschätzung	.10	.25***	-.01	.51***	.34***	.11	—	.00
Meßwieder-holungseinheit								
Attraktivität vorher	—	.18**	.40***	.16**	.14*	.54***	—	.40***
Erwartung vorher	.18**	—	.01	.28***	.31***	.18**	—	.02
Bereitschaft vorher	.40***	.01	—	-.06	-.12*	.28***	—	.80***
Attraktivität nachher	.54***	.18**	.28***	.34***	.37***	—	—	.49***
Erwartung nachher[1]	—	—	—	—	—	—	—	—
Bereitschaft nachher	.40***	.02	.80***	.07	.04	.49***	—	—
subjekt. Veränderung	.11	.09	-.08	.53***	.51***	.48***	—	.13*

Anmerkungen: Pearson Produkt-Moment-Korrelationen der Skalen des FEBA (Hauptteil und Meßwiederholungseinheit) mit den zentralen Größen der vorliegenden Studie; Kernaussage stark umrandet; MW = Meßwiederholungseinheit, SD = semantisches Differential; [1] Skala wurde nicht verwendet; * p < .05, ** p < .01, *** p < .001.

8.4.4 Schweizer Großbank

Interkorrelationen der Skalen des FEBA

FEBA-Modul/ Skala	MW Attraktivität vorher	MW Erwartung vorher	MW Bereitschaft vorher	SD Bewertung Interview	SD Akzeptanz Interview	MW Attraktivität nachher	MW Erwartung nachher	MW Bereitschaft nachher
Hauptteil								
Information	.22***	.02	.16**	.45***	.25***	.33***	.14*	.22***
Partizipation/Kontrol.	.13*	.20**	.03	.38***	.35***	.14*	.29***	.05
Transparenz	.16**	.24***	.05	.28***	.25***	.12	.34***	.03
Ergebniskommunik.[1]	—	—	—	—	—	—	—	—
Atmosphäre	.23***	.10	.11	.68***	.49***	.28***	.20**	.15*
Augenscheinvalidität	.16**	.06	.08	.43***	.27***	.24***	.08	.17**
Belastung	.06	.33***	-.07	.22***	.23***	-.04	.31***	-.08
Beurteilerkompetenz	.24***	-.00	.18**	.52***	.31***	.30***	.10	.21***
Bewerbernutzen	.13*	.04	.06	.43***	.31***	.13*	.09	.08
formaler Rahmen	.12*	.14*	.01	.46***	.41***	.20**	.16**	.08
Interesse	.35***	.07	.27***	.45***	.34***	.59***	.21***	.36***
Selbsteinschätzung	.13*	.21***	.09	.36***	.27***	.20**	.30***	.14*
Meßwiederholungseinheit								
Attraktivität vorher	—	.18**	.51***	.28***	.12*	.54***	.14*	.41***
Erwartung vorher	.18**	—	.03	.12*	.15*	.05	.38***	-.00
Bereitschaft vorher	.51***	.03	—	.22***	.05	.45***	.04	.80***
Attraktivität nachher	.54***	.05	.45***	.39***	.23***	—	.26***	.55***
Erwartung nachher	.14*	.38***	.04	.26***	.24***	.26***	—	.13*
Bereitschaft nachher	.41***	-.00	.80***	.29***	.07	.55***	.13*	—
subjekt. Veränderung	.27***	-.06	.26***	.46***	.19**	.45***	.10	.37***

Anmerkungen: Pearson Produkt-Moment-Korrelationen der Skalen des FEBA (Hauptteil und Meßwiederholungseinheit) mit den zentralen Größen der vorliegenden Studie; Kernaussage stark umrandet; MW = Meßwiederholungseinheit, SD = semantisches Differential; [1] Skala wurde nicht verwendet; * p < .05, ** p < .01, *** p < .001.

8.4.5 Software- und Systemhaus

Interkorrelationen der Skalen des FEBA

FEBA-Modul/ Skala	MW Attraktivität vorher	MW Erwartung vorher	MW Bereitschaft vorher	SD Bewertung Interview	SD Akzeptanz Interview	MW Attraktivität nachher	MW Erwartung nachher	MW Bereitschaft nachher
Hauptteil								
Information	-.02	-.10	-.00	.48***	.41***	.30**	.05	.11
Partizipation/Kontrol.	-.00	.08	.05	.56***	.51***	.35**	.25*	.12
Transparenz	.02	.11	.13	.48***	.36**	.27*	.18	.05
Ergebniskommunik.	.01	.17	-.00	.45***	.55***	.37***	.34**	.26*
Atmosphäre	-.08	.01	.12	.45***	.45***	.16	.32**	.15
Augenscheinvalidität	.09	.09	.27*	.53***	.28**	.19	.04	.18
Belastung	.14	.15	-.03	.12	.17	.09	.15	-.13
Beurteilerkompetenz	.01	-.03	.07	.44***	.43***	.28*	.05	.18
Bewerbernutzen	.01	-.05	.19	.44***	.30**	.27*	.05	.27*
formaler Rahmen	.02	-.10	-.09	.56***	.57***	.25*	.12	.04
Interesse	.19	.16	.08	.28*	.25*	.57***	.24*	.50***
Selbsteinschätzung	-.15	.16	-.05	.49***	.50***	.38***	.51***	.11
Meßwieder- holungseinheit								
Attraktivität vorher	—	.40***	.31**	.06	.01	.39***	.19	.18
Erwartung vorher	.40***	—	.26*	.08	-.01	.27*	.45***	.20
Bereitschaft vorher	.31**	.26*	—	.13	.10	.13	-.08	.64***
Attraktivität nachher	.39***	.27*	.13	.46***	.31**	—	.49***	.44***
Erwartung nachher	.19	.45***	-.08	.37***	.32**	.49***	—	.08
Bereitschaft nachher	.18	.20	.64***	.15	.08	.44***	.08	—
subjekt. Veränderung	.04	.07	-.03	.22*	.17	.38***	.28**	.31**

Anmerkungen: Pearson Produkt-Moment-Korrelationen der Skalen des FEBA (Hauptteil und Meßwiederholungseinheit) mit den zentralen Größen der vorliegenden Studie; Kernaussage stark umrandet; MW = Meßwiederholungseinheit, SD = semantisches Differential; * p < .05, ** p < .01, *** p < .001.

8.4.6 Gesamtstichprobe

252

Interkorrelationen der Skalen des FEBA

FEBA-Modul/ Skala	MW Attraktivität vorher	MW Erwartung vorher	MW Bereitschaft vorher	SD Bewertung Verfahren	SD Akzeptanz Verfahren	MW Attraktivität nachher	MW Erwartung nachher	MW Bereitschaft nachher
Hauptteil								
Information	.15***	.28***	-.01	.54***	.45***	.22***	.34***	.06
Partizipation/Kontrol.	.10**	.30***	-.09**	.56***	.53***	.26***	.40***	-.00
Transparenz	.13***	.26***	-.00	.38***	.37***	.20***	.32***	.01
Ergebniskommunik.	.02	.08	.05	.23***	.26***	.12**	.22***	.14**
Atmosphäre	.12*	.11*	.12*	.58***	.48***	.25***	.26***	.15**
Augenscheinvalidität	.12***	.29***	-.04	.51***	.45***	.23***	.33***	.07*
Belastung	.04	.32***	-.18***	.38***	.33***	.07*	.38***	-.12***
Beurteilerkompetenz	.11*	.10*	.17**	.55***	.45***	.32***	.21***	.26***
Bewerbernutzen	.15***	.17***	.00	.53***	.44***	.25***	.22***	.10**
formaler Rahmen	.08	.18***	.04	.58***	.54***	.27***	.27***	.15**
Interesse	.20***	.21***	.06*	.54***	.45***	.42***	.34***	.23***
Selbsteinschätzung	.07*	.37***	-.08*	.54***	.45***	.17***	.53***	.02
Meßwieder-holungseinheit								
Attraktivität vorher	—	.22***	.41***	.14***	.12***	.49***	.06	.34***
Erwartung vorher	.22***	—	.00	.33***	.33***	.15***	.51***	.02
Bereitschaft vorher	.41***	.00	—	-.04	-.09**	.28***	-.08*	.72***
Attraktivität nachher	.49***	.15***	.28***	.33***	.31***	—	.21***	.49***
Erwartung nachher	.06	.51***	-.08*	.47***	.41***	.21***	—	.06
Bereitschaft nachher	.34***	.02	.72***	.11**	.06	.49***	.06	—
subjekt. Veränderung	.18***	.17***	.09**	.53***	.44***	.44***	.24***	.28***

Anmerkungen: Pearson Produkt-Moment-Korrelationen der Skalen des FEBA (Hauptteil und Meßwiederholungseinheit) mit den zentralen Größen der vorliegenden Studie; Kernaussage stark umrandet; MW = Meßwiederholungseinheit, SD = semantisches Differential; * $p < .05$, ** $p < .01$, *** $p < .001$.